원문읽기

성서 히브리어

개정
증보판

신성윤 지음

원문읽기

성서 히브리어

HUiNE

머리말

이 책은 지난 3년간 한국외국어대학교에서 "히브리어의 세계"를 강의하면서 사용했던 교본을 교재화한 것으로 구약 히브리어 원문을 읽어 낼 수 있는 기초 지식을 쉽게 습득하도록 돕는 것을 목표로 준비했다. 기존의 여러 성서 히브리어 교재가 성서 히브리어 문법에 관한 설명을 중심으로 전개되는 반면에 이 교재는 원문 읽기를 중심으로 관련있는 문법과 어휘가 설명, 정리 되었다는 점에서 차별성을 가진다. 성서 히브리어를 공부함에 있어서 익혀야 할 기초문법은 모두 포함되도록 했다.

초보자들을 돕기 위해서 모든 히브리어 원문과 어휘에 한글 음역을 달았다. 히브리어 음운체계가 한글과 다른 관계로 한글 음역이 일관되지 못한 부분도 있겠지만 한글 음역이 원문읽기에 좋은 도움이 될 것이다.

초보자들을 위한 성서 히브리어 교재로서는 충분하다고 여겨지지만 보다 심도 있는 성서 히브리어 이해와 연구를 위해서는 전문 문법서적과 다른 좋은 교재들의 도움도 받기를 권한다. 의미 있고 결실 있는 성서 히브리어 공부가 되길 소망한다.

유대민족의 영적 회복과 구원을 바라보면서……

2009. 12. 신성윤

개정증보판을 내며

본서는 여러 해동안 한국외대에서 “히브리어의 세계”를 강의하면서 사용했던 교본을 교재화한 것이다. 2009년 부산외국어대학교를 통해서 출간했던 것인데 이번에 모교 지식출판원을 통하여 개정중보판을 내게 되었다. 본서가 의도하는 바는 히브리어 구약성서 원문을 읽어 낼 수 있는 기초 지식을 쉽게 습득하도록 돕는 것이다. 기존의 여러 성서 히브리어 교재가 문법 설명을 중심으로 전개되는 반면에, 이 교재는 본문 읽기를 중심으로 어휘와 문법이 귀납적으로 정리 되었다는 점에서 다소간의 차별성을 가진다. 성서 히브리어를 공부함에 있어서 꼭 익혀야 할 기초문법은 다 포함되도록 했다.

히브리어 초보자들을 위해서 제시되는 본문과 어휘에 한글 음역을 달았다. 히브리어 음운체계가 한글의 음운체계와 달라서 한글 음역이 일관되지 못한 부분이 발생할 수 있겠고 다른 방식의 음역이 가능한 부분도 있겠다. 초보자들을 돕기 위한 의도로 제시되는만큼 어색한 부분들이 있다면 양해를 구한다.

처음 히브리어를 공부하는 분들을 위한 교재로서 어렵게 느껴질지도 모르겠다. 시간을 가지고 천천히 익혀나가기를 권한다. 초보자들을 위해서는 충분하다고 여겨지지만 보다 심도 있는 성서 히브리어 이해와 연구를 위해서는 전문 문법서적과 다른 좋은 교재들의 도움을 받기를 권한다. 구약성서 원문을 읽어내는 기쁨을 맛보게 하는 성서 히브리어 공부가 되길 소망한다.

2017. 8. 신성윤

목차

I. 성서 히브리어 문법의 기초

II. 원문1 창세기 1:1-5

[창 1:1]

[창 1:2]

[창 1:3]

[창 1:4]

III. 원문2 창세기 3:1-7

IV. 원문3 창세기 3:8-19

V. 원문4 시편 23

VI. 히브리어 동사활용표

원문읽기

성서 히브리어

עִבְרִית מִקְרָאִית

I

성서 히브리어 문법의 기초

אין הביישן למד ואין הקפדן מלמד

엔 하바이샨 라메드 붸엔 하카프단 멜라메드

부끄러워하는 자는 배우지 못하고 엄격한 자는 가르치지 못한다.

배움은 자발적인 질문에서 시작된다. 질문하기를 부끄러워하면 배울 수 없고 선생이 엄격해서 학생들이 질문하지 못하면 그 선생은 학생들을 성공적으로 가르칠 수 없다. 질문할 줄 아는 학생이 우수한 제자이고 편하게 대하는 교사가 좋은 스승이다.

1. 성서 히브리어

아프리카-아시아(Afro-Asiatic) 어족에 속하는 셈어(Semitic)는 몇 개의 하위 언어권으로 구분된다. 그 중에 하나가 서북 셈어(Northwest Semitic)이다. 서북 셈어는 다시 아모리어, 우가릿어, 가나안어, 아람어로 세분될 수 있는데 히브리어는 페니키아어, 모압어, 암몬어, 에돔어와 함께 가나안어에 속한다.

셈어 계보의 틀에서 보면 히브리어는 상당히 지엽적인 한 언어에 지나지 않는다. 그러나 이 언어를 통해서 인류에게 남겨진 방대하고도 의미 있는 기록 문화 유산의 차원에서 보면 히브리어는 위대한 언어이다. 히브리어는 또한 독특한 언어 역사도 가지고 있다. 대부분의 주변 셈어들이 역사 가운데 사멸되었음에도 히브리어는 오늘까지 살아 있다. 특별히 근 이천 년에 가까운 세월 동안 죽었다가 다시 부활한 언어이다. 히브리어 연구의 대가였던 윌리엄 촘스키는 이 언어를 "불멸의 언어(Eternal Language)"라고 명명한다.

히브리어는 보통 고전 히브리어(Classical Hebrew), 중세 히브리어(Medieval Hebrew) 그리고 현대 히브리어(Modern Hebrew)로 구분된다. 시대별로 구분이 되는 이들은 같은 히브리어지만 그 문법과 어휘에 있어서는 약간의 차이가 있다. 용어를 정의함에 있어서 학자들 간에 이견이 있지만 넓은 의미에서 고전 히브리어는 대략 기원전 10세기경부터 기원후 2세기까지 사용된 언어로서 구약성서를 기록한 성서 히브리어(Biblical Hebrew)와 쿰란 사본에 나타나는 쿰란 히브리어(Qumran Hebrew)와 미쉬나 및 랍비 문헌을 기록한 미쉬나 히브리어(Mishnaic Hebrew)로 이루어진다. 이 셋 중 성서 히브리어는 그 사용 기간이나 그 기록물의 내용과 분량의 차원에서 고전 히브리어를 대표한다고 볼 수 있다. 쿰란 히브리어와 미쉬나 히브리어는 보통 성서 히브리어의 연속선 상에 있는 것으로 본다. 같은 맥락에서 중세 히브리어나 현대 히브리어는 고전 히브리어를 근간으로 한다고 이해할 수 있다.

흔히들 현대 히브리어와 성서 히브리어는 많이 다르다고 이야기한다. 실제로 문법과 어휘에서 차이가 존재하는 것은 사실이다. 그러나 결코 서로 다른 두 가지 언어는 아니다. 현대 히브리어를 아는 이가 성서 히브리어로 기록된 구약성서 본문을 읽으면 현대 히브리어에서 느끼는 언어적 뉘앙스가 성서 히브리어 안에서도 그대로 감지된다. 동시에 성서 히브리어 속에 녹아 있는 사고체계는 현대 히브리어 안에서 그대로 재현된다. 이스라엘에서 일정 기간 현대 히브리어를 사용하며 살아보는 경험은 구약 본문 이해에 절대적인 도움이 된다.

이와 같은 경험으로 알게 되는 것은 한국 사람들에게 히브리어는 영어나 다른 외국어 보다 쉽다는 점이다. 언어 공부는 보통 읽기와 쓰기 그리고 듣기와 말하기 이 4 영역으로 이루어진다. 히브리어 자모는 여러모로 한글의 자모와 닮은 점들이 있다 (한글 자모의 기원을 히브리어에서 찾는 이론도 있다). 히브리어가 생소하기는 하지만 읽기와 쓰기가 쉽다는 의미이다. 어떤 외국어든 일단 귀에 쉽게 들려야 제대로 발음할 수 있다. 치순음 계열의 소리가 많은 히브리어는 한국 사람들의 귀에 쉽게 들리는 편이다. 즉 조금만 연습하면 히브리어 듣기와 말하기를 수월하게 익힐 수 있다는 뜻이다.

모든 유대인들은 그들의 고토로 돌아와서 시민권을 얻고 이스라엘 땅에서 살 수 있는 법적인 권리를 가진다. 세계 곳곳에 흩어져 있는 유대인들은 지금도 꾸준하게 이스라엘 땅으로 귀환하고 있다. 그들이 이스라엘로 돌아오면 제일 먼저 하게 되는 일이 바로 현대 히브리어 공부이다. 이스라엘 곳곳에는 '울판'이라 불리는 새로운 이민자들을 위한 현대 히브리어 학원들이 있다. 아이들 어른들 할 것 없이 모두들 쉽고 빠르게 현대 히브리어를 배운다. 그리고 이 언어를 사용하면서 이스라엘 사회 속으로 적응해 들어간다. 이것은 현대 히브리어가 결코 어려운 언어가 아님을 보여주는 실증이다. 이 책을 통해서 공부하게 되는 성서 히브리어는 실상 현대 히브리어와 큰 차이가 없다. 다르게 말하자면 현대 히브리어처럼 성서 히브리어도 쉽게 배울 수 있는 언어라는 것이다.

'성서 히브리어는 어렵다'는 선입견은 어렵지 않는 성서 히브리어를 어렵게 가르치고 또 힘들게 배운 경험들 가운데 형성된 것으로 보인다. 다른 외국어에 비해 히브리어는 결코 어려운 언어가 아니다. 성서 히브리어를 공부하는 것은 소중한 노력이고 그 어떤 외국어 공부보다 가치 있고 의미있는 결실을 가져다 준다. 아브라함과 이삭과 야곱의 하나님, 이스라엘의 하나님, 모든 족속과 나라와 언어의 하나님 여호와께서 친히 말씀하신 것들을 그 본래의 언어로 읽는 것, 그 의미는 그 진가를 아는 자들만이 이해할 수 있을 것이다. No pain no gain!

2. 히브리어 알파벳

문자	명칭	음가와 발음
א	Alef 알레프	초성 'ㅇ'과 유사한 발음이다. [']로 음가를 표시한다.
ב	Bet 베트	בּ는 [b] 음가, ב는 [v] 음가이다.
ג	Gimel 기멜	[g] 음가이다.
ד	Dalet 달렛	[d] 음가이다.
ה	He 헤	[h] 음가이다.
ו	Vav 봐브	[v] 음가이다 (본래는 Waw 와우로 [w] 음가였음).
ז	Zayin 자인	[z] 음가이다. 'ㅈ'을 유성화시키면 유사한 발음이 난다.
ח	Chet 헷트	[ḥ] 음가이다. 목구멍 깊숙이서 발음되어 나오는 'ㅎ' 이다.
ט	Tet 테트	[t] 음가이다 (본래는 'ㅌ'보다 'ㄸ'에 가까운 된 [t]소리였음).
י	Yod 요드	[y] 음가이다 (아 모음이 오면 [야] 오 모음이 오면 [요]).
כ	Kaf 카프	כּ의 경우 [k], כ의 경우 [kh]로 발음 된다. 단어의 마지막에 올 때는 ך 모양으로 온다.
ל	Lamed 라메드	[l] 음가이다. 종성으로 사용되는 'ㄹ'과 유사하다.
מ	Mem 멤	[m] 음가이다. 단어의 마지막에 올 때는 ם 모양으로 온다.
נ	Nun 눈	[n] 음가이다. 단어의 마지막에 올 때는 ן 모양으로 온다.
ס	Samekh 사멕	[s]로 음가이다.
ע	Ayin 아인	목구멍 깊숙이서 발음 되어 나오는 초성 'ㅇ'. [']로 표시한다.
פ	Pe 페	פּ의 경우 [p], פ의 경우 [f]로 발음된다. 단어의 마지막에 올 때는 ף 모양으로 온다.
צ	Tsade 짜데	'ㅉ'과 'ㅊ' 중간쯤의 음으로 발음한다. 단어의 마지막에 올 때는 ץ모양으로 온다.

문자	명칭	음가와 발음
ק	Qof 코프	[q] 음가이다. 'ㅋ'과 'ㄲ' 중간쯤의 음으로 발음한다.
ר	Resh 레쉬	[r] 음가이다.
שׁ	Shin 쉰	[sh] 음가이다. [š]로 표시한다. 좌측에 점이 오면 Sin 신으로 [s] 음가이며 [ś]로 표시한다.
ת	Tav 타브	[t] 음가이다.

► 위의 22개 알파벳 모두는 자음이며 히브리어는 오른쪽에서 왼쪽으로 쓴다.

► 히브리어 알파벳은 숫자를 표현할 수 있다.

י	ט	ח	ז	ו	ה	ד	ג	ב	א
10	9	8	7	6	5	4	3	2	1
ק	צ	פ	ע	ס	נ	מ	ל	כ	
100	90	80	70	60	50	40	30	20	
						ת	ש	ר	
						400	300	200	

► 알파벳 가운데 다섯 개는 단어의 마지막 알파벳으로 올 때 그 모양이 변한다(어미형).

ך 카프 어미형	←	כ 카프	מלך ← מלכ
ם 멤 어미형	←	מ 멤	אגם ← אגמ
ן 눈 어미형	←	נ 눈	אבן ← אבנ
ף 페 어미형	←	פ 페	אלף ← אלפ
ץ 짜데 어미형	←	צ 짜데	ארץ ← ארצ

▶ 비슷한 모양의 알파벳 구별해보기 – 오른쪽 칸에 각 자음의 명칭을 써보라.

ב ( )	כ ( )	פ ( )
ג ( )	נ ( )	
ד ( )	ר ( )	ך ( )
ה ( )	ח ( )	ת ( )
ו ( )	ז ( )	
ט ( )	ס ( )	ם ( )
ע ( )	צ ( )	
י ( )	ו ( )	ן ( )
ך ( )	ף ( )	ץ ( )

▶ 히브리어 알파벳 써보기 - 윤곽선을 따라 책에 써 보라.

א	א	א	א	א
ב	ב	ב	ב	ב
ג	ג	ג	ג	ג
ד	ד	ד	ד	ד
ה	ה	ה	ה	ה
ו	ו	ו	ו	ו
ז	ז	ז	ז	ז
ח	ח	ח	ח	ח
ט	ט	ט	ט	ט
י	י	י	י	י
כ ך	כ ך	כ ך	כ ך	כ (ך)
ל	ל	ל	ל	ל
מ ם	מ ם	מ ם	מ ם	מ (ם)
נ ן	נ ן	נ ן	נ ן	נ (ן)
ס	ס	ס	ס	ס
ע	ע	ע	ע	ע
פ ף	פ ף	פ ף	פ ף	פ (ף)
צ ץ	צ ץ	צ ץ	צ ץ	צ (ץ)
ק	ק	ק	ק	ק
ר	ר	ר	ר	ר
שׁ/שׂ	שׁ/שׂ	שׁ/שׂ	שׁ/שׂ	שׁ/שׂ
ת	ת	ת	ת	ת

אבגדהוזחטיכ(ך)למ(ם)נ(ן)סעפ(ף)צ(ץ)קרשׁ/שׂת

אבגדהוזחטיכ(ך)למ(ם)נ(ן)סעפ(ף)צ(ץ)קרשׁ/שׂת

אבגדהוזחטיכ(ך)למ(ם)נ(ן)סעפ(ף)צ(ץ)קרשׁ/שׂת

אבגדהוזחטיכ(ך)למ(ם)נ(ן)סעפ(ף)צ(ץ)קרשׁ/שׂת

3. 히브리어 알파벳 자음과 음가

히브리어 알파벳은 22개로 모두 자음이다. 그러나 구약성서 시대에 사용되었던 자음 소리는 22개 이상이었던 것으로 파악된다. 실제 사용했던 자음 소리의 숫자가 알파벳 숫자보다 더 많았다. 이것은 하나의 알파벳으로 하나 이상의 자음 소리를 표시하는 경우가 있었다는 의미이다.

하나의 알파벳 ש이 [š]와 [ś] 두 자음 소리를 표현하는데 사용되는 것이 한 예가 된다. 또 다른 예로 ע의 경우도 있다. ע도 하나의 알파벳으로 두 개의 자음을 표현했던 것으로 보인다. 대부분의 경우 ע은 목구멍 깊이에서 나오는 "아"에 가까운 자음 소리 [`]를 표현했지만 드물게는 부드러운 "ㄱ"[gh] 자음을 표현하기도 했다. 예를 들면 익숙하게 알려진 성경 지명인 가자 Gaza는 구약성서에서 עזה로 기록되어 있다. 지금의 유대인들은 이 단어를 [아자]로 읽지만 그 당시에는 [아자]가 아닌 [가자]로 발음했다. 이것은 칠십인역에 나타난 헬라어 음역을 통해서 확인된다. 히브리어 구약이 헬라어로 번역되면서 인명이나 지명 같은 고유명사는 헬라어로 음역이 되는데 עזה의 ע이 당시에 [gh]로 발음되었기 때문에 칠십인역은 עזה를 Γαζα (Gaza)로 번역한 것이다.

히브리어 알파벳 하나가 두 개의 자음 소리를 표현하는 이 현상은 히브리어와 다른 셈어들 간의 비교를 통해서 잘 설명된다. 알파벳의 수를 비교해 보면 아카드어는 21개, 아람어는 22개, 우가릿어는 27개, 아랍어는 28개를 사용한다. 일반적으로 이 여러 셈어들이 궁극적으로 하나의 언어에서 분화되었다고 가정하는데 이 본래 언어를 원 셈어(Proto-Semitic)라고 칭한다. 학자들이 기존에 알려진 여러 셈어들을 가지고 재 구성해본 원 셈어의 자음은 모두 29개로 추정된다. 히브리어의 경우 이론적으로 최대 29개까지도 세분될 수 있는 자음 소리를 22개의 알파벳으로 표현하고 있는 것이다.

4. 히브리어 알파벳 형태의 역사적 변천

히브리어 알파벳의 모양은 시대별로 약간의 차이를 보이면서 역사적인 변천을 거친다. 히브리어 알파벳 형태에 대한 통시적 연구는 고고학 발굴을 통하여 발견되는 고대 히브리어 텍스트를 이해하는데 상당한 도움을 제공한다. 특정한 텍스트에 나타나는 알파벳 모양이 그 텍스트의 역사적 시기를 가늠케 해주는 것이다. 텍스트를 제대로 이해하기 위해서는 그 기록시기를 아는 것이 필수적인데 이 부분에서 알파벳 형태가 도움을 주는 것이다. 제1성전 시대의 히브리어 알파벳 형태와 제2성전 시대의 히브리어 알파벳 형태는 가장 두드러진 차이를 보인다.

제1성전 시대, 곧 남유다 왕국이 멸망하고 70년간 바벨론으로 끌려가기 그 이전 시대에 이스라엘 민족이 사용했던 히브리어 알파벳 모양을 대표적으로 보여주는 한 예는 1904년에 므깃도에서 발견된 인장본이다. 이것은 약 2750년 전의 히브리어 알파벳 모양을 보여줌과 동시에 지금 우리가 배우는 알파벳 모양과는 많이 다름을 알려 준다.

꼬리를 치켜들고 포효하는 사자 위에는 고대 히브리어 알파벳 형태 네 글자가, 아래에는 여덟 글자가 찍혀 있다. 지금의 히브리어 알파벳으로 고쳐 옮기면 위에 있는 것은 **לשמע** (레쉐마: 쉐마의 것), 아래에 있는 것은 **עבדירבעם** (에베드 예로브암: 여로보암의 종)이 된다. 여기 등장하는 여로보암은 북이스라엘의 왕이었던 여로보암 II세 (BC 783-743)로 추정되며 종은 왕의 신하를 의미한다. 쉐마는 여로보암 왕의 대신 중 한 사람이었을 것이다.

제2성전 시대, 곧 유대인들이 바벨론 유수에서 돌아와서 성전을 재건했던 그 시대에 사용했던 히브리어 알파벳 형태는 제1성전 시대의 알파벳 모양과 달라진다. 지금 우리가 배우는 정방형의 히브리어 알파벳 형태와 유사한 모양을 띤다. 이 새로운 알파벳 모양은 유대인들이 바벨론 유수에서 돌아오면서 가져온 것이다. 동일하게 22개의 자음을 가지고 있는 아람어 알파벳 형태에서 차용한 것이다. 한 예를 들어보면:

여기 소개된 이 자료는 표지석에 새겨진 히브리어 문구이다. 1972년 베냐민 마자르 교수가 고고학 발굴 중 예루살렘 성벽 남서편 아래 잡석들 가운데서 발견한 것이다. 사진에는 "나팔을 부는 장소"라는 의미의 לבית התקיעה (레베이트 하테키아)라는 히브리어 문구가 선명히 보인다. 이 문구에 사용된 히브리어 알파벳 형태는 지금 사용하는 히브리어 알파벳 형태와 거의 동일함을 볼 수 있다.

제1성전 시대의 인장본에 나타나는 히브리어 알파벳 형태와 제2성전 시대의 표지석에 나타나는 히브리어 알파벳 형태는 상이하다. 이는 히브리어 알파벳 형태가 역사적으로 변천했음을 선명히 보여준다.

5. 히브리어의 모음

뜻을 가진 어떤 말이나 글이 발성되거나 소리 나게 읽히기 위해서는 반드시 자음과 모음이 함께 동원되어야 한다. 사람의 목소리는 아담의 [아]와 같이 자음+모음으로 구성되는 개음절이나, 아담의 [담]과 같이 자음+모음+자음으로 구성되는 폐음절로 발성된다.

구약성서 시대의 이스라엘 사람들이 히브리어를 발하거나 읽을 때는 자음과 모음을 동원하여 음절 단위로 발음했다. 그러나 히브리어로 글을 쓸 때는 자음만을 사용하여 어휘를 기록했다. 즉, 아담을 기록할 때는 "아담"이라고 기록하지 않고 모음 없이 자음만 사용하여 "ㅇ ㄷ ㅁ"이라고 기록한 것이다 (= אדם [아담]). 이런 독특한 기록 방식이 가능했던 것은 히브리어가 가진 (더 크게는 모든 셈어가 가진) 언어적 특성 때문이다. 히브리어는 자음만을 사용하여 기록해도 그 문맥 안에서 혼선 없이 이해될 수 있는 언어 구조를 가지고 있다. 오늘날의 유대인들이 히브리어 문장을 쓸 때에도 자음만으로 기록한다.

예로 위키피디아에 소개된 이스라엘에 관한 자료를 보면:

ישראל גובלת בים התיכון ובמצרים במערב, בים סוף בדרום, בירדן במזרח, בסוריה בצפון-מזרח ובלבנון בצפון. בין ישראל למצרים, לחוף הים התיכון, נמצאת רצועת עזה, שהיא שטח בשליטה חלקית של החמאס, למרות שמרשם האוכלוסין, גביית המכסים וניהול כניסה ויציאה של סחורות נמצאת בידי ישראל ...

이스라엘은 서편으로 지중해와 이집트, 남쪽으로 홍해, 동쪽으로는 요르단, 북동쪽으로는 시리아 그리고 북쪽으로는 레바논과 접경하고 있다. 지중해 연변으로 이스라엘과 이집트 사이에는 가자 지구가 있다. 가자 지구는 이스라엘이 주민등록, 세금 징수, 상품의 수출입을 관리하지만 지역은 함마스가 일부 장악하고 있는 곳이다……

처음 구약성서도 자음으로만 기록되었다. 예루살렘의 성전이나 이스라엘 각 지역의 회당을 중심으로 유대인들이 모여서 신앙공동체를 이루며 살았던 시대 상황 하에서 자음으로만 기록된 구약성서 본문을 읽는 데는 아무런 문제가 없었다. 히브리어가 생활언어로 사용되고 있었고 구약성서 본문이 두루마리 형식으로 필사되고 전수되는 과정 가운데 어떻게 읽히는지도 집단적으로 전수되었기 때문이다. 그러나 몇몇 역사적인 사건들이 발생하면서 자음으로 기록된 본문에 모음을 표시해야 할 필요성이 부각되기 시작했다.

첫 번째 큰 계기가 된 것은 예루살렘 성전의 파괴와 유대민족의 바벨론 유수였다(BC 586). 정치와 종교와 학문 활동의 중심이었던 예루살렘과 그 중심에 있었던 성전이 파괴된 후 미미한 소수를 제외하고는 대부분 죽임을 당하거나 바벨론으로 끌려가게 된다. 포로로 잡혀간 그들은 근 70년이 지나서야 다시 이스라엘로 귀환했다. 메소포타미아 지역에서 돌아온 상당수의 유대인들은 모국어인 히브리어 보다 당대의 국제 공용어였던 아람어에 더 익숙했다. 히브리어와 아람어를 같이 사용하는 언어적 환경이 시작된 것이다. 이는 사람들의 히브리어 수준과 구사능력이 예전보다 떨어짐을 의미한다. 실제로 이 시기의 히브리어는 아람어의 영향을 많이 받았다.

이후에 이스라엘 지역은 페르시아 통치에서 헬라 통치로 넘어간다. 이스라엘은 하스몬 왕조라 불리는 80년간의 독립왕국시대를 누렸지만 오래가지 못했다. 이어서 로마 통치 아래로 들어가게 된다. 로마제국의 식민통치 하에 독립을 쟁취하려던 유대인들의 투쟁은 두 번째의 성전 파괴로 이어졌다(AD 70). 그 결과로 유대인들은 예루살렘과 유대 지역에서 내쫓기게 된다. 유대교 신앙의 중심이었던 예루살렘 성전도 없이 흩어져 살아야 하는 상황이 몇 세기 간 지속되고 일상생활에서 히브리어를 더 이상 사용하지 않게 되면서 서서히 구약 본문을 읽는데 어려움이 발생하기 시작했다.

자음으로만 기록된 같은 본문을 두고 간간이 다르게 읽는 경우가 발생하기 시작한 것이다(세 자음으로 된 קדשׁ의 경우 [코데쉬]로 읽으면 '거룩', [카도쉬]로 읽으면 '거룩한', [킷데쉬]로 읽으면 '거룩하게 하다' 동사가 된다). 이것은 그들에게 하나님의 말씀이 혼란스러워지는 것을 의미했다. 이 문제를 해결할 방법을 간구하게 된 것이다. 이렇게 해서 탄생하게 된 것이 구약성서의 각 단어를 그 본래 발음으로 읽도록 해주는 장치였다. 기존에 그들이 사용해오던 모음을 표시해주는 모음부호의 개발이었다. 그 모음부호를 각 단어에 표시함으로써 오류 없이 구약성서를 읽게 해주는 방식이었다.

6. 히브리어의 모음부호

히브리어를 발음하는 데에 사용되어온 모음은 [a] [e] [i] [o] [u] 다섯 개이다. 이 모음들을 표시하기 위한 모음부호 체계는 크게 세 가지 방식이 있었다. 바벨론 방식과 팔레스타인 방식은 알파벳 위 쪽에 모음부호를 표시하는 방식이었고 갈릴리 지역의 디베랴 방식은 주로 알파벳 아래쪽에 모음부호를 표시하는 방식이었다. 자음으로만 기록되었던 구약성서 어휘에 디베랴 방식이 채택되어 모음부호가 더해지게 되었다.

자음으로 기록된 구약성서를 준비한 후 본문 읽기에 정통한 랍비가 성경 구절한 부분을 읽으면 '나크단'(모음부호를 표시하는 전문 서기관)이 랍비가 발음하는 각 단어의 모음들을 듣고 그 단어의 각 자음에 해당하는 모음부호를 표시했다. 이 작업은 구약성서가 완성되고 필사되어 전수되기 시작한 이후 근 천 년이 지나서 이루어진 작업이었다. 여러 유대 서기관 가문들에게서 시도되었던 것으로 보이지만 최종적으로 갈릴리 지역 디베랴의 벤 아쉐르 가문을 통해서 완성 된 것으로 알려진다. 각 모음부호의 명칭을 사용하는데 있어 다소 혼선이 있지만 여기에서는 보통 이스라엘 학자들이 사용하는 명칭을 따르기로 한다.

모음의 종류와 모음부호의 명칭

(알레프를 대표적인 자음으로 하여 모음부호를 붙였을 때)

모음	장모음	단모음	파생단모음
[a]	אָ [아] 카마츠	אַ [아] 파타흐	אֲ [아] 하타프 파타흐
[e]	אֵ [에] 쩨레 אֵי [에] 쩨레 요드 אֶי [에] 세골 요드	אֶ [에] 세골	אֱ [에] 하타프 세골
[i]	אִי [이] 히릭 요드	אִ [이] 히릭	
[o]	אֹ [오] 홀람 אוֹ [오] 홀람 봐브	אָ [오] 카마츠 하투프	אֳ [오] 하타프 카마츠
[u]	אוּ [우] 슈류크	אֻ [우] 쿠부츠	

1) 장모음이 길고 단모음이 짧다면 파생단모음은 아주 짧다고 이해하면 된다. 그러나 특별한 경우 외에 (예를 들어 문장의 맨 마지막에 나오는 단어를 길게 읽는 경우) 히브리어 모음의 장단은 실제적으로 잘 분간이 되지 않는다.

장단의 문제에 지나치게 붙들리지 말고 [아] [에] [이] [오] [우]만 구별해서 그냥 읽어도 된다.

2) 각각의 모음이 나타나는 단어들을 찾아 보면 다음과 같다 :

[a] קָרָא [카라] עַל [알] חֲמוֹר [하모르]

[e] כֵּן[켄] יָבֵישׁ[야베쉬] אֲדֹנֶיךָ[아도네카] עֶרֶב[에레브] אֱלֹהִים[엘로힘]

[i] מִן[민] חֲמִישִׁי [하미쉬]

[o] בֹּקֶר [보케르] אוֹר [오르] יָקְטָן [욕탄] חֳלִי [홀리]

[u] תֹּהוּ [토후] קֻם [쿰]

3) 단어를 이루는 자음들 중에 모음을 가지지 않는 자음이 생기게 되는데 이 경우에는 그 자음 아래에 쉐봐를 표시한다 (세로로 배열되는 두 개의 점으로 표시되는 쉐봐 부호는 '비어 있다'는 의미). 그러나 단어를 발음하다 보면 쉐봐는 두 가지로 나누어진다:

① 무성쉐봐 – 본래의 의미대로 자음이 모음 없이 발음되는 경우이다. 자음이 폐음절의 종성이 되는 경우로 구태여 우리말로 모음을 표현하자면 [으]에 해당한다:

מַזְרִיעַ [마즈리아] – 여기서 זְ [즈]의 경우
שָׁמְרוּ [샴루] > [샤므루] – 여기서 מְ [므]의 경우

② 유성쉐봐 – 모음이 없는 자음이지만 발음하다 보면 모음이 있는 듯이 발음되는 경우이다. 그 단어를 발음함에 있어서 쉐봐가 자연스레 모음의 역할을 해야만 하는 경우로 보통 짧고 약한 [에]로 발음이 된다:

쉐바가 단어의 처음에 올 경우: תְּהוֹם [트홈] > [테홈]
단어 가운데서 쉐바가 두 번 연속으로 나올 때 두 번째 쉐바의 경우:
יִקְרְבוּ [이크르부] > [이크레부]
중복점을 가진 알파벳 밑의 쉐바의 경우: שִׁבְּרָה [쉽브라] > [쉽베라]
* 중복점에 대해서는 p. 42를 보라.

▶ 그러나 이와 같은 세 경우라도 쉐바가 유성이 아닌 무성으로 발음되는 예들이 많이 존재한다. 모든 쉐바는 일단 무성으로 읽되 무성으로 발음하는 것이 힘든 곳에서는 자연스럽게 유성으로 발음해 주면 된다. 규칙을 정해 놓고 발음하는 것이 아니라 쉐바가 다르게 발음되는 경우를 따져보면 위의 세 경우에 보통 [에]로 발음된다는 것을 문법적으로 정리할 수 있는 것이다.

▶ 단어의 마지막 자음이 모음을 가지지 않을 경우에는 쉐바 부호를 따로 표시하지 않는다. 알파벳 כ [카프]가 단어의 마지막에 오면서 모음을 가지지 않는 경우는 예외적으로 쉐바가 표시되고 있다: מֶלֶךְ [멜레크] 왕

4) 히브리어 단어는 보통 한 개부터 서너 개의 음절로 이루어진다. 히브리어의 각 단어는 그 음절 중 하나에 악센트를 가진다. 히브리어 단어는 악센트가 앞부분에 오는 단어들(밀엘)과 악센트가 뒷부분에 오는 단어들(밀라아)로 대분 된다.

▶ 단어에서 악센트가 오지 않는 폐음절에 카마츠가 오게 되면 장모음 [아]가 아닌 단모음 [오]로 발음하게 되는데 이 경우 이 모음은 카마츠가 아니라 '카마츠 하투프'라고 불린다:

יָקְטָן [욕탄] 또는 [요크탄] 이 단어는 두 번째 음절에 악센트를 가진다. 곧 앞의 יָקְ는 악센트가 없는 폐음절이 된다. 이 경우에 카마츠는 '카마츠 하투프'가 되면서 장모음 [아]가 아닌 난보음 [오]로 발음하게 된다. 즉 [약탄/야크탄]이 아니라 [욕탄/요크탄]으로 읽힌다.

5) 목구멍 깊숙이 발음하게 되는 후음 문자인 ע ח ה א에 모음이 없음을 표시하는 쉐바가 오는 경우들이 있다. 이 경우 목구멍 깊숙한 데서 발음해야 하는 후음 문자들의 특성상 쉐바를 따라 모음 없이 발음해도 부가적인 모음이 발생하게 된다. 이럴 경우 쉐바 옆에 부가적으로 발생한 모음을 표시해주게 된다. 앞뒤 모음의 상황에 따라 [a] [e] [o] 세 모음 중 하나가 자동적으로 발생하게 된다:

חֲמוֹר [하모르] 쉐바에 아주 짧은 [아]가 붙은 '하타프 파타흐'

אֱלֹהִים [엘로힘] 쉐바에 아주 짧은 [에]가 붙은 '하타프 세골'

חֳלִי [홀리] 쉐바에 아주 짧은 [오]가 붙은 '하타프 카마츠'

* 히브리어 구약성서에 모음부호는 이미 다 찍혀있다. 모음부호대로 읽어주면 된다.

6) 구약성서 본문을 이루는 요소 중 가장 중요한 것은 텍스트의 근간이 되는 자음들이다. 정확한 읽기와 이해를 돕도록 각 단어에 추가된 모음부호는 다소 유동적일 수 있음을 기억할 필요가 있다. 예를 들면:

ארץ 땅 독립적인 단어로 사용될 때는 אֶרֶץ [에레쯔]

אֶרֶץ [에레쯔] 앞에 정관사 ה[하]가 오면 단어의 모음에 변화가 발생, הָאֶרֶץ [하에레쯔]가 아니라 הָאָרֶץ [하아레쯔]가 됨: '그 땅'

אֶרֶץ [에레쯔] 끝에 방향을 나타내는 부사적 접미어 ה[하]가 붙으면 אֶרֶצָה [에레짜]가 아니라 אַרְצָה [아르짜]가 됨: '땅으로'

אֶרֶץ [에레쯔] 끝에 인칭대명사 접미 ךָ[카]가 오면 אֶרֶצְךָ [에레쯔카]가 아니라 אַרְצְךָ [아르쩨카]가 됨: '당신의 땅'

<어휘 모음>

אוֹר	명(남/여단) 빛
אֱלֹהִים	명(남복) 하나님
בֹּקֶר	명(남단) 아침
דָּוִיד	명(고유) 다윗
וַיָּקָם	동(קום pa.연속미3남단) 일어나다, 서다
חֳלִי	명(남단) 질병
חֲמוֹר	명(남단) 나귀
יָבֵישׁ	명(고유) 야베스
יִקְרְבוּ	동(קרב pa.미3남복) 가까이 가다
כֵּן	부 그렇게
מַזְרִיעַ	동(זרע hif.분남단) 씨를 뿌리다
מִן	전 from
עַל	전 ~위에
עֶרֶב	명(남단) 저녁
קֻם	동(קום pa.명2남단) 일어나다
קָרָא	동(קרא pa.완3남단) 부르다, 외치다
שִׁבְּרָה	동(שבר pi.완3여단) 박살내다
שָׁמְרוּ	동(שמר pa.완3공복) 지키다
תֹהוּ	명(남단) 혼돈
תְהוֹם	명(남/여단) 깊음, 지하 깊은 물

▶ 히브리어 단어 써보기 - 자음으로 단어를 다 쓴 후에 모음부호 넣기

אָדָם	אָדָם	אָדָם
חַוָה	חַוָה	חַוָה
קַיִן	קַיִן	קַיִן
הֶבֶל	הֶבֶל	הֶבֶל
שֵׁת	שֵׁת	שֵׁת
גֹמֶר	גֹמֶר	גֹמֶר
יוֹסֵף	יוֹסֵף	יוֹסֵף
תֻּבָל	תֻּבָל	תֻּבָל
פּוּט	פּוּט	פּוּט
שָׂרָה	שָׂרָה	שָׂרָה
אַבְרָהָם	אַבְרָהָם	אַבְרָהָם
יִצְחָק	יִצְחָק	יִצְחָק
יַעֲקֹב	יַעֲקֹב	יַעֲקֹב
זְכַרְיָה	זְכַרְיָה	זְכַרְיָה
יָקְטָן	יָקְטָן	יָקְטָן

* 위에서부터 : 아담 하봐(하와) 카인(가인) 헤벨(아벨) 쉣(셋) 고메르(고멜) 요세프(요셉) 투발(두발) 풋(붓) 사라 아브라함 이쯔하크(이삭) 야아콥(야곱) 즈카르야(스가랴) 요크딘(욕단)

7. 모음문자 - 모음부호가 만들어지기 전에 모음 역할을 감당해 온 자음들

성서 히브리어 학자들은 보통 구약성서가 약 천 년의 세월을 두고 기록 되면서 완성되었다고 본다. 이 과정을 거치는 동안 구약성서는 자음으로만 본문을 기록하는 데서 발생하는 일부 문제와 한계를 극복하기 위한 약간의 자체적인 해결책을 시도했다. 모음표시의 부재 때문에 발생하는 혼선을 일부 극복하기 위해서 22개의 자음 가운데 모음적인 성향이 있는 알파벳을 모음을 표시하는 보조도구로 사용하기 시작한 것이다. 이런 역할을 하게 된 자음을 모음문자라고 명하기도 하는데 22 자음 가운데 4 자음이 이에 해당한다 (י ו ה א). 특별히 두드러지는 것은 י가 [i]나 [e], ו가 [o]나 [u]를 표현하기 위하여 사용된 부분이다. 모음문자의 사용은 성서시대의 후반기가 되는 제2성전 시대에 특히 두드러 진다. 예를 들어보면:

모음문자 사용용례	제1성전 시대에 기록할 때	제2성전 시대에 기록할 때	성서시대 이후에 모음부호 첨가 후	
다윗	דוד [다뷔드] (삼하 5:7)	דויד [다뷔드] (대상 11:5)	דָּוִד [다뷔드] (삼하 5:7)	דָּוִיד [다뷔드] (대상 11:5)
세 사람	השלשה [하쉘로샤] (삼하 23:19)	השלושה [하쉘로샤] (대상 11:21)	הַשְּׁלֹשָׁה [하쉘로샤] (삼하 23:19)	הַשְּׁלוֹשָׁה [하쉘로샤] (대상 11:21)
견고하게 하다	והקמתי [봐하키모티] (왕상 9:5)	והקימותי [봐하키모티] (대하 7:18)	וַהֲקִמֹתִי [봐하키모티] (왕상 9:5)	וַהֲקִימוֹתִי [봐하키모티] (대하 7:18)

1) 다윗의 이름을 기록할 때 제1성전 시대에는 '달렛' '봐브' '달렛' 세 알파벳으로 기록했다. דוד는 당시에 서로 다른 세 가지 단어인 [다뷔드] 다윗, [도드] 삼촌, [두드] 항아리 등으로 발음이 될 수 있었지만 혼선 없이 사용되었다. 그러나 바벨론 유수에서 돌아온 후에는 상황이 달랐다. 옛날만큼 히브리어

를 제대로 알지 못했던 제2성전 시대 사람들이 [다뷔드]로 읽어야 할 부분에서 다르게 읽는 실수들이 빈번해지자 [이] 모음으로 발음되는 '봐브' 다음에 [이] 모음 역할을 하는 모음문자 '요드'를 더해 줌으로써 혼동 없이 [다뷔드]로 읽도록 한 것으로 추정된다.

2) 제시된 각 용례를 포함하는 제1성전 시대의 구절과 제2성전 시대의 구절은 같은 내용과 같은 문구를 포함한다. 이런 구절들은 소위 '병행구절'로 알려진다:

삼하 5:7 // 대상 11:5
삼하 23:19 // 대상 11:21
왕상 9:5 // 대하 7:18

위의 첫 두 구절을 비교해 보면 아래와 같다:

삼하 5:7 וַיִּלְכֹּד **דָּוִד** אֵת מְצֻדַת צִיּוֹן הִיא עִיר **דָּוִד**

봐일코드 다뷔드 엣 메쭈다트 찌욘 히 이르 다뷔드

다윗이 시온 산성을 빼앗았는데 그것이 다윗성이다

대상 11:5 וַיִּלְכֹּד **דָּוִיד** אֶת מְצֻדַת צִיּוֹן הִיא עִיר **דָּוִיד**

봐일코드 다뷔드 엣 메쭈다트 찌욘 히 이르 다뷔드

다윗이 시온 산성을 빼앗았는데 그것이 다윗성이다

보통 학자들은 바벨론 포로기 이후 시대 곧 제2성전 시대의 역대기 저자가 이스라엘의 역사를 다시 기록하면서 이전 제1성전 시대의 자료를 사용한 것으로 본다. 대상 11:5의 경우 삼하 5:7을 그대로 인용한 부분이다. 하지만 다윗의 이름을 기록할 때는 역대기 저자가 당시의 다윗 이름을 기록하는 방식으로 고쳐서 기록했음을 볼 수 있다.

<어휘 모음>

אֶת	한정목적어 표시어 ~을, 를
הִיא	인칭대(3여단) 그녀 she, 그것 it
הַשְׁלוֹשָׁה	정 the + 수(남단) 3
הַשְׁלֹשָׁה	정 the + 수(남단) 3
וַהֲקִימוֹתִי	동(קום hif. 연속완1공단) 일으키다
וַהֲקִמֹתִי	동(קום hif. 연속완1공단) 일으키다
וַיִּלְכֹּד	동(לכד pa. 연속미3남단) 점령하다, 포획하다
מְצֻדַת	명(여단연) 요새
עִיר	명(여단) 성, 도시
צִיּוֹן	명(고유) 시온

8. 히브리어 단어읽기

모음 역할로 동원된 자음 곧 모음문자를 제외하고 히브리어 단어를 구성하는 각각의 자음은 그 자신의 모음부호를 가진다. 자음에 모음이 없을 경우에는 쉐바를 표시한다 (단어의 마지막 자음에 오는 쉐봐는 생략함. 알파벳 카프는 예외).

히브리어 단어를 읽는 방법은 단순하고 간단하다:

1) 자음을 파악한다.

2) 그 자음이 가지는 모음을 파악한다.

3) 그대로 읽어준다.

4) 자음이 모음부호를 가지고 있지 않으면 묵음이다.

5) 단어 마지막에 오는 א나 ה에 모음부호가 없으면 묵음이다.

목 깊숙한 곳에서 발음 되는 후음 문자 א ה ח ע는 자연스레 [a] 모음을 취하는 경향이 두드러진다. 후음 문자 중 '아인'이나 '헷트'가 단어의 마지막 알파벳으로 올 때 모음부호 '파타흐'가 오면 [아]모음을 자음보다 먼저 발음해 준다 (아래 마지막 단어의 경우).

בְּרֵאשִׁית	[베레쉬트] 알레프에 모음부호 없음. 묵음화되었으므로 발음 안함
וַיַּרְא	[봐야르] 마지막의 알레프는 묵음화되었다. 발음하지 않음
אֱלֹהִים לָיְלָה שָׁמַיִם	[엘로힘] [라일라] [샤마임] 엘로힘의 요드는 묵음화
יִשָּׂשכָר	[잇사카르] 두 번째의 ש에 모음부호가 없음. [잇사스카르]가 아님
יַעֲקֹב	[야아코브] 본래 두 번째 알파벳에 쉐봐가 오는 명사 형태지만 후음이기 때문에 하타프 파타흐가 옴 [야으콥→야아콥]
רוּחַ	[루아흐] 마지막 알파벳 헷트 아래의 파타흐는 먼저 발음한다. [루하]가 아님

<어휘 모음>

בְּרֵאשִׁית	전 in + 명(여단) 시작
וַיַּרְא	동(ראה pa. 연속미3남단) 보다
יַעֲקֹב	명(고유) 야곱
יִשָּׂשכָר	명(고유) 잇사갈
לָיְלָה	명(남단) 밤
רוּחַ	명(남/여단) 영
שָׁמַיִם	명(남복) 하늘

9. 다게쉬 (알파벳 속에 들어가 있는 점)

다게쉬는 '강조'라는 뜻이다. 문법에서 다게쉬는 그 자음이 강화된다는 뜻으로 자음 속에 표시되는 점을 의미한다. 다게쉬는 두 종류로 나누어지는데 자음의 발음이 강조되는 경우와 자음이 중복되는 경우이다.

1) 경강점 (다게쉬 칼): 약어로 '베-게-드-케-페-트' (ב-ג-ד-כ-פ-ת)라고 불리는 6 개의 자음은 단어 첫 음절의 초성(첫 자음)으로 오거나, 단어 가운데서 폐음절 다음 음절의 초성으로 올 때(=쉐바부호 다음에 올때) 자연스레 발음이 강화된다. 그리고 이 경우에 자동적으로 경강점이 표시된다 (בּ גּ דּ כּ פּ תּ).

ב	[v]	בּ	[b]
ג	[gh]	גּ	[g]
ד	[dh]	דּ	[d]
כ	[kh]	כּ	[k]
פ	[f]	פּ	[p]
ת	[th]	תּ	[t]

בְּרֵאשִׁית [베레쉬트=베레쉿] 베트가 단어에 첫 초성에 왔으므로 경강점

הִבְדִּיל [히브딜] 달렛이 폐음절의 종성 다음에 나오는 초성이므로 경강점 (=달렛이 쉐바 다음에 옴)

2) 중복점 (다게쉬 카베드): 자음이 중복되었음을 표시하는 것이다. 중복점은 동사어근이 중복되어 사용되는 경우나 약한 자음이 다음에 오는 자음에 동화되어 중복되는 경우에 표시된다. 이 때 중복점을 가진 자음은 중복 발음된다. 그러나 중복점은 후음 א ה ח ע과 ר에는 올 수 없다.

שִׁמֵּר	[쉼메르] 멤 안의 점은 중복점, 자음의 음가가 중복 발음됨
הַשָּׁמַיִם	[핫샤마임] 쉰 안의 점은 중복점, 앞에 있던 라메드가 쉰으로 동화하여 쉰 안으로 숨음, 쉰은 중복 발음됨

► 아래의 단어들에서 경강점과 중복점을 구분해 보라.

הִתְהַלֵּךְ	[히트할레크] 라메드의 경우 중복점
דִּבֵּר	[딥베르] 달렛에는 경강점, 베트에는 중복점
דָּוִד הַמֶּלֶךְ	[다뷔드 함멜레크] 달렛이 첫 초성에 오는 경강점, 멤의 경우 중복점

► 단어의 마지막에 오는 ה 안에 점이 표시되는 경우가 있는데 이때 이 점은 "마피크"라 불린다 (후음 문자이므로 다게쉬는 될 수 없다). 이 경우는 ה를 'ㅎ' 음가로 발음해 달라는 표시이다 (보통 단어 마지막에 오는 ה가 자신의 모음을 가지지 않으면 묵음화되면서 앞의 [a] 모음을 길게 만드는 역할을 한다):

יְדָעָהּ [예다아흐]라고 읽는다.
יָדְעָה [야드아]라고 읽는다.

<어휘 모음>

דִּבֵּר	동(דבר pi.완3남단) 말하다
הִבְדִּיל	동(בדל hif.완3남단) 구분하다
הַמֶּלֶךְ	정 the + 명(남단) 왕
הַשָּׁמַיִם	정 the + 명(남복) 하늘
הִתְהַלֵּךְ	동(הלך hitp.완3남단) 행하다, 걷다

יְדָעָהּ	동(ידע pa.완3남단) 알다 + 인칭 접미(3여단) 그녀를
יָדְעָה	동(ידע pa.완3여단) 알다
שִׁמֵּר	동(שׁמר pi.완3남단) 보존하다

10. 마케프

단어와 단어를 잇는 짧은 선이다. 단어들이 마케프로 연결되면 하나의 어휘 역할을 하게 된다. 개개의 히브리어 단어들은 각각의 강세를 가지는데 두 단어가 마케프로 연결되면 한 단어 역할이 되므로 강세도 하나로 줄어든다. 이때 뒤에 오는 단어의 강세는 유지되지만 앞 단어의 강세는 약화된다. 이 경우에 앞 단어의 모음에는 변화가 발생할 수 있다. 그러나 그 어휘의 의미에는 아무런 변화가 발생하지 않는다.

אֶת-הָאוֹר [엣-하오르] 그 빛을

(만일 마케프가 없다면 אֵת הָאוֹר [엣 하오르]가 된다)

<어휘 모음>

הָאוֹר	정 the + 명(남/여단) 빛

11. 다양한 악센트기호들

성서 히브리어의 각 단어(문법적으로 한 단어 역할을 하는 단어구 포함)는 그 음절 중 한 곳에 악센트를 가진다. 그러나 악센트를 표시하는 기호는 약 삼십 여 가지에 이른다. 이 악센트기호들 중 하나가 각 단어의 위쪽이나 아래쪽 또는 옆쪽에 표시되어있다. 악센트기호의 역할은 크게 세 가지이다:

1) 악센트기호가 있는 음절이 그 단어의 악센트가 있는 곳임을 표시
2) 성경 낭송에서 음악적인 부호의 역할 (아직 다 알려지지 않음)
3) 문장 속 단어들 간의 연결이나 구분을 나타내는 기능

악센트기호들 중 특별히 한 문장의 내적 구분을 표시하는 악센트들을 "테암밈 마프시킴"이라고 부른다. 이들은 한 구절을 1/2, 1/4, 1/8, 1/16, 1/32 등으로 나누는 기능을 한다.

구약 본문은 처음 기록 될 때 상세한 띄어쓰기 및 장, 절 표시 없이 기록되었다. 때때로 한 문장을 어디에서 끊어 읽는가는 의미상의 차이를 발생시킬 수도 있었다. 따라서 악센트기호를 통한 본문 나누기는 본문 해석에 있어서 의미 있는 역할을 한다. 이 때문에 악센트기호를 최초의 유대 해석으로 보기도 한다.

▶ 거의 천 년의 역사를 거치며 구약성서는 자음으로만 기록되어 완성되었다. 이후 구약성서는 필사 되면서 후대로 전수되었다. 그 과정 가운데 "마소라"라고 통칭되는 부가적인 부호와 주(註)들이 본문의 단어나 여백에 추가 된다. 대표적인 마소라 부호는 모음부호와 발음기호(다게쉬, 마케프, 마피크)와 악센트기호이다. 그렇게 마소라가 추가되어 전수된 히브리어 구약성서 본문을 "마소라 사본"이라 칭한다.

자음으로만 기록된 본문

בראשׁית ברא אלהים את השׁמים ואת הארץ והארץ
היתה תהו ובהו וחשׁך על פני תהום ורוח אלהים
מרחפת על פני המים ויאמר אלהים יהי אור ויהי אור
וירא אלהים את האור כי טוב ויבדל אלהים בין האור
ובין החשׁך ויקרא אלהים לאור יום ולחשׁך קרא לילה
ויהי ערב ויהי בקר יום אחד

모음부호와 발음기호와 악센트기호가 더해진 마소라 본문

בְּרֵאשִׁ֖ית בָּרָ֣א אֱלֹהִ֑ים אֵ֥ת הַשָּׁמַ֖יִם וְאֵ֥ת הָאָֽרֶץ׃ וְהָאָ֗רֶץ
הָיְתָ֥ה תֹ֙הוּ֙ וָבֹ֔הוּ וְחֹ֖שֶׁךְ עַל־פְּנֵ֣י תְה֑וֹם וְר֣וּחַ אֱלֹהִ֔ים
מְרַחֶ֖פֶת עַל־פְּנֵ֥י הַמָּֽיִם׃ וַיֹּ֥אמֶר אֱלֹהִ֖ים יְהִ֣י א֑וֹר וַֽיְהִי־אֽוֹר׃
וַיַּ֧רְא אֱלֹהִ֛ים אֶת־הָא֖וֹר כִּי־ט֑וֹב וַיַּבְדֵּ֣ל אֱלֹהִ֔ים בֵּ֥ין הָא֖וֹר
וּבֵ֥ין הַחֹֽשֶׁךְ׃ וַיִּקְרָ֨א אֱלֹהִ֤ים ׀ לָאוֹר֙ י֔וֹם וְלַחֹ֖שֶׁךְ קָ֣רָא לָ֑יְלָה
וַֽיְהִי־עֶ֥רֶב וַֽיְהִי־בֹ֖קֶר י֥וֹם אֶחָֽד׃ פ

유대인들에게는 구약성서의 자음 본문 부분만이 실제적인 하나님의 계시이다. 후대에 추가된 마소라는 인위적인 부분으로 이해되는 것이다. 이것 때문에 회당 예배에서는 마소라가 없는 두루마리 토라를 사용한다. 자음 본문만 필사되어 있는 두루마리이다.

12. 성서 히브리어의 시대적 구분

여러 시대를 거치면서 기록된 구약성서의 히브리어 안에는 시대적인 언어의 층이 존재한다. 성서 히브리어는 크게 아래의 세 층으로 나누어진다:

1) 고대 성서 히브리어(Archaic Biblical Hebrew = ABH)
창 49, 출 15, 민 23-24, 신 32-33, 삿 5, 합 3, 시 29 등 구약의 일부 시문에 나타나는 고대 성서 히브리어 층이다.

2) 표준 성서 히브리어(Standard Biblical Hebrew = SBH)
크게 바벨론 유수 이전 시기에 기록된 창세기에서 열왕기까지 및 대부분의 후기 예언서에서 나타나는 성서 히브리어로 고전 성서 히브리어(Classical Biblical Hebrew = CBH), 전기 성서 히브리어, 제1성전 시대 성서 히브리어라고도 불린다.

3) 후기 성서 히브리어(Late Biblical Hebrew = LBH)
에스더, 다니엘, 에스라, 느헤미야, 역대기, 학개, 스가랴, 말라기 등 바벨론 귀환 이후 시기에 기록된 구약성서에 나타나는 성서 히브리어 층으로 제2성전 시대 성서 히브리어로도 불린다.

13. 성서 히브리어의 지역적 구분

성서 히브리어의 지역적 구분은 시대적인 구분에 비하여 두드러지게 드러나지는 않는다. 하지만, 북이스라엘 지역의 히브리어(예로 북이스라엘 선지자 호세아의 성서 히브리어)와 예루살렘 중심의 남유다의 히브리어에는 다소 차이가 있음을 발견할 수 있다.

거의 같은 시기에 예언 활동을 했던 예레미야 선지자와 에스겔 선지자의 히브리어에도 약간의 지역적인 차이가 발견된다. 예레미야의 활동 무대는 예루살렘 중심의 남유다 지역이었던 반면에 에스겔의 활동 영역은 바벨론 지역이었기 때문이다. 곧 이들 간의 언어적인 차이는 시대적인 차이가 아니라 지역적인 차이로 볼 수 있다.

이 영역 연구의 어려운 점은 연구 자료가 많지 않다는 것과 지역적인 언어 차이의 많은 부분들이 음운론 영역에 관한 것이라는 점이다. 당시의 발음이 녹음으로 남아 있다면 이상적이겠지만 모음표시가 없는 자음으로 기록된 텍스트만 남아 있어서 본래 발음을 파악하는데 어려움이 있다. 또한 후대에 남쪽 유다 방식의 발음을 따라서 모음부호가 붙여졌을 가능성 때문에 연구에 한계가 있다.

14. 성서 히브리어의 품사 개요

셈어인 히브리어가 한국어나 영어와 크게 차이 나는 부분 중 하나는 품사적 카테고리가 다르다는 점이다. 히브리어의 품사는 보통 동사, 명사, 불변사 세 영역으로 구분되지만 본서에서는 아래 네 개의 품사 영역으로 구별하기로 한다.

1) 대명사 영역	독립 인칭대명사 (인칭대)
	인칭대명사 접미 (인칭 접미)
	지시대명사 /지시형용사 (지시대/지시형)
	관계대명사 (관계대)
	의문대명사 (의문대)
2) 동사 영역	동사형태 - 기본형 강세형 사역형 기본 수동형
	강세 수동형 사역 수동형 재귀형
	동사시제 - 완료 미완료 분사 부정사
	동사법 - 직설법 의지표현법 명령법 간접명령법
	활용에 따른 구분 - 정동사 약동사
3) 명사 영역	명사 (명)
	형용사 (형)
	분사 (분)
	수사 (수)
4) 불변사 영역	정관사 (정)
	부사 (부)
	전치사 (전)
	접속사 (접)
	감탄사 (감)

▶ 읽어두기

* 히브리어 본문의 한글 번역은 개역한글에서 인용했고 영어 번역은 각 구절별로 가장 원문에 충실해 보이는 역본을 선택해서 실음. 한글 번역이나 역본 인용에서 사각괄호로 표시한 내용은 저자가 가감한 부분임.
* <어휘 모음>에는 인용된 히브리어 본문의 어휘들이 문법적으로 분해되어 정리되었음. 처음 나오는 단어들을 중심으로 정리 되었으므로 나타나지 않는 단어는 부록 부분의 어휘 모음집을 참조할 것.

▶ 약어 표: 동 (동사)
√ (동사의 어근을 의미)
pa. (기본형 동사 파알)
pi. (강세형 동사 피엘)
hif. (사역형 동사 히프일)
nif. (기본 수동형 동사 니프알)
pu. (강세 수동형 동사 푸알)
hof. (사역 수동형 동사 호프알)
hitp. (재귀형 동사 히트파엘)
완 (완료)
미 (미완료)
연속미 (연속봐브미완료)
연속완 (연속봐브완료)
분 (분사)
부정절대 (부정사 절대형)
부정연계 (부정사 연계형)
1 (일인칭)
2 (이인칭)
3 (삼인칭)
m. or 남 (남성)

f. or 여 (여성)
m/f. or 남/여 (남성 또는 여성)
c. or 공 (남녀공용)
s. or 단 (단수)
d. or 쌍 (쌍수)
pl. or 복 (복수)
연 (명사나 부정사의 연계형을 의미함. 절대형이나 절대형과 형태가 같은 연계형은 따로 약어 표시를 하지 않았음)

이스라엘 국기: דֶּגֶל יִשְׂרָאֵל [데겔 이스라엘]

현대국가 이스라엘(The State of Israel)은 이천 년만에 회복된 유대국가이다. דֶּגֶל יִשְׂרָאֵל [데겔 이스라엘]은 국가 재건 5개월 후이었던 1948년 10월 28일에 공식적으로 채택된 이스라엘 국기이다. 데겔 이스라엘은 유대민족의 칼라로 알려지는 백색과 청색으로 이루어진다. 바탕의 흰색은 חֶסֶד [헤세드] 곧 하나님의 은혜를 상징하며 푸른색은 하나님의 영광, 순수하심, 전능하심의 계시를 표현한다. 국기의 상하에 표현된 줄무늬는 흰색 배경에 검정색 또는 푸른색의 줄무늬가 들어가 있는 טַלִּית [탈릿], 즉 유대인들이 기도할 때 머리와 어깨를 감싸 걸치는 숄(shawl)의 디자인을 상기시킨다. 가운데 위치하는 형상은 מָגֵן דָּוִד [마겐 다비드]라고 불린다. 유대민족과 유대교를 상징하는 다윗의 별이다.

II

원문1 창세기 1:1-5

עבר זמנו בטל קורבנו

아바르 즈마노 바텔 코르바노

그 시간이 지나면 그 희생 제물은 쓸모 없다.

어떤 일이든 그 때가 지나버리면 그 이야기를 다시 꺼내는 것이 무의미해진다. 그때 일은 그때 마무리 지어야 한다.

[창 1:1] בְּרֵאשִׁית בָּרָא אֱלֹהִים אֵת הַשָּׁמַיִם וְאֵת הָאָרֶץ

베레쉿 바라 엘로힘 엣 핫샤마임 붸엣 하아레쯔

In [the] beginning God created the heavens and the earth

태초에 하나님이 천지를 창조하시니라

<어휘 분해>

▸ בְּרֵאשִׁית (בְּ + רֵאשִׁית) 전치사 in, by, with
명사 여.단. 시작, 시초

▸ בָּרָא √ ברא 기본형 파알 창조하다 완료 3.남.단.

▸ אֱלֹהִים (אֱלֹהַּ + ים) 명사 남.복. 하나님

▸ אֵת 한정목적어 표시어

▸ הַשָּׁמַיִם (הַ + שָׁמַיִם) 정관사 the
명사 남.복. 하늘 heavens, sky

▸ וְאֵת (וְ + אֵת) 접속사 and
한정목적어 표시어

▸ הָאָרֶץ (הַ + אֶרֶץ) 정관사 the
명사 여.단. 땅 earth, land

<문법 정리>

15. 히브리어의 전치사

히브리어 전치사는 몇 가지 되지 않는다. 전치사 בְּ [베]는 시간이나 공간이나 도구를 표현하는데 사용된다. 히브리어 전치사는 בְּ [베]의 경우와 같이 전치사의 목적어 앞에 바로 붙여지는가 아니면 독립적인 단어로 떨어져 사용되는가에 따라 접두전치사와 독립전치사로 나누어진다.

1) 접두전치사

בְּ - in, by, with	출 15:10 בְּמַיִם [베마임] 물에
לְ - to, for	창 2:22 לְאִשָּׁה [레잇샤] 여자에게
כְּ - like	창 32:13 כְּחוֹל הַיָּם [케홀 하얌] 바다의 모래같이

2) 독립전치사

עַל - on	창 1:11 עַל הָאָרֶץ [알 하아레쯔] 땅 위에
אֶל - to	창 1:9 אֶל מָקוֹם אֶחָד [엘 마콤 에하드] 한 곳으로
עִם - with	창 18:23 עִם רָשָׁע [임 라샤] 악인과 함께

3) 접두/독립전치사

מִן - from	창 3:23 מִגַּן-עֵדֶן [믹간 에덴] 에덴 동산으로부터
	(← עֵדֶן + גַּן + מִן)
	창 2:10 מֵעֵדֶן [메에덴] 에덴으로부터 (← עֵדֶן + מִן)
	창 2:7 מִן הָאֲדָמָה [민 하아다마] 흙으로부터

전치사 מִן의 경우 마지막 자음 ן '눈'이 그 다음 단어 첫 알파벳에 쉽게 동화하는 현상 때문에 정관사 없는 단어가 오면 접두전치사화 한다. 첫 용례에서는 '눈'이 이어 나오는 '기멜'에 동화되면서 '기멜'이 중복되었지만(중복점) 두 번째 용

례에서는 '눈'에 이어 나오는 단어 첫 자음이 후음이기 때문에 동화, 중복되지 못하고 전치사의 모음에 변화를 주면서 보상을 남겼다 ([미] → [메]). 정관사를 가진 명사가 מִן의 목적어로 올 경우는 מִן은 독립전치사로 사용된다.

<어휘 모음>

אֶחָד	수(남단) 하나, 하나의
בְּמַיִם	전 in + 명(남복) 물
הָאֲדָמָה	정 the + 명(여단) 땅, 흙
הַיָּם	정 the + 명(남단) 바다
כְּחוֹל	전 ~같이 + 명(남단연) 모래
לְאִשָּׁה	전 to + 명(여단) 여자
מִגַּן	전 from + 명(남/여단연) 정원, 동산
מֵעֵדֶן	전 from + 명(고유) 에덴
מָקוֹם	명(남단) 장소
עֵדֶן	명(고유) 에덴
עִם	전 with
רָשָׁע	형(남단) 악한; (보통 명사적으로 사용) 악인

16. 히브리어 명사

히브리어의 명사는 일정한 틀 속에서 만들어진다. 일반적으로 세 개의 어근을 기초로 하는 수십 개의 명사 패턴 중 하나를 따라 만들어진다. רֵאשִׁית [레쉿]의 경우 머리를 뜻하는 명사 רֹאשׁ [로쉬]에 접미어 ית [잇]이 붙은 패턴이다. 같은 패턴으로 나오는 다른 명사의 예를 찾아보면:

사 37:32 שְׁאֵרִית [쉐에릿] 남은 자 (← ית + שְׁאָר [쉐아르] 나머지)

대표적인 히브리어 명사 패턴 몇 개를 예로 들어 보면:

דָּבָר	[다바르] 말, 일	(기본 어근에 모음이 [아]-[아] 형태)
חָצֵר	[하쩨르] 뜰	(기본 어근에 모음이 [아]-[에] 형태)
נָזִיר	[나지르] 나실인	(기본 어근에 모음이 [아]-[이] 형태)
דֶּגֶל	[데겔] 깃발	(기본 어근에 모음이 [에]-[에] 형태)
קֹדֶשׁ	[코데쉬] 거룩	(기본 어근에 모음이 [오]-[에] 형태)
נַחֲלָה	[나할라] 소유, 기업	(기본 어근에 ה가 붙은 형태)
עֹפֶרֶת	[오페렛] 납	(기본 어근에 ת가 붙은 형태)
כִּשְׁרוֹן	[키쉬론] 재능	(기본 어근에 וֹן [온]이 붙은 형태)
מִדְבָּר	[미드바르] 광야	(기본 어근 앞에 מ이 붙은 형태)
מִלְחָמָה	[밀함마] 전쟁	(기본 어근 앞과 뒤에 מ과 ה가 붙은 형태)

히브리어의 명사는 세 개의 기본 어근이 어떤 모음 형태를 가지는지 그리고 세 개의 기본 어근에 어떤 요소들이 추가되어 어떤 모음으로 배열되는지에 따라 그 패턴이 나누어진다.

<어휘 모음>

רֹאשׁ	명(남단) 머리
רֵאשִׁית	명(여단) 시작
שְׁאָר	명(남단) 나머지
שְׁאֵרִית	명(여단) 나머지, 남은 자

17. 히브리어 동사 - 기본형 동사 파알

명사와 마찬가지로 히브리어 동사도 무작위로 만들어지는 것이 아니라 일정한 틀 속에서 만들어진다. 히브리어 동사는 일반적으로 7가지 형태 중 하나를 따라 만들어진다.

1) 기본형 동사 파알
2) 강세형 동사 피엘
3) 사역형 동사 히프일
4) 기본 수동형 동사 니프알
5) 강세 수동형 동사 푸알
6) 사역 수동형 동사 호프알
7) 재귀형 동사 히트파엘

파알(Pa`al)에 속하는 히브리어 동사는 가장 기본적 형태의 동사로 흔히 칼(Qal) 동사라고도 불린다. 파알 동사는 일반적으로 행위의 기본적인 의미를 표현하는 자동사나 타동사로 나타난다. 파알 동사는 구약성서에서 사용되는 전체 동사들 중 69.1%를 차지하는 가장 흔한 형태의 동사 그룹이다. 구약성서에서 많이 사용된 파알 동사들을 찾아보면;

אָמַר	[아마르] 말하다
הָיָה	[하야] ~이다, 되다
עָשָׂה	[아사] 하다, 만들다
הָלַךְ	[할라크] 걸어가다
יָצָא	[야짜] 나가다
יָשַׁב	[야샤브] 앉다
נָתַן	[나탄] 주다

רָאָה [라아] 보다
שָׁמַע [샤마] 듣다
אָכַל [아칼] 먹다

▶ 일반적으로 기본형 파알 동사는 첫 어근에 장모음[아] 둘째 어근에 단모음[아]가 나타난다. 그러나 셋째 어근에 ה나 א가 와서 묵음화가 되면 둘째 어근 밑에도 장모음[아]가 오는 것을 볼 수 있다.

18. 히브리어 동사의 시제 - 완료 (Perfect 카톨)

성서 히브리어 동사의 시제는 보통 우리가 아는 과거 현재 미래와 같은 시간 중심의 개념과는 다소 다르다. 시간보다는 행위 중심의 개념에 가깝다. 동사가 묘사하는 행위가 끝났는지, 끝나지 않았는지 아니면 다른 상황인지를 따라서 일반적으로 아래 4가지 시제가 제시된다.

1) 완료 (Perfect 카탈)
2) 미완료 (Imperfect 이크톨)
3) 분사 (Participle 코텔)
4) 부정사 (Infinitive 카톨)

* 7가지 동사 형태를 '작동하다'라는 의미의 동사 פָּעַל [파알]를 사용하여 파알, 피엘, 히프일 등으로 부르듯이 4가지 시제는 '죽이다'라는 의미의 동사 קָטַל [카탈]을 사용하여 카탈, 이크톨, 코텔, 카톨로 부르기도 한다.

히브리어에서 동사가 완료형으로 나올 경우 그 의미는 동사의 행위가 끝났음을 의미한다. 완료형 동사는 인칭과 성과 수를 따라 활용되어 사용된다. 즉 1인칭인지 2인칭인지 3인칭인지 그리고 남성인지 여성인지, 단수인지 복수인지에 따라 동사의 모양이 각각 달라진다. 완료 시제의 3인칭 남성 단수형(3.m.s)의 동사가 히브리어 동사의 기본 형태가 되어 문법과 사전에서 취급된다.

► 아래 동사 활용표에 나오는 인칭과 성과 수에 따른 동사의 각각 활용형은 구약성서 본문 안에 나타남에 관계없이 보편적 형태를 따라 제시되었다.

שָׁמַר [샤마르] 지키다 (keep, protect)

인칭 구분	완료동사	한글 음역과 뜻
그 3.m.s.	שָׁמַר	[샤마르] 그가 지켰다
그녀 3.f.s.	שָׁמְרָה	[샤므라] 그녀가 지켰다
그들 3.m.pl.	שָׁמְרוּ	[샤므루] 그들이 지켰다
그녀들 3.f.pl.	שָׁמְרוּ	[샤므루] 그녀들이 지켰다
당신 2.m.s.	שָׁמַרְתָּ	[샤마르타] 당신이 지켰다
당신 2.f.s.	שָׁמַרְתְּ	[샤마르트] 당신이 지켰다
당신들 2.m.pl.	שְׁמַרְתֶּם	[쉐마르템] 당신들이 지켰다
당신들 2.f.pl.	שְׁמַרְתֶּן	[쉐마르텐] 당신들이 지켰다
나 1.c.s.	שָׁמַרְתִּי	[샤마르티] 내가 지켰다
우리 1.c.pl.	שָׁמַרְנוּ	[샤마르누] 우리가 지켰다

► 모든 히브리어 완료형 동사의 3인칭 남성복수와 여성복수의 활용은 그 형태가 동일하다.

קָרָא [카라] 부르다, 외치다, 읽다 (call, proclaim, read)

인칭 구분		완료동사	한글 음역과 뜻
그	3.m.s.	קָרָא	[카라] 그가 외쳤다
그녀	3.f.s.	קָרְאָה	[카르아] 그녀가 외쳤다
그들	3.m.pl.	קָרְאוּ	[카르우] 그들이 외쳤다
그녀들	3.f.pl.	קָרְאוּ	[카르우] 그녀들이 외쳤다
당신	2.m.s.	קָרָאתָ	[카라타] 당신이 외쳤다
당신	2.f.s.	קָרָאת	[카라트] 당신이 외쳤다
당신들	2.m.pl.	קְרָאתֶם	[크라템] 당신들이 외쳤다
당신들	2.f.pl.	קְרָאתֶן	[크라텐] 당신들이 외쳤다
나	1.c.s.	קָרָאתִי	[카라티] 내가 외쳤다
우리	1.c.pl.	קָרָאנוּ	[카라누] 우리가 외쳤다

<원문 읽기>

창 37:11 וְאָבִיו **שָׁמַר** אֶת-הַדָּבָר

웨아비브 샤마르 엣 핫다바르

But his father observed the saying

그 아비는 그 말을 마음에 두었더라

창 11:9 עַל-כֵּן **קָרָא** שְׁמָהּ בָּבֶל

알 켄 카라 쉐마흐 바벨

Therefore its name is called Babel

그러므로 그 이름을 바벨이라 하니

<어휘 모음>

אֶת	한정목적어 표시어
בָּבֶל	명(고유) 바벨
הַדָּבָר	정 the + 명(남단) 말, 말씀, 일, 사건
וְאָבִיו	접 and, but + 명(남단연) 아버지 + 인칭 접미(3남단) 그의
עַל-כֵּן	전 upon + 부 그렇게 > 그러므로
קָרָא	동(קרא pa.완3남단) 부르다, 칭하다, 외치다
שְׁמָהּ	명(남단) 이름 + 인칭 접미(3여단) 그녀의
שָׁמַר	동(שמר pa.완3남단) 지키다

19. 히브리어 명사의 성과 수

히브리어 명사에는 성과 수의 구분이 있다 (남성과 여성; 단수와 복수). 대부분 명사들의 성은 처음부터 정해진다 (예로 אֶרֶץ 땅 여성명사). 그러나 일부 명사들은 남성단수를 기본형으로 하고 이에 여성형 어미 ה (본래는 ת)가 붙으면 여성명사가 된다. 명사의 복수형은 일반적으로 남성명사에는 ים [임], 여성명사에는 וֹת [옷]을 붙여서 만든다 (예외가 있음).

פַּר	[파르]	남.단. 수소	נָבִיא	[나비]	남.단. 선지자
פָּרָה	[파라]	여.단. 암소	נְבִיאָה	[네비아]	여.단. 여선지자
פָּרִים	[파림]	남.복. 수소들	נְבִיאִים	[네비임]	남.복. 선지자들
פָּרוֹת	[파롯]	여.복. 암소들	נְבִיאוֹת	[네비옷]	여.복. 여선지자들

* 복수의 경우에 [요드]나 [봐브]가 빠지는 경우가 있다:

נְבִיאִים = נְבִיאִם = נְבִאִים   פָּרוֹת = פָּרֹת

히브리어에서는 형용사도 명사의 카테고리에 속한다. 즉 형용사도 성과 수의 구분을 가진다. 기본형인 남성단수에 어미를 더해서 여성단수 및 남성복수와 여성 복수형을 만든다:

צָעִיר	[짜이르]	남.단. 어린	גָּדוֹל	[가돌]	남.단. 큰
צְעִירָה	[쩨이라]	여.단. 어린	גְּדוֹלָה	[게돌라]	여.단. 큰
צְעִירִים	[쩨이림]	남.복. 어린	גְּדוֹלִים	[게돌림]	남.복. 큰
צְעִירוֹת	[쩨이롯]	여.복. 어린	גְּדוֹלוֹת	[게돌롯]	여.복. 큰

► 히브리어의 복수는 셋 이상의 개념이며 둘을 표시 할 때는 쌍수형을 사용하는데 일부 단어에서만 그 형태가 남아있다.

עַיִן	[아인]	눈	עֵינַיִם	[에나임]	두 눈
יָד	[야드]	손	יָדַיִם	[야다임]	두 손
יוֹם	[욤]	날	יוֹמַיִם	[요마임]	이틀

► 구약성서에서 하나님은 복수형 אֱלֹהִים으로 사용되었다(95% 이상). 하나님이 주어가 될 때 동사는 보통 단수형으로 나타난다. 그러나 동사가 복수형으로 나오고 인칭대명사 접미가 복수형으로 묘사되는 경우도 있다. 예를 들면:

창 1:26 וַיֹּאמֶר אֱלֹהִים **נַעֲשֶׂה** אָדָם בְּצַלְמֵ**נוּ** כִּדְמוּתֵ**נוּ**

봐요메르 엘로힘 나아세 아담 베짤메누 키드무테누

And God said: **Let us make** man in **our** image, after **our** likeness

하나님이 가라사대 **우리**의 형상을 따라 **우리**의 모양대로 **우리가** 사람을 **만들고**

창 11:7 **הָבָה נֵרְדָה וְנָבְלָה** שָׁם שְׂפָתָם אֲשֶׁר לֹא יִשְׁמְעוּ אִישׁ שְׂפַת רֵעֵהוּ

하바 네르다 베나블라 샴 스파탐 아쉐르 로 이쉬메우 이쉬 스파트 레에후

Come, **let us go down**, and there **confound** their language,

that they may not understand one another's speech

자, **우리가 내려가서** 거기서 그들의 언어를 **혼잡케 하여** 그들로 서로

알아듣지 못하게 하자 하시고

<어휘 모음>

אִישׁ	명(남단) 사람
בְּצַלְמֵנוּ	전 ~으로 + 명(남단연) 형상 + 인칭 접미(1공복) 우리의
הָבָה	감 자!
וְנָבְלָה	접 and + 동(**בלל** pa.미1공복-의지표현) 혼합하다
יִשְׁמְעוּ	동(**שמע** pa.미3남복) 듣다
כִּדְמוּתֵנוּ	전 ~같이 + 명(여단연) 모양 + 인칭 접미(1공복) 우리의
לֹא	부정부사 no, not
נַעֲשֶׂה	동(**עשה** pa.미1공복) 하다, 만들다
נֵרְדָה	동(**ירד** pa.미1공복-의지표현) 내려가다
רֵעֵהוּ	명(남단연) 동료 + 인칭 접미(3남단) 그의
שָׁם	부 거기서
שְׂפַת	명(여단연) 언어
שְׂפָתָם	명(여단연) 언어 + 인칭 접미(3남복) 그들의

20. 한정목적어 표시어

히브리어 동사가 타동사로서 목적어를 취하는 경우 그 목적어가 한정인 경우에는 목적어 앞에 **אֵת** [엣]이 온다. 목적어가 한정이라 함은 목적어 역할을 하는 명사가 고유명사이든지 정관사를 가지는 경우이다.

<원문 읽기>

창 2:15 וַיִּקַּח יְהוָה אֱלֹהִים **אֶת-הָאָדָם** וַיַּנִּחֵהוּ בְגַן-עֵדֶן לְעָבְדָהּ וּלְשָׁמְרָהּ

봐익카흐 아도나이 엘로힘 엣-하아담 봐얀니헤후 베간-에덴 레오브다흐 울쇼므라흐

And the LORD God took the man, and put him into the garden of Eden to dress it and to keep it

여호와 하나님이 그 사람을 이끌어 에덴 동산에 두사 그것을 다스리며 지키게 하시고

출 18:1 כִּי-הוֹצִיא יְהוָה **אֶת-יִשְׂרָאֵל** מִמִּצְרָיִם

키-호찌 아도나이 엣-이스라엘 밈미쯔라임

that the LORD had brought Israel out of Egypt

곧 여호와께서 이스라엘을 애굽에서 인도하여 내신…

<어휘 모음>

בְגַן 전 in + 명(남/여단연) 정원, 동산

הוֹצִיא 동(**יצא** hif.완3남단) 꺼내다, 나오게 하다

וַיַּנִּחֵהוּ 동(**נוח** hif.연속미3남단) 두다, 쉬게하다 + 인칭 접미(3남단) 그를

וַיִּקַּח	동(לקח pa.연속미3남단) 취하다
וּלְשָׁמְרָהּ	접 +전 to + 동(שׁמר pa.부정연계) 지키다 + 인칭 접미(3여단) 그것
יְהוָה	명(고유) 여호와, 야웨 (유대인들은 '아도나이'로 읽음)
יִשְׂרָאֵל	명(고유) 이스라엘
כִּי	접 that
לְעָבְדָהּ	전 to + 동(עבד pa.부정연계) 일하다 + 인칭 접미(3여단) 그것을
מִמִּצְרָיִם	전 from + 명(고유) 이집트

21. 히브리어의 정관사 הַ [하]

히브리어 정관사의 본래 형태는 הַל로 추정된다. 히브리어에서 정관사는 독립적인 단어로 사용되지 않고 정관사를 필요로 하는 단어에 접두된다. 그리고 접두되는 순간에 정관사의 ל는 즉시 그 단어의 첫 알파벳에 동화되어 버린다. 정관사 הַל이 명사 שָׁמַיִם에 붙으면 정관사의 ל는 바로 명사의 첫 알파벳 שׁ으로 동화된다. 이때 שׁ은 두 번 기록되지 않고 알파벳이 중복되었다는 표시로 שׁ 속에 다게쉬를 가진다.

הַל + שָׁמַיִם > הַשְׁשָׁמַיִם > הַשָּׁמַיִם	[핫샤마임]	그 하늘
הַל + מֶלֶךְ > הַמְמֶלֶךְ > הַמֶּלֶךְ	[함멜레크]	그 왕
הַל + בַּיִת > הַבְבַּיִת > הַבַּיִת	[합바이트]	그 집

* 다게쉬가 표시되지 않는 예외 경우들도 존재함.

단어에 정관사가 붙는 경우 이를 '한정 되었다'고 표현한다. 단어가 정관사가 붙지 않음에도 한정되는 경우들도 있다. 예를 들어 יִשְׂרָאֵל [이스라엘]이나

יִצְחָק [이쯔하크] (이삭)같은 고유명사들은 그 자체로 이미 한정이 된 상태이다. 곧 이런 고유명사들에는 정관사가 오지 않는다.

הָאָרֶץ의 경우 명사 אֶרֶץ에 본래의 정관사로 추정되는 הַל이 붙어서 ל가 명사의 첫 알파벳 א에 동화가 되었지만 후음인 א에는 중복점이 올 수 없다. 따라서 그 대신에 정관사 ה의 모음에 보상을 남기게 된다. 즉 הַ 대신에 הָ가 온 것이다. 단어의 첫 알파벳이 중복점이 올 수 없는 후음이나 ר일 경우 정관사는 הָ나 הֶ로 나타난다.

הָאוֹר	[하오르]	그 빛	הָעֵץ	[하에쯔]	그 나무
הָרָקִיעַ	[하라키아]	그 궁창	הָהָר	[하하르]	그 산
הֶהָרִים	[헤하림]	그 산들	הֶחָכָם	[헤하캄]	그 지혜자

* 그러나 예외적인 경우도 존재한다: הַחֹשֶׁךְ < חֹשֶׁךְ + הַ [하호쉐크] 그 어두움

정관사를 가진 명사가 접두전치사와 함께 쓰일 때의 정관사 ה는 그 모음을 남기고 숨는다:

בְּ + הַמַּיִם < בַּמַּיִם	[밤마임]	그 물에 (레 14:8)
לְ + הָאִשָּׁה < לָאִשָּׁה	[라잇샤]	그 여자에게 (창 3:13)
כְּ + הַשֶּׂה < כַּשֶּׂה	[캇세]	그 어린 양같이 (사 53:7)

* 앞의 접두전치사 용례들과 비교 해보라 (p. 56). 그 용례들의 경우 전치사의 목적어가 비한정인 경우들이었다.

22. 히브리어의 접속사 וְ [붸]

위의 창 1:1 וְאֵת [붸 엣]의 첫 알파벳 ו는 히브리어의 접속사이다. 항상 다음에 나오는 단어에 붙여진다. 보통 '그리고 and'라는 뜻이지만 경우에 따라서 '그러나 but' 내지 '또는 or'의 의미로도 사용된다.

일반적으로 접속사 ו에는 쉐봐가 오지만 다음에 나오는 단어의 첫 알파벳이나 그 단어의 강세에 따라 다른 모음도 가진다.

אֱלֹהִים וְאָדָם	[엘로힘 붸아담]	하나님과 사람
הַמֶּלֶךְ וְהַנָּבִיא	[함멜레크 붸한나비]	그 왕과 그 선지자
אַהֲרֹן וּמִרְיָם	[아하론 우미르얌]	아론과 미리암
יְהוָה וּדְבָרָיו	[아도나이 우드바라브]	여호와와 그의 말씀들
יְהוּדָה וִירוּשָׁלַיִם	[예후다 뷔루샬라임]	유다와 예루살렘
אַתָּה וַאֲנִי	[앗타 봐아니]	당신과 나
חֶסֶד וֶאֱמֶת	[헤세드 붸에메트]	은혜와 진리
תֹהוּ וָבֹהוּ	[토후 봐보후]	혼돈과 공허

▶ וּמִרְיָם [우미르얌]의 경우 접속사 ו에 [우] 모음을 표현하는 וּ (슈루크)가 결합하여 וּ가 되었고 (וּ < וּ + ו) 발음은 그냥 [우]로 한다고 이해하라. 접속사 ו가 어떤 모음을 가지든지 그대로 읽어 주면 된다. 접속사임을 아는 것이 중요하다.

<어휘 모음>

אַתָּה	인칭대(2남단) 너, 당신 you
וַאֲנִי	접 and + 인칭대(1공단) 나 I
וּדְבָרָיו	접 and + 명(남복연) 말씀 + 인칭 접미(3남단) 그의

이스라엘 국장: מְנוֹרָה [메노라]와 올리브 잎들이 들어가 있는 방패

가운데 있는 일곱 가지를 가진 촛대는 מְנוֹרָה [메노라]라고 불린다. 고대에 만들었던 성막 안에 두었던 것으로 매일 저녁 제사장들이 불을 밝힌 황금 촛대이었다. 성전이 세워진 후에는 성전 안에서 사용 되었다. 예루살렘 성전은 AD 70년 로마군에 의하여 예루살렘 함락과 함께 파괴되었다. 메노라는 로마군이 전리품으로 가져간 것으로 여겨진다. 이것은 로마군의 승리를 기념하여 AD 82년 로마에 세워진 티투스 개선문의 부조에 잘 나타나고 있다. 그 부조에 나타난 메노라 형태를 국장에 채택함으로써 이스라엘 국가의 상징인 메노라가 다시 이스라엘 땅으로 회복 되었음을 표현한다. 양편의 올리브 나뭇잎은 평화를 상징한다. 아래 부분에 국명 이스라엘이 새겨져 있어서 이것이 무엇을 의미하는지 짐작케 한다.

[창 1:2] וְהָאָרֶץ הָיְתָה תֹהוּ וָבֹהוּ וְחֹשֶׁךְ עַל-פְּנֵי תְהוֹם
וְרוּחַ אֱלֹהִים מְרַחֶפֶת עַל-פְּנֵי הַמָּיִם

뭬하아레쯔 하이타 토후 봐보후 뭬호쉐크 알-페네 테홈
뭬루아흐 엘로힘 메라헤펫 알-페네 함마임

The earth was without form, and void; and darkness was on the face of the deep. And the Spirit of God was hovering over the face of the waters

땅이 혼돈하고 공허하며 흑암이 깊음 위에 있고 하나님의 신은 수면에 운행하시니라

<어휘 분해>

► וְהָאָרֶץ (וְ + הַ + אֶרֶץ)	접속사 and
	정관사 the
	명사 여.단. 땅
► הָיְתָה	√ היה 기본형 파알 be, become,
	완료 3.여.단.
	(she, it) was, became
► תֹהוּ וָבֹהוּ (תֹהוּ + וְ + בֹהוּ)	명사 남.단. formlessness
	접속사 and
	명사 남.단. emptiness
► וְחֹשֶׁךְ (וְ + חֹשֶׁךְ)	접속사 and
	명사 남.단. darkness
► עַל-פְּנֵי (עַל + פָּנִים > פְּנֵי)	전치사 upon
	명사 남/여.복.연. face
	→ 복합전치사(전치사+명사)
	over the face of

▸ תְּהוֹם — 명사 여.단. deep, sea, abyss

▸ וְרוּחַ אֱלֹהִים (וְ + רוּחַ + אֱלֹהִים) — 접속사 and

명사 여.단. spirit, wind, breath

명사 남.복. God

→ 명사와 명사가 한 단위로 결합한 구조

▸ מְרַחֶפֶת — √ רחף 강세형 피엘 hover 분사 여.단. hovering

▸ עַל־פְּנֵי (עַל + פָּנִים > פְּנֵי) — 전치사 upon

명사 남/여.복.연. face

→ 복합전치사(전치사+명사) over the face of

▸ הַמָּיִם (הַ + מַיִם) — 정관사 the

명사 남.복. water, waters

* 여기 מַיִם이 מָיִם 곧 장모음으로 표시되는 것은 구절의 마지막 단어를 길게 발음하는 습관 때문이다. 그러나 구절의 마지막에 오지 않는 경우라도 단어가 문맥 상 강조되면 단모음이 장모음으로 표시되는 경우들이 있다 (단모음과 장모음의 차이에 많이 신경 쓸 필요가 없다).

<문법 정리>

23. 히브리어 동사 הָיָה [하야] ~이다, 되다 (be, become)

הָיָה [하야] 동사는 영어의 'be, become'에 해당하는 동사로서 구약에서 두 번째로 많이 나타나는 동사이다 (3,500회 이상. 사용 빈도가 가장 높은 동사는 אָמַר [아마르] 'say'로 5,000회 이상 사용됨). 히브리어 인칭대명사와 연관하여 הָיָה 동사의 완료시제 활용표를 만들어 보면 아래와 같다.

인칭 구분	완료동사	한글 음역과 뜻
3.m.s. 그	הָיָה	[하야] 그가 ~이었다
3.f.s. 그녀	הָיְתָה	[하이타] 그녀가 ~이었다
3.m.pl. 그들	הָיוּ	[하유] 그들이 ~이었다
3.f.pl. 그녀들	הָיוּ	[하유] 그녀들이 ~이었다
2.m.s. 당신	הָיִיתָ	[하이타] 당신이 ~이었다
2.f.s. 당신	הָיִית	[하이트] 당신이 ~이었다
2.m.pl. 당신들	הֱיִיתֶם	[헤이템] 당신들이 ~이었다
2.f.pl. 당신들	הֱיִיתֶן	[헤이텐] 당신들이 ~이었다
1.c.s. 나	הָיִיתִי	[하이티] 내가 ~이었다
1.c.pl. 우리	הָיִינוּ	[하이누] 우리가 ~이었다

<원문 읽기>

수 1:5 כַּאֲשֶׁר **הָיִיתִי** עִם-מֹשֶׁה אֶהְיֶה עִמָּךְ לֹא אַרְפְּךָ וְלֹא אֶעֶזְבֶךָּ

카아쉐르 하이티 임-모쉐 에헤예 임마크 로 아르페카 붸로 에에즈벡카

as I was with Moses, so I will be with thee; I will not fail thee, nor forsake thee

내가 모세와 함께 있던 것같이 너와 함께 있을 것임이라 내가 너를 떠나지 아니하며 버리지 아니하리니

출 22:20 כִּי-גֵרִים **הֱיִיתֶם** בְּאֶרֶץ מִצְרָיִם

키-게림 헤이템 베에레쯔 미쯔라임

for you were strangers in the land of Egypt

너희도 애굽 땅에서 나그네이었었음이니라

창 10:9 הוּא-**הָיָה** גִבֹּר-צַיִד לִפְנֵי יְהוָה עַל-כֵּן יֵאָמַר כְּנִמְרֹד גִּבּוֹר צַיִד לִפְנֵי יְהוָה

후-하야 깁보르-짜이드 리프네 아도나이 알-켄

예아마르 케니므로드 깁보르 짜이드 리프네 아도나이

He was a mighty hunter before the LORD; wherefore it is said:

Like Nimrod a mighty hunter before the LORD

그가 여호와 앞에서 특이한 사냥꾼이 되었으므로 속담에 이르기를

아무는 여호와 앞에 니므롯 같은 특이한 사냥꾼이로다 하더라

<어휘 모음>

אֶהְיֶה	동(**היה** pa.미1공단) ~이다, 되다 be, become
אֶעֱזְבֶךָּ	동(**עזב** pa.미1공단) 버리다 + 인칭 접미(2남단) 당신을
אַרְפְּךָ	동(**רפה** hif.미1공단) 떠나다 + 인칭 접미(2남단) 당신을
בְּאֶרֶץ	전 in + 명(여단연) 땅
גִּבּוֹר	명(남단연) 강자, 영웅
גִבֹּר	명(남단연) 강자, 영웅
גֵרִים	명(남복) 나그네
הוּא	인칭대(3남단) 그
הָיִיתִי	동(**היה** pa.완1공단) ~이다, 되다 be, become

הֱיִיתֶם 동(היה pa.완2남복) ~이다, 되다 be, become

וְלֹא 접 and + 부정부사 no, not

יֵאָמֵר 동(אמר nif.미3남단) 말해지다

כַּאֲשֶׁר 접 as

כְּנִמְרֹד 전 ~같이 + 명(고유) 니므롯

לִפְנֵי 복 to + 명(남/여복연) 얼굴, 앞 > 복합전 ~ 앞에

מִצְרַיִם 명(고유) 이집트

מֹשֶׁה 명(고유) 모세

עַל־כֵּן 전 ~위에 + 부 그렇게 > 그러므로

עִמָּךְ 전 with + 인칭 접미(2남/여단) 당신

צַיִד 명(남단) 사냥

24. 히브리어의 문장 - 동사문과 명사문

히브리어 문장은 동사문과 명사문으로 대별된다. 문장 안에 동사가 있으면 동사문, 동사가 없으면 이를 명사문이라 칭한다. 창 1:2을 접속사를 제거하고 몇 개의 독립 문장으로 나누어 보면:

הָיְתָה - הָאָרֶץ הָיְתָה תֹהוּ וָבֹהוּ [하이타]라는 동사가 있으므로 동사문

חֹשֶׁךְ עַל פְּנֵי תְהוֹם - 동사가 없으므로 명사문

מְרַחֶפֶת - רוּחַ אֱלֹהִים מְרַחֶפֶת עַל פְּנֵי הַמָּיִם [메라헤펫]이 있으므로 동사문

► 히브리어에는 be동사의 현재시제를 표현하는 형태가 따로 사용되지 않는다. 이것 때문에 명사문이 나타나게 된다.

25. 히브리어의 명사 결합 (סְמִיכוּת 스미쿳)

히브리어에서 두 개의 명사가 함께 나열되어 앞의 단어가 뒤의 단어에 종속이 되는 형태를 명사간의 '연계' 또는 '결합'이라고 부른다(두 개 이상의 명사들이 결합되는 경우도 있음). 이때 명사 결합으로 묶어지는 명사들은 문법적으로 한 단위를 이루게 된다. 명사 결합 구조 안에 있는 명사 중 종속상태가 되는 앞의 명사는 자음이나 모음의 영역에서 약간의 변화를 겪게 되는데 이런 상태를 명사의 '연계형' 이라고 부른다. 뒤의 명사는 변화 없이 본래의 모양대로 존재하는데 이를 명사의 '절대형'이라고 칭한다. 명사 결합의 연계형 명사와 절대형 명사는 마케프로 연결되는 경우가 많다. 명사 결합이 일어나면 앞에 나오는 연계형 명사에는 아래의 변화가 나타난다:

1) 자음의 변화 - 두 경우에서 나타나게 되는데 여성단수 명사어미 ה가 ת로, 남성복수 명사어미 ים[임]이 י로 변한다.
2) 모음의 변화 - 명사의 패턴을 따라 차이가 있다. 두 단어나 세 단어가 명사 결합으로 묶어지면 문법적으로 한 단위가 되는 셈이고 따라서 강세도 하나로 줄어들게 되는데 이 과정에서 발생하는 강세의 생략이나 이동이 모음의 변화를 유발시킨다.
3) 정관사의 생략 - 정관사를 가진 두 명사가 결합하게 되면 연계형 명사의 정관사는 사라진다. 명사 결합 구조에서 뒤의 절대형 명사가 한정이면 명사 결합 전체가 한정이다.

בֵּן + חוּר	>	בֶּן חוּר	[벤 후르] 후르의 아들(벤허)
בָּנִים + יְהוּדָה	>	בְּנֵי יְהוּדָה	[베네 예후다] 유다의 아들들
מֶלֶךְ + יִשְׂרָאֵל	>	מֶלֶךְ יִשְׂרָאֵל	[멜레크 이스라엘] 이스라엘의 왕
מַלְכָּה + יִשְׂרָאֵל	>	מַלְכַּת יִשְׂרָאֵל	[말카트 이스라엘] 이스라엘의 여왕

מֶלֶךְ + נָבִיא > נְבִיא מֶלֶךְ [네비 멜레크] 왕의 선지자

הַמֶּלֶךְ + הַנָּבִיא > נְבִיא הַמֶּלֶךְ [네비 함멜레크] 그 왕의 (그) 선지자

<어휘 모음>

בֵּן	명(남단) 아들
בֶּן	명(남단연) 아들
בָּנִים	명(남복) 아들
הַנָּבִיא	정 the + 명(남단) 선지자
חוּר	명(고유) 후르
מַלְכָּה	명(여단) 여왕
מַלְכַּת	명(여단연) 여왕
נְבִיא	명(남단연) 선지자

26. 히브리어 문장의 일치 - 주어와 서술어의 일치

히브리어 문장에서 주어와 서술어 간에는 성과 수의 일치가 요구된다. 동사문의 경우 서술어 역할을 하는 동사가 주어로 사용되는 명사의 성과 수에 일치하게 되고(예외가 있음) 명사문의 경우 서술어로 사용되는 형용사가 주어의 성과 수에 일치하게 된다. 예를 들면:

1) 창 1:2 וְהָאָרֶץ הָיְתָה תֹהוּ וָבֹהוּ

이 부분에서 완료동사 הָיְתָה는 3인칭 여성 단수 형태로서 주어가 되는 הָאָרֶץ의 성과 수에 일치시켜 사용되고 있다.

2) 창 1:2 וְרוּחַ אֱלֹהִים מְרַחֶפֶת עַל-פְּנֵי הַמָּיִם

이 부분에서 서술어가 되는 동사 (분사) מְרַחֶפֶת는 앞의 주어 רוּחַ אֱלֹהִים의 성과 수에 일치되어 있다: 핵심적인 주어가 되는 רוּחַ가 여성단수이므로 분사도 여성단수가 사용되었다.

3) 창 6:5 רַבָּה רָעַת הָאָדָם בָּאָרֶץ

라바 라아트 하아담 바아레쯔

사람의 죄악이 땅에 많았다.

여기에서 서술어가 되는 형용사 רַבָּה는 핵심 주어인 רָעַת הָאָדָם의 רָעַת (여성단수, 절대형: רָעָה)와 일치하게 여성단수형으로 사용되었다.

<어휘 모음>

בָּאָרֶץ	전 in + 정관사 the + 명(여단) 땅
רַבָּה	형(여단) 많은
רָעַת	명(여단연) 악

27. 히브리어 동사 - 강세형 동사 피엘

피엘은 7개의 히브리어 동사 형태들 가운데 보통 두 번째로 분류되는 동사 형태이다. 첫 번째로 분류되는 파알이 행위의 기본적인 의미를 표현하는 자동사와 타동사들이라면 피엘은 행위의 강세적인 의미를 표현하는 자동사와 타동사들의 그룹이다. 피엘 동사는 성서 히브리어 동사들 가운데 8.9%를 차지한다. 피엘의 형태적인 특징은 두 번째 어근이 중복된다는 점이다. 피엘 자체에서 보는 것처럼 동사 어근들에 붙는 모음 배열도 [이-에]이다. 곧 모음 배열도 다르다는 것이다. 피엘 동사의 의미적인 특징은 크게 아래 세 가지이다. 왼편의 파알 동사(혹은 명사)가 오른편의 피엘 동사로 사용될 때 그 의미가 어떻게 변하지는 주의하여 보라:

1) 동작의 강화와 반복

שָׁבַר [샤바르] 부수다 → שִׁבֵּר [쉽베르] 박살내다

הָלַךְ [할라크] 걸어가다 → הִלֵּךְ [힐레크] 왔다갔다하다

2) 사역적인 의미

לָמַד [라마드] 공부하다 → לִמֵּד [림메드] 가르치다

יָלַד [얄라드] 출산하다 → יִלֵּד [일레드] 출산을 돕다

3) 명사에서 파생되는 동사들

דָּבָר [다바르] 말 → דִּבֵּר [딥베르] 말하다

עָפָר [아파르] 먼지 → עִפֵּר [잎페르] 먼지를 내다

► 두 번째 어근이 후음 문자이거나 레쉬가 오면 중복점을 받을 수 없다.

① 두 번째 어근이 א나 ר일 경우 중복점 대신에 첫 번째 어근의 모음을 강화시켜 준다 (완료형의 경우 첫 모음 [이] → [에]):

פֵּאֵר [페에르] 영화롭게 하다

בֵּרֵךְ [베레크] 축복하다 (בֵּרַךְ [베라크] 형태도 나타남)

② 두 번째 어근이 ה나 ח나 ע인 경우 중복점을 표시하지 못하지만 첫 어근 모음의 변화도 없다:

טִהֵר [티헤르] 정화하다

רִחֵף [리헤프] 떠 다니다

בִּעֵר [비에르] 태우다

강세형 동사 피엘의 대표적인 동사 **שִׁבֵּר**의 완료 활용은 아래와 같다.

인칭 구분		완료동사	한글 음역	
3.m.s.	הוּא	שִׁבֵּר	[후]	[쉽베르]
3.f.s.	הִיא	שִׁבְּרָה	[히]	[쉽베라]
3.m.pl.	הֵם / הֵמָּה	שִׁבְּרוּ	[헴/헴마]	[쉽베루]
3.f.pl.	הֵן / הֵנָּה	שִׁבְּרוּ	[헨/헨나]	[쉽베루]
2.m.s.	אַתָּה	שִׁבַּרְתָּ	[앗타]	[쉽바르타]
2.f.s.	אַתְּ	שִׁבַּרְתְּ	[앗트]	[쉽바르트]
2.m.pl.	אַתֶּם	שִׁבַּרְתֶּם	[앗템]	[쉽바르템]
2.f.pl.	אַתֶּן	שִׁבַּרְתֶּן	[앗텐]	[쉽바르텐]
1.c.s.	אֲנִי / אָנֹכִי	שִׁבַּרְתִּי	[아니/아노키]	[쉽바르티]
1.c.pl.	אֲנַחְנוּ	שִׁבַּרְנוּ	[아나흐누]	[쉽바르누]

<원문 읽기>

신 10:2 וְאֶכְתֹּב עַל־הַלֻּחֹת אֶת־הַדְּבָרִים אֲשֶׁר הָיוּ עַל־הַלֻּחֹת הָרִאשֹׁנִים אֲשֶׁר **שִׁבַּרְתָּ**

붸에크토브 알-할루홋 엣-하드바림 아쉐르 하유 알-할루홋 하리쇼님 아쉐르 쉽바르타

And I will write on the tablets the words that were on the first tablets, which you broke

네가 깨뜨린 처음 판에 쓴 말을 내가 그 판에 쓰리니

출 9:25 וְאֵת כָּל־עֵשֶׂב הַשָּׂדֶה הִכָּה הַבָּרָד וְאֶת־כָּל־עֵץ הַשָּׂדֶה **שִׁבֵּר**

붸엣 콜-에세브 핫사데 힉카 합바라드 붸엣-콜-에쯔 핫사데 쉽베르

and the hail smote every herb of the field, and broke every tree of the field

우박이 또 밭의 모든 채소를 치고 들의 모든 나무를 꺾었으되

렘 52:17 וְאֶת-הַמְּכֹנוֹת וְאֶת-יָם הַנְּחֹשֶׁת אֲשֶׁר בְּבֵית-יְהוָה **שִׁבְּרוּ** כַשְׂדִּים

뷔엣 함메코놋 뷔엣 얌 한네호쉐트 아쉐르 베베트 아도나이 쉽베루 카스딤

and the bases and the brazen sea that were in the house of the LORD,
did the Chaldeans break in pieces

갈대아인이 … 받침들과 여호와의 전에 놋바다를 깨뜨려

<어휘 모음>

בְּבֵית	전 in + 명(남단연) 집
הַבָּרָד	정 the + 명(남단) 우박
הַדְּבָרִים	정 the + 명(남복) 말씀
הָיוּ	동(**היה** pa. 완3공복) ~이다. 되다 be, become
הִכָּה	동(**נכה** hif.완3남단) 치다, 때리다
הַלֻּחֹת	정 the + 명(남복) 판
הַמְּכֹנוֹת	정 the + 명(여복) 받침
הַנְּחֹשֶׁת	정 the + 명(여단) 놋
הָרִאשֹׁנִים	정 the + 수(남복) 첫째의
הַשָּׂדֶה	정 the + 명(남단) 들
וְאֶכְתֹּב	접 and + 동(**כתב** pa.미1공단) 쓰다
יָם	명(남단연) 바다
כָּל	명(남단연) 모든 것 all
כַשְׂדִּים	명(고유) 갈대아인들
עֵץ	명(남단연) 나무
עֵשֶׂב	명(남단연) 채소, 풀

שִׁבְּרוּ	동(שׁבר pi.완3공복) 깨트리다, 박살내다
שִׁבַּרְתָּ	동(שׁבר pi.완2남단) 깨트리다, 박살내다

28. 히브리어 동사의 분사 (Participle 코텔)

히브리어에서의 분사는 동사, 명사, 그리고 수식 형용사로 기능을 다 할 수 있다(분사의 자세한 기능에 대해서는 p. 177 참고). 7개의 동사 형태는 그 각각의 분사형을 가진다.

기본적으로 능동형 동사들인 기본형, 강세형, 사역형 동사의 분사들은 능동분사들이고 기본형, 강세형, 사역형 동사의 수동형 동사에 해당하는 기본 수동형, 강세 수동형, 사역 수동형 동사들의 분사들은 수동분사들이다. 재귀형 동사는 재귀적 의미의 동사이며 분사의 의미도 이에 상응한다.

분사는 남성단수형이 기본형이며 성과 수를 나타내는 어미가 붙어서 여성단수, 남성복수, 여성복수형이 만들어진다. 기본형 동사 파알의 분사형은 '포엘'이다.

שָׁמַר 지키다	→	שֹׁמֵר	[쇼메르]	m.s. 지키는, 문지기
		שֹׁמֶרֶת	[쇼메렛]	f.s.
		שֹׁמְרִים	[쇼므림]	m.pl.
		שֹׁמְרוֹת	[쇼므롯]	f.pl.
קָרָא 외치다	→	קֹרֵא	[코레]	m.s. 외치는, 외치는 자
		קֹרֵאת	[코렛]	f.s.
		קֹרְאִים	[코르임]	m.pl.
		קֹרְאוֹת	[코르옷]	f.pl.

* שֹׁמֵר = שׁוֹמֵר, קֹרֵא = קוֹרֵא

강세형 동사 피엘의 분사형은 '메파엘'이다.

שִׁבֵּר 박살내다	→	מְשַׁבֵּר	[메샵베르]	m.s. 박살내는, 박살내는 사람
		מְשַׁבֶּרֶת	[메샵베렛]	f.s.
		מְשַׁבְּרִים	[메샵베림]	m.pl.
		מְשַׁבְּרוֹת	[메샵베롯]	f.pl
לִמֵּד 가르치다	→	מְלַמֵּד	[멜람메드]	m.s. 가르치는, 교사
		מְלַמֶּדֶת	[멜람메뎃]	f.s.
		מְלַמְּדִים	[멜람메딤]	m.pl.
		מְלַמְּדוֹת	[멜람메돗]	f.pl.
דִּבֵּר 말하다	→	מְדַבֵּר	[메답베르]	m.s. 말하는, 화자
		מְדַבֶּרֶת	[메답베렛]	f.s.
		מְדַבְּרִים	[메답베림]	m.pl.
		מְדַבְּרוֹת	[메답베롯]	f.pl.

▸ מְרַחֶפֶת [메라헤펫]은 רִחֵף [리헤프] (피엘 동사 to hover)의 여성단수형 분사이다.

▸ 인칭에 따른 분사의 활용은 아래와 같다. דִּבֵּר의 분사를 예로 들면:

인칭 구분		분사	한글 음역	
3.m.s.	הוּא	מְדַבֵּר	[후]	[메딥 베르]
3.f.s.	הִיא	מְדַבֶּרֶת	[히]	[메답베렛]
3.m.pl.	הֵם / הֵמָּה	מְדַבְּרִים	[헴/헴마]	[메답베림]
3.f.pl.	הֵן / הֵנָּה	מְדַבְּרוֹת	[헨/헨나]	[메답베롯]
2.m.s.	אַתָּה	מְדַבֵּר	[앗타]	[메답베르]
2.f.s.	אַתְּ	מְדַבֶּרֶת	[앗트]	[메답베렛]
2.m.pl.	אַתֶּם	מְדַבְּרִים	[앗템]	[메답베림]
2.f.pl.	אַתֶּן	מְדַבְּרוֹת	[앗텐]	[메답베롯]
1.m.s.	אֲנִי / אָנֹכִי	מְדַבֵּר	[아니/아노키]	[메답베르]
1.m.pl.	אֲנַחְנוּ	מְדַבְּרִים	[아나흐누]	[메답베림]

* 1인칭의 경우 화자가 여성이면 분사도 여성형이 되어야 한다:

1.f.s.	אֲנִי / אָנֹכִי	מְדַבֶּרֶת	[아니/아노키] [메답베렛]
1.f.pl.	אֲנַחְנוּ	מְדַבְּרוֹת	[아나흐누] [메답베롯]

* 근 이천 년 만에 부활된 현대 히브리어에서는 완료를 과거시제로 분사를 현재시제로 미완료를 미래시제로 사용한다.

<어휘 모음>

אֲנַחְנוּ	인칭대(1공복) 우리
אָנֹכִי	인칭대(1공단) 나
אַתְּ	인칭대(2여단) 당신
אַתֶּם	인칭대(2남복) 당신들
הֵם	인칭대(3남복) 그들
הֵמָּה	인칭대(3남복) 그들
הֵן	인칭대(3여복) 그녀들
הֵנָּה	인칭대(3여복) 그녀들

29. 복합전치사 (전치사+명사; 전치사+전치사)

히브리어 전치사에는 순수한 전치사들도 있지만 (p. 56) 전치사가 다른 명사를 취하여 이 둘이 하나의 새로운 전치사로 사용되는 경우들이 있다:

עַל פְּנֵי [알 페네] — over the face of
לִפְנֵי [리프네] — before (to the face of),
לְפִי [레피] — according to (to the mouth of)

창 6:11 **וַתִּשָּׁחֵת הָאָרֶץ לִפְנֵי הָאֱלֹהִים וַתִּמָּלֵא הָאָרֶץ חָמָס**

봐티샤헤트 하아레쯔 리프네 하엘로힘 봐팀말레 하아레쯔 하마스

And the earth was corrupt before God, and the earth was filled with violence

때에 온 땅이 하나님 앞에 패괴하여 강포가 땅에 충만한지라

▶ 동사의 행위와 관련하여 좀더 정확하게 위치를 묘사하기 위하여 전치사들이 복합되어 사용되는 경우들도 있다:

암 7:15 וַיִּקָּחֵנִי יְהוָה **מֵאַחֲרֵי** הַצֹּאן וַיֹּאמֶר אֵלַי יְהוָה לֵךְ הִנָּבֵא אֶל-עַמִּי יִשְׂרָאֵל

봐익카헤니 아도나이 메아하레 핫쫀 봐요메르 엘라이 아도나이 레크 힌나베 엘-암미 이스라엘

and the LORD took me **from behind** the flock, and the LORD said unto me: Go, prophesy unto My people Israel

양떼를 따를 때에 여호와께서 나를 데려다가 내게 이르시기를
가서 내 백성 이스라엘에게 예언하라 하셨나니

* 이 경우 복합전치사를 통하여 아모스가 양떼의 뒤 편에 있을 때 여호와께서 부르신 것이 분명해 진다. 두 개의 전치사 מֵאַחֲרֵי(אַחֲרֵי behind+מִן from) 중에 מ(=מִן) from만 사용되었다면 아모스를 양 떼 중에 취했다는 의미가 되는데 이 경우 아모스가 앞서 양떼를 이끌어 가는 중에 부르셨는지 아니면 단순히 양떼를 뒤따르는 중에 부르셨는지 의미가 확실해지지 않는다.

<어휘 모음>

אַחֲרֵי	전 after, behind
אֶל	전 to
אֵלַי	전 to + 인칭 접미(1공단) 나
הָאֱלֹהִים	정 the + 명(남복) 하나님
הִנָּבֵא	동(נבא nif.명령남단) 예언하다
הַצֹּאן	정 the + 명(남/여단) 양떼
וַיִּקָּחֵנִי	동(לקח pa.연속미3남단) 취하다 + 인칭 접미(1공단) 나를
וַתִּשָּׁחֵת	동(שחת nif.연속미3여단) 타락하다, 부패하다
חָמָס	명(남단) 강포, 폭력
לֵךְ	동(הלך pa.명령남단) 행하다, 걸어가다
לְפִי	전 to, for + 명(남단연) 입 > ~에 따라 according to
מֵאַחֲרֵי	전 from + 전 after > 복합전 from behind
עַל פְּנֵי	전 ~위에 + 명(남/여복연) 표면, 얼굴, 앞 > ~ 표면 위에
עַמִּי	명(남/여단연) 백성 + 인칭 접미(1공단) 나의

[창 1:3] וַיֹּאמֶר אֱלֹהִים יְהִי אוֹר וַיְהִי-אוֹר

봐요메르 엘로힘 예히 오르 봐예히-오르

And God said: 'Let there be light. And there was light

하나님이 가라사대 빛이 있으라 하시매 빛이 있었고

<어휘 분해>

▸ וַיֹּאמֶר (יֹאמֶר + וַ) 접속사 (연속바브)
√אמר 기본형 파알 say 연속바브미완료 3.남.단.
(미완료 일반형 יֹאמַר → 미완료 단축형 יֹאמֶר)

▸ אֱלֹהִים (ים + אֱלֹהַ) 명사 남.복. 하나님

▸ יְהִי (יְהִי < יִהְיֶה) √היה 기본형 파알 be, become 간접명령법 3.남.단.
let … be (간접명령법은 미완료 단축형을 사용함)
(미완료 일반형 יִהְיֶה > 미완료 단축형 יְהִי)

▸ אוֹר 명사 남/여.단. 빛

▸ וַיְהִי (יְהִי < יִהְיֶה + וַ) 접속사 (연속바브)
√ היה기본형 파알 be, become 연속바브미완료
3.남.단.
(미완료 일반형 יִהְיֶה > 미완료 단축형 יְהִי)

▸ אוֹר 명사 남/여.단. 빛

30. 히브리어 동사의 미완료 (Imperfect 이크톨)

미완료라 함은 동작이 아직 끝나지 않고 계속됨을 의미하는 것으로 굳이 시간적인 의미로 따지자면 현재와 미래를 같이 표시하는 것이다. 미완료는 완료와 같이 인칭과 성, 수를 따라 활용하게 된다. 완료형이 동사어간의 뒷부분에 인칭과 성, 수를 표시하는 요소들을 추가하여 활용했다면 미완료 동사는 동사어간의 앞부분에 인칭과 성, 수를 표시하는 요소들을 붙여서 활용하며 이것만으로 구분이 불충분할 때는 동사어간 끝에 추가적인 요소들을 가지게 된다.

앞에서 본 기본형 동사 파알과 강세형 동사 피엘을 각각 예를 들어 보면:

기본형 동사 파알 שָׁמַר [샤마르] 지키다

인칭	인칭대명사	완료	미완료	
3.m.s.	הוּא	שָׁמַר	יִשְׁמֹר	[샤마르] [이쉬모르]
3.f.s.	הִיא	שָׁמְרָה	תִּשְׁמֹר	[샤므라] [티쉬모르]
3.m.pl.	הֵם	שָׁמְרוּ	יִשְׁמְרוּ	[샤므루] [이쉬메루]
3.f.pl.	הֵן	שָׁמְרוּ	תִּשְׁמֹרְנָה	[샤므루] [티쉬모르나]
2.m.s.	אַתָּה	שָׁמַרְתָּ	תִּשְׁמֹר	[샤마르타] [티쉬모르]
2.f.s.	אַתְּ	שָׁמַרְתְּ	תִּשְׁמְרִי	[샤마르트] [티쉬메리]
2.m.pl.	אַתֶּם	שְׁמַרְתֶּם	תִּשְׁמְרוּ	[쉐마르템] [티쉬메루]
2.f.pl.	אַתֶּן	שְׁמַרְתֶּן	תִּשְׁמֹרְנָה	[쉐마르텐] [티쉬모르나]
1.c.s.	אֲנִי	שָׁמַרְתִּי	אֶשְׁמֹר	[샤마르티] [에쉬모르]
1.c.pl.	אֲנַחְנוּ	שָׁמַרְנוּ	נִשְׁמֹר	[샤마르누] [니쉬모르]

* 여기서부터 3인칭 남성복수, 3인칭 여성복수, 1인칭 공용단수의 인칭대명사는 대표적인 것 한 가지만 제시함.

► 미완료 1.c.s. אֶשְׁמֹר가 나머지 인칭의 동사들처럼 첫 모음이 [i]가 아닌 [e]로 오는 것은 발음 시에 3.m.s. 와의 혼선을 피하기 위한 것이다. 만일 אִשְׁמֹר

[이쉬모르]로 오게 되면 **יִשְׁמֹר** [이쉬모르]와 구분되지 않는다.

<원문 읽기>

시 119:8 אֶת-חֻקֶּיךָ **אֶשְׁמֹר** אַל-תַּעַזְבֵנִי עַד-מְאֹד

엣-훅케카 에쉬모르 알-타아즈베니 아드-메오드

I will keep Your statutes; Oh, do not forsake me utterly!

내가 주의 율례를 지키오리니 나를 아주 버리지 마옵소서

창 17:9 וַיֹּאמֶר אֱלֹהִים אֶל-אַבְרָהָם וְאַתָּה אֶת-בְּרִיתִי **תִשְׁמֹר**

봐요메르 엘로힘 엘-아브라함 붸앗타 엣-브리티 티쉬모르

And God said to Abraham: As for you, you shall keep My covenant

하나님이 또 아브라함에게 이르시되 그런즉 너는 내 언약을 지키고

사 56:4 כִּי-כֹה אָמַר יְהוָה לַסָּרִיסִים אֲשֶׁר **יִשְׁמְרוּ** אֶת שַׁבְּתוֹתַי

키-코 아마르 아도나이 랏사리심 아쉐르 이쉬메루 엣 샵브토타이

For thus says the LORD: To the eunuchs who keep My Sabbaths

여호와께서 이같이 말씀하시기를 나의 안식일을 지키[는]… 고자들에게는

<어휘 모음>

אַבְרָהָם	명(고유) 아브라함
אַל	부정부사 not
אֶשְׁמֹר	동(**שמר** pa.미1공단) 지키다
בְּרִיתִי	명(여단연) 언약 + 인칭 접미(1공단) 나의
וְאַתָּה	접 and + 인칭대(2남단) 당신, 너

חֻקֶּיךָ	명(남복연) 법 + 인칭 접미(2남단) 당신의
יִשְׁמְרוּ	동(שׁמר pa.미3남복) 지키다
כֹּה	부 이같이
לַסָּרִיסִים	전 to + 정 the + 명(남복) 고자, 내시
עַד-מְאֹד	전 ~까지 + 명(남) 힘; 부 very > 부 아주
שַׁבְּתוֹתַי	명(남/여복연) 안식일 + 인칭 접미(1공단) 나의
תַּעַזְבֵנִי	동(עזב pa.미2남단) 떠나다 + 인칭 접미(1공단) 나를
תִּשְׁמֹר	동(שׁמר pa.미2남단) 지키다

기본형 동사 파알 **קָרָא** [카라] 부르다, 외치다, 읽다

인칭	인칭대명사	완료	미완료	
3.m.s.	הוּא	קָרָא	יִקְרָא	[카라] [이크라]
3.f.s.	הִיא	קָרְאָה	תִּקְרָא	[카르아] [티크라]
3.m.pl.	הֵם	קָרְאוּ	יִקְרְאוּ	[카르우] [이크레우]
3.f.pl.	הֵן	קָרְאוּ	תִּקְרֶאנָה	[카르우] [티크레나]
2.m.s.	אַתָּה	קָרָאתָ	תִּקְרָא	[카라타] [티크라]
2.f.s.	אַתְּ	קָרָאת	תִּקְרְאִי	[카라트] [티크레이]
2.m.pl.	אַתֶּם	קְרָאתֶם	תִּקְרְאוּ	[케라템] [티크레우]
2.f.pl.	אַתֶּן	קְרָאתֶן	תִּקְרֶאנָה	[케라텐] [티크레나]
1.c.s.	אֲנִי	קָרָאתִי	אֶקְרָא	[카라티] [에크라]
1.c.pl.	אֲנַחְנוּ	קָרָאנוּ	נִקְרָא	[카라누] [니크라]

<원문 읽기>

슥 13:9 הוּא **יִקְרָא** בִשְׁמִי

후 이크라 비쉬미

He will call on my name

그가 내 이름을 부르리니

신 32:3 **כִּי שֵׁם יְהוָה אֶקְרָא**

키 쉠 아도나이 에크라

For I will proclaim the name of the LORD

내가 여호와의 이름을 선포하리니

룻 1:21 **לָמָּה תִקְרֶאנָה לִי נָעֳמִי**

람마 티크레나 리 나오미

Why you call me Naomi

너희가 어찌 나를 나오미라 칭하느뇨

<어휘 모음>

אֶקְרָא	동(קרא pa.미1공단) 부르다, 선포하다, 읽다
בִּשְׁמִי	전 in by with + 명(남단연) 이름 + 인칭 접미(1공단) 나의
יִקְרָא	동(קרא pa.미3남단) 부르다, 선포하다, 읽다
לִי	전 to + 인칭 접미(1공단) 나에게 > 나를
לָמָּה	의문사 왜 why
נָעֳמִי	명(고유) 나오미
שֵׁם	명(남단) 이름
תִקְרֶאנָה	동(קרא pa.미2/3여복) 부르다, 선포하다, 읽다

▸ 위 שָׁמַר와 קָרָא의 경우에서 보듯이 파알 동사 미완료형은 두 번째 동사어근 모음이 [o]와 [a]로 나타나는 두 그룹으로 나누어진다: יִשְׁמֹר יִקְרָא

강세형 동사 피엘 **שִׁבֵּר** [쉽베르] 박살내다

인칭	인칭대명사	완료	미완료	
3.m.s.	הוּא	שִׁבֵּר	יְשַׁבֵּר	[쉽베르] [예샤베르]
3.f.s.	הִיא	שִׁבְּרָה	תְּשַׁבֵּר	[쉽베라] [테샤베르]
3.m.pl.	הֵם	שִׁבְּרוּ	יְשַׁבְּרוּ	[쉽베루] [예샤베루]
3.f.pl.	הֵן	שִׁבְּרוּ	תְּשַׁבֵּרְנָה	[쉽베루] [테샤베르나]
2.m.s.	אַתָּה	שִׁבַּרְתָּ	תְּשַׁבֵּר	[쉽바르타] [테샤베르]
2.f.s.	אַתְּ	שִׁבַּרְתְּ	תְּשַׁבְּרִי	[쉽바르트] [테샤베리]
2.m.pl.	אַתֶּם	שִׁבַּרְתֶּם	תְּשַׁבְּרוּ	[쉽바르템] [테샤베루]
2.f.pl.	אַתֶּן	שִׁבַּרְתֶּן	תְּשַׁבֵּרְנָה	[쉽바르텐] [테샤베르나]
1.c.s.	אֲנִי	שִׁבַּרְתִּי	אֲשַׁבֵּר	[쉽바르티] [아샤베르]
1.c.pl.	אֲנַחְנוּ	שִׁבַּרְנוּ	נְשַׁבֵּר	[쉽바르누] [네샤베르]

<원문 읽기>

사 45:2 אֲנִי לְפָנֶיךָ אֵלֵךְ וַהֲדוּרִים אושר(אֲיַשֵּׁר) דַּלְתוֹת נְחוּשָׁה **אֲשַׁבֵּר** וּבְרִיחֵי בַרְזֶל אֲגַדֵּעַ

아니 레파네카 엘레크 봐하두림 아야쉐르 달톳 네후샤 아샤베르 우브리헤이 바르젤 아갓데아

I will go before you and make the crooked places straight;

I will break in pieces the gates of bronze And cut the bars of iron

내가 네 앞서 가서 험한 곳을 평탄케 하며 놋문을 쳐서 부수며 쇠빗장을 꺾고

출 34:13 כִּי אֶת-מִזְבְּחֹתָם תִּתֹּצוּן וְאֶת-מַצֵּבֹתָם **תְּשַׁבֵּרוּן** וְאֶת-אֲשֵׁרָיו תִּכְרֹתוּן

키 엣-미즈베호탐 팃토쭌 붸엣-맛쩨보탐 테샤베룬 붸엣-아쉐라브 티크로툰

But you shall destroy their altars, break their sacred pillars, and cut down their wooden images

너희는 도리어 그들의 단들을 헐고 그들의 주상을 깨뜨리고 그들의 아세라 상을 찍을지어다

시 46:10 מַשְׁבִּית מִלְחָמוֹת עַד-קְצֵה הָאָרֶץ קֶשֶׁת **יְשַׁבֵּר** וְקִצֵּץ חֲנִית עֲגָלוֹת יִשְׂרֹף בָּאֵשׁ

마쉬비트 밀하못 아드-크쩨 하아레쯔 케쉐트 예샤베르

뷔킷쩨쯔 하니트 아갈롯 이스로프 바에쉬

He makes wars cease to the end of the earth; He breaks the bow and cuts the spear in two; He burns the chariot in the fire

저가 땅 끝까지 전쟁을 쉬게 하심이여 활을 꺾고 창을 끊으며 수레를 불사르시는도다

<어휘 모음>

אֲגַדֵּעַ 동(גדע pi.미1공단) 자르다

אושר (אֲיַשֵּׁר) 동(ישר pi.미1공단) 곧게 하다

אֵלֵךְ 동(הלך pa.미1공단) 걸어가다, 걷다

אֲשַׁבֵּר 동(שבר pi.미1공단) 깨트리다, 박살내다

אֲשֵׁרָיו 명(여복연) 아세라상 + 인칭 접미(3남단) 그의

בָּאֵשׁ 전 in + 정 the + 명(남/여단) 불

בַּרְזֶל 명(남단) 철

דַּלְתוֹת 명(여복연) 문

וּבְרִיחֵי 접 and + 명(남복연) 빗장

וַהֲדוּרִים 접 and + 명(남복) 높아진 곳, 험한 곳

וְקִצֵּץ 동(קצץ pi.연속완3남단) 끊다

חֲנִית 명(여단) 창

יְשַׁבֵּר 동(שבר pi.미3남단) 깨트리다, 박살내다

יִשְׂרֹף 동(שרף pa.미3남단) 불사르다

לְפָנֶיךָ 전 to + 명(남/여복연) 앞 + 인칭 접미(2남단) > 당신 앞에

מִזְבְּחֹתָם 명(남복연) 제단 + 인칭 접미(3남복) 그들의

מִלְחָמוֹת 명(여복) 전쟁

מַצֵּבֹתָם 명(여복연) 주상, 기둥 + 인칭 접미(3남복) 그들의

מַשְׁבִּית 동(שבת hif.분남단) 쉬게 하다

נְחוּשָׁה 명(여단) 놋

עֲגָלוֹת 명(여복) 수레

קְצֵה 명(남단연) 끝

קֶשֶׁת 명(여단) 활

תִּכְרְתוּן 동(כרת pa.미2남복-고대형어미n) 자르다, 파괴하다

תְּשַׁבֵּרוּן 동(שׁבר pi.미2남복-고대형어미n) 깨트리다, 박살내다

תִּתֹּצוּן 동(נתץ pa.미2남복-고대형어미n) 헐다

31. 연속봐브 구문

성서 히브리어 문법 중에 가장 두드러진 특징 중 하나는 봐브 연속법, 봐브 계속법, 봐브 보존법, 봐브 반대법 등 다양한 용어로 불리어지는 연속봐브 구문이다. 히브리어 문장에서 동사가 두 개 이상 나타나는 경우 (한 문장에서든 내용상 연결된 몇 개의 문장에서든) 첫 동사가 완료로 오면 그 다음 동사는 완료가 아니라 '봐브+미완료' 형태로 온다(봐브+이크톨>'봐이크톨'). 이 때에 사용되는 봐브를 특별히 연속봐브(Waw Consecutive)라고 부르는데 연속봐브가 붙은 미완료 동사(봐이크톨)는 앞에 나온 동사와 같이 완료의 의미로 사용된다. 곧 연속봐브를 통해서 앞의 완료가 계속되는 것이며 형태적으로는 미완료지만 의미적으로는 완료가 되는 구문법이다. 이런 경우의 미완료를 '연속봐브미완료' 라고 하는데 미완료 일반형에서 단축된 형태이다. 그러나 정동사의 경우 미완료 일반형과 단축형 간에는 차이가 없다 (사역형 동사 히프일은 예외).

<원문 읽기>

창 31:19 וְלָבָן **הָלַךְ** לִגְזֹז אֶת-צֹאנוֹ **וַתִּגְנֹב** רָחֵל אֶת-הַתְּרָפִים אֲשֶׁר לְאָבִיהָ

뷀라반 할라크 리그조즈 엣-쪼노 봐티그노브 라헬 엣-핫트라핌 아쉐르 레아비하

Now Laban was gone to shear his sheep. And Rachel stole the teraphim that were her father's

때에 라반이 양털을 깎으러 갔으므로 라헬은 그 아비의 드라빔을 도적질하고

창 32:2 וְיַעֲקֹב **הָלַךְ** לְדַרְכּוֹ **וַיִּפְגְּעוּ**-בוֹ מַלְאֲכֵי אֱלֹהִים

뷔야아콥 할라크 레다르코 봐이프게우-보 말아케 엘로힘

And Jacob went on his way, and the angels of God met him

야곱이 그 길을 진행하더니 하나님의 사자들이 그를 만난지라

창 40:23 וְלֹא-**זָכַר** שַׂר-הַמַּשְׁקִים אֶת-יוֹסֵף **וַיִּשְׁכָּחֵהוּ**

뷀로-자카르 사르-함마쉬킴 엣-요세프 봐이쉬카헤후

Yet the chief butler did not remember Joseph, but forgot him

술 맡은 관원장이 요셉을 기억지 않고 잊었더라

창 33:17 וְיַעֲקֹב **נָסַע** סֻכֹּתָה **וַיִּבֶן** לוֹ בָּיִת

뷔야아콥 나사 숙코타 봐이벤 로 바이트

And Jacob journeyed to Succoth, and built him a house

야곱은 숙곳에 이르러 자기를 위하여 집을 짓고

레 8:21 וְאֶת-הַקֶּרֶב וְאֶת-הַכְּרָעַיִם **רָחַץ** בַּמָּיִם **וַיַּקְטֵר** מֹשֶׁה אֶת-כָּל-הָאַיִל הַמִּזְבֵּחָה

뷔엣-학케레브 뷔엣-학크라임 라하쯔 밤마임 봐야크테르 모쉐 엣-콜-하아일 함미즈베하

Then he washed the entrails and the legs in water. And Moses burned the whole ram on thc altar

물로 내장과 정갱이들을 씻고 그 숫양의 전부를 [모세가] 단 위에 불사르니

<어휘 모음>

בּוֹ	전 with + 인칭 접미(3남단) 그
בָּיִת	명(남단) 집, 거처
הָאַיִל	정 the + 명(남단) 수양
הַכְּרָעַיִם	정 the + 명(여쌍) 정강이
הַמִּזְבֵּחָה	정 the + 명(남단) 제단 + 방향 표시어 ה > 제단 위에
הַמַּשְׁקִים	정 the + 명(남복) 술관원
הַקֶּרֶב	정 the + 명(남단) 내장, 속
הַתְּרָפִים	정 the + 명(남복) 드라빔
וַיִּבֶן	동(בנה pa.연속미3남단) 짓다, 건축하다
וְיַעֲקֹב	접 and + 명(고유) 야곱
וַיִּפְגְּעוּ	동(פגע pa.연속미3남복) 만나다
וַיַּקְטֵר	동(קטר hif.연속미3남단) 분향하다
וַיִּשְׁכָּחֵהוּ	동(שׁכח pa.연속미3남단) 잊다 + 인칭 접미(3남단) 그를
וְלָבָן	접 and + 명(고유) 라반
וַתִּגְנֹב	동(גנב pa.연속미3여단) 훔치다
זָכַר	동(זכר pa.완3남단) 기억하다
יוֹסֵף	명(고유) 요셉
לְאָבִיהָ	전 to + 명(남단연) 아버지 + 인칭 접미(3여단) 그녀의
לִגְזֹז	전 to + 동(גזז pa.부정연계) 양떨을 깍다
לְדַרְכּוֹ	전 ~로 + 명(남/여단연) 길 + 인칭 접미(3남단) 그의
לוֹ	전 for + 인칭 접미(3남단) 그
מַלְאֲכֵי	명(남복연) 천사, 사자
נָסַע	동(נסע pa.완3남단) 여행하다, 행하다
סֻכֹּתָה	명(고유) 숙곳 + 방향 표시어 ה > 숙곳으로
צֹאנוֹ	명(남/어단연) 양떼 + 인칭 접미(3남단) 그의
רָחֵל	명(고유) 라헬

רָחַץ 동(רחץ pa.완3남단) 씻다
שַׂר 명(남단연) 장군, 관원

반대로 문장에서 먼저 나오는 동사가 미완료(또는 그에 준하는 형태)이면 다음 동사는 미완료 형태가 아니라 '봐브+완료' 형태로 올 수 있다(봐브+카탈>붸카탈). 이 경우에 사용되는 봐브도 연속봐브이다. 연속봐브가 붙은 완료 곧 연속봐브 완료(붸카탈)는 형태상으로는 완료이지만 의미상으로는 앞의 동사와 같은 미완료이다.

간략히 정리하면 끝난 행위를 묘사하는 동사는 완료(카탈)와 연속봐브미완료(봐이크톨)이고 끝나지 않은 행위를 묘사하는 동사는 미완료(이크톨)와 연속봐브완료(붸카탈)이다. 그러나 히브리어 동사의 시제는 시간 중심이 아니기 때문에 동사의 시제 형태에 매달리지 말고 큰 틀에서 그 동사가 사용되는 시간적 문맥을 따라 동사를 이해하면 쉽다.

<원문 읽기>

창 2:6 וְאֵד **יַעֲלֶה** מִן־הָאָרֶץ **וְהִשְׁקָה** אֶת־כָּל־פְּנֵי־הָאֲדָמָה

붸에드 야알레 민-하아레쯔 붸히쉬카 엣-콜-페네-하아다마

but there went up a mist from the earth, and watered the whole face of the ground

안개만 땅에서 올라와 온 지면을 적셨더라

창 2:24 עַל־כֵּן **יַעֲזָב**־אִישׁ אֶת־אָבִיו וְאֶת־אִמּוֹ **וְדָבַק** בְּאִשְׁתּוֹ **וְהָיוּ** לְבָשָׂר אֶחָד

알-켄 야아조브-이쉬 엣-아비브 붸엣-임모 붸다바크 베이쉬토 붸하유 레바사르 에하드

Therefore shall a man leave his father and his mother,

and shall cleave unto his wife, and they shall be one flesh

이러므로 남자가 부모를 떠나 그 아내와 연합하여 둘이 한 몸을 이룰지로다

창 3:18 וְקוֹץ וְדַרְדַּר תַּצְמִיחַ לָךְ וְאָכַלְתָּ אֶת-עֵשֶׂב הַשָּׂדֶה
뷔코쯔 붸다르다르 타쯔미아흐 라크 붸아칼타 엣-에세브 핫사데
Both thorns and thistles it shall bring forth for you, And you shall eat the herb of the field
땅이 네게 가시덤불과 엉겅퀴를 낼 것이라 너의 먹을 것은 밭의 채소인즉

<어휘 모음>

אָבִיו	명(남단연) 아버지 + 인칭 접미(3남단) 그의
אִמּוֹ	명(여단연) 어머니 + 인칭 접미(3남단) 그의
בְּאִשְׁתּוֹ	전 in + 명(여단연) 아내, 여자 + 인칭 접미(3남단) 그의
וְאֵד	접 and + 명(남단) 안개
וְאָכַלְתָּ	동(אכל pa. 연속완2남단) 먹다
וְדָבַק	동(דבק pa. 연속완3남단) 붙다, 밀착하다
וְדַרְדַּר	접 and + 명(남단) 엉겅퀴
וְהָיוּ	동(היה pa. 연속완3공복) ~이다, 되다 be, become
וְהִשְׁקָה	동(שקה hif. 연속완3남단) 적시다, 물을 주다
וְקוֹץ	접 and + 명(남단) 가시, 가시덤불
יַעֲזָב	동(עזב pa.미3남단) 떠나다
יַעֲלֶה	동(עלה pa.미3남단) 오르다
לְבָשָׂר	전 ~로 + 명(남단) 육체, 몸
לָךְ	전 to + 인칭 접미(2남/여단) 당신
תַּצְמִיחַ	동(צמח hif.미3여단) 자라게 하다

▸ 완료 다음에 '연속바브+미완료'가 나오는 구문법은 예외가 있지만 대부분의

경우 시각적으로 분별이 된다.

1) 연속봐브 밑의 모음부호는 [a] 모음의 '파타흐'이다: וַיִּפְגְּעוּ וַתִּגְנֹב

2) 바로 이어 나오는 미완료의 인칭 표시 접두어에 중복점이 있다: וַיִּפְגְּעוּ וַתִּגְנֹב

* וַיְהִי의 경우처럼 요드 밑에 쉐봐가 오면 부드럽게 발음이 되도록 예외적으로 중복점이 생략됨.

3) 미완료 동사의 형태가 단축이 되어있다 - 이를 '연속봐브미완료'라 함.

정동사인 경우 - 미완료가 형태적으로 단축이 되지 않는다. 따라서 일반 미완료나 연속봐브미완료는 같다. 그러나 사역형 히프일 동사의 경우는 정동사라도 미완료에서 단축형이 만들어진다: וַ+יַקְטִיר < וַיַּקְטֵר

약동사인 경우 - 대부분 미완료에서 일반형과 단축형 간에 차이가 있다: וַ+יִבְנֶה < וַיִּבֶן

32. 히브리어 약동사 페-알레프 פ"א

일반적으로 히브리어 동사는 세 개의 어근이 모여서 동사어간이 만들어진다. 첫 번째 어근에 פ 두 번째 어근에 ע 세 번째 어근에 ל가 오는 פעל [파알]을 가장 대표적인 동사로 뽑고 첫 어근의 이름을 '페', 둘째 어근의 이름을 '아인', 셋째 어근의 이름을 '라메드'라고 지칭한다.

페와 아인과 라메드를 이루는 세 개의 자음이 모두 보통 자음으로 구성이 될 때 이를 정동사라 하고 페나 아인이나 라메드의 위치에 약한 자음이나 지나치게 강한 후음 계열의 자음이 올 때 이를 약동사라고 부른다. 정동사의 경우 완료 미완료의 활용이 규칙적이지만 약동사의 경우 활용이 다소 불규칙적이다. 히브리어 약동사는 약 십여 가지이다.

약동사가 완료나 미완료에서 인칭과 성, 수를 따라 활용 되는 것을 살펴보면 크게 두 그룹으로 나누어지는 것을 볼 수 있다.

1) 동사 활용 시 약한 어근이 동화되거나 사라지는 경우

페-눈 약동사	נָפַל	[나팔]
페-요드 약동사	יָשַׁב	[야샤브]
아인-봐브/요드 약동사	קָם שָׂם	[캄] [삼]
라메드-헤 약동사	רָאָה	[라아]
아인-아인(이중아인) 약동사	סָבַב	[사바브]

2) 동사 활용 시 어근이 사라지지는 않지만 모음의 변형이 일어나는 경우

페-알레프 약동사	אָמַר	[아마르]
라메드-알레프 약동사	מָצָא	[마짜]
페-후음 약동사	עָמַד	[아마드]
아인-후음 약동사	בָּחַר	[바하르]
라메드-후음 약동사	שָׁלַח	[샬라흐]
그 외 이중 약동사들	עָלָה יָצָא יָדַע	[알라][야짜][야다]

<어휘 모음>

בָּחַר	동(בחר pa.완3남단) 선택하다
יָדַע	동(ידע pa.완3남단) 알다
מָצָא	동(מצא pa.완3남단) 찾다, 발견하다
נָפַל	동(נפל pa.완3남단) 떨어지다, 넘어지다

סָבַב	동(סבב pa.완3남단) 둘러싸다, 둘러가다
עָלָה	동(עלה pa.완3남단) 올라가다
עָמַד	동(עמד pa.완3남단) 서다
קָם	동(קום pa.완3남단) 일어나다, 서다
שָׁלַח	동(שלח pa.완3남단) 보내다
שָׂם	동(שים pa.완3남단) 놓다, 두다

페-알레프 기본형 동사 אָמַר의 경우 두 번째 그룹에 속하는 약동사이다.

인칭	인칭대명사	완료	미완료	
3.m.s. 3.f.s. 3.m.pl. 3.f.pl.	הוּא הִיא הֵם הֵן	אָמַר אָמְרָה אָמְרוּ אָמְרוּ	יֹאמַר תֹּאמַר יֹאמְרוּ תֹּאמַרְנָה	[아마르] [요마르] [아므라] [토마르] [아므루] [요므루] [아므루] [토마르나]
2.m.s. 2.f.s. 2.m.pl. 2.f.pl.	אַתָּה אַתְּ אַתֶּם אַתֶּן	אָמַרְתָּ אָמַרְתְּ אֲמַרְתֶּם אֲמַרְתֶּן	תֹּאמַר תֹּאמְרִי תֹּאמְרוּ תֹּאמַרְנָה	[아마르타] [토마르] [아마르트] [토므리] [아마르템] [토므루] [아마르텐] [토마르나]
1.c.s. 1.c.pl.	אֲנִי אֲנַחְנוּ	אָמַרְתִּי אָמַרְנוּ	אֹמַר נֹאמַר	[아마르티] [오마르] [아마르누] [노마르]

페-알레프 기본형 파알 אָמַר의 분사:

אֹמֵר	[오메르]	m.s. 말하는
אֹמֶרֶת	[오메렛]	f.s.
אֹמְרִים	[오므림]	m.pl.
אֹמְרוֹת	[오므롯]	f.pl.

<원문 읽기>

창 22:2 וְלֶךְ־לְךָ אֶל־אֶרֶץ הַמֹּרִיָּה וְהַעֲלֵהוּ שָׁם לְעֹלָה עַל אַחַד הֶהָרִים אֲשֶׁר **אֹמַר** אֵלֶיךָ

뷀레크-레카 엘-에레쯔 함모리야 붸하알레후 샴 레올라 알 아하드 헤하림 아쉐르 오마르 엘레카

and go to the land of Moriah, and offer him there as a burnt offering

on one of the mountains of which I shall tell you

모리아 땅으로 가서 내가 네게 지시하는 한 산 거기서 그를 번제로 드리라

민 11:18 וְאֶל־הָעָם **תֹּאמַר** הִתְקַדְּשׁוּ לְמָחָר וַאֲכַלְתֶּם בָּשָׂר

붸엘-하암 토마르 히트캇데슈 레마하르 봐아칼템 바사르

Then you shall say to the people, Consecrate yourselves for tomorrow, and you shall eat meat

또 백성에게 이르기를 너희 몸을 거룩히 하여 내일 고기 먹기를 기다리라

민 21:27 עַל־כֵּן **יֹאמְרוּ** הַמֹּשְׁלִים בֹּאוּ חֶשְׁבּוֹן תִּבָּנֶה וְתִכּוֹנֵן עִיר סִיחוֹן

알-켄 요므루 함모쉴림 보우 헤쉬본 팁반네 붸틱코넨 이르 시혼

Therefore those who speak in proverbs say: Come to Heshbon, let it be built; Let the city of Sihon be repaired

그러므로 시인이 읊어 가로되 너희는 헤스본으로 올지어다 시혼의 성을 세워 견고히 할지어다

<어휘 모음>

אַחַד	수(남단연) 하나
אֵלֶיךָ	전 to + 인칭 접미(2남단) 당신
אֹמַר	동(**אמר** pa.미1공단) 말하다
בֹּאוּ	동(**בוא** pa.명령남복) 오다

בָּשָׂר	명(남단) 고기
הַמֹּרִיָּה	정 the + 명(고유) 모리아
הַמֹּשְׁלִים	정 the + 동(משל pa.분남복) 통치하다
הָעָם	정 the + 명(남단) 백성
הִתְקַדְּשׁוּ	동(קדשׁ hitp.명령남복) 자신을 성결케하다
וַאֲכַלְתֶּם	동(אכל pa.연속완2남복) 먹다
וְאֶל	접 and + 전 to
וְהַעֲלֵהוּ	접 + 동(עלה hif.명령남단) 희생을 바치다 + 인칭 접미(3남단) 그
וְלֵךְ	접 and + 동(הלך pa.명령남단) 걸어가다
וְתִכּוֹנֵן	접 and + 동(כון hitp.미3여단) 세워지다 (본래 וְתִתְכּוֹנֵן으로 봄)
חֶשְׁבּוֹן	명(고유) 헤스본
יֹאמְרוּ	동(אמר pa.미3남복) 말하다
לְךָ	전 for + 인칭 접미(2남단) 당신
לְמָחָר	전 to + 부 내일
לְעֹלָה	전 for + 명(여단) 번제
סִיחוֹן	명(고유) 시혼
תֹּאמַר	동(אמר pa.미2남단) 말하다
תִּבָּנֶה	동(בנה nif.미3여단) 건축되다

33. 히브리어 약동사 הָיָה의 미완료

가장 많이 나오는 동사 중 하나인 **הָיָה** [하야]는 라메드-헤 약동사이다. 미완료 활용을 보면:

인칭	인칭대명사	완료	미완료	
3.m.s.	הוּא	הָיָה	יִהְיֶה	[하야] [이히예]
3.f.s.	הִיא	הָיְתָה	תִּהְיֶה	[하이타] [티히예]
3.m.pl.	הֵם	הָיוּ	יִהְיוּ	[하유] [이히유]
3.f.pl.	הֵן	הָיוּ	תִּהְיֶינָה	[하유] [티히예나]
2.m.s.	אַתָּה	הָיִיתָ	תִּהְיֶה	[하이타] [티히예]
2.f.s.	אַתְּ	הָיִית	תִּהְיִי	[하이트] [티히이]
2.m.pl.	אַתֶּם	הֱיִיתֶם	תִּהְיוּ	[헤이템] [티히유]
2.f.pl.	אַתֶּן	הֱיִיתֶן	תִּהְיֶינָה	[헤이텐] [티히예나]
1.c.s.	אֲנִי	הָיִיתִי	אֶהְיֶה	[하이티] [에헤예]
1.c.pl.	אֲנַחְנוּ	הָיִינוּ	נִהְיֶה	[하이누] [니히예]

* **הָיָה**의 분사는 거의 사용되지 않음 (**הוֹיָה** f.s. [호야] being 출 9:3, 1회)

<원문 읽기>

창 26:3 גּוּר בָּאָרֶץ הַזֹּאת **וְאֶהְיֶה** עִמְּךָ וַאֲבָרְכֶךָּ

구르 바아레쯔 핫조트 붸에헤예 임메카 봐아바르케카

Dwell in this land, and I will be with you and bless you

이 땅에 유하면 내가 너와 함께 있어 네게 복을 주고

창 41:40 אַתָּה **תִּהְיֶה** עַל-בֵּיתִי וְעַל-פִּיךָ יִשַּׁק כָּל-עַמִּי רַק הַכִּסֵּא אֶגְדַּל מִמֶּךָּ

앗타 티히예 알-베티 붸알-피카 잇샤크 콜-암미 라크 학키세 에그달 밈메카

You shall be over my house and according to your word shall all my people be ruled; only in the throne will I be greater than you

너는 내 집을 치리하라 내 백성이 다 네 명을 복종하리니 나는 너보다 높음이 보좌뿐이니라

민 35:15 לִבְנֵי יִשְׂרָאֵל וְלַגֵּר וְלַתּוֹשָׁב בְּתוֹכָם **תִּהְיֶינָה** שֵׁשׁ הֶעָרִים הָאֵלֶּה לְמִקְלָט

리브네 이스라엘 붸라게르 붸라토샤브 베토캄 티히예나 쉐쉬 헤아림 하엘레 레미클라트

For the children of Israel, and for the stranger and for the settler among them, shall these six cities be for refuge

이 여섯 성읍은 이스라엘 자손과 타국인과 이스라엘 중에 우거하는 자의 도피성이 되리니

<어휘 모음>

אֶגְדַּל	동(**גדל** pa.미1공단) 자라다, 크다
בֵּיתִי	명(남단연) 집 + 인칭 접미(1공단) 나의
בְּתוֹכָם	전 in + 명(남단연) 속 + 인칭 접미(3남복) 그들
גּוּר	동(**גור** pa.명령남단) 살다, 거하다
הָאֵלֶּה	정 the + 지시형(공복) 이 these
הוֹיָה	동(**היה** pa.분여단) ~이다, 되다 be, become
הַזֹּאת	정 the + 지시형(여단) 이 this
הַכִּסֵּא	정 the + 명(남단) 보좌
הֶעָרִים	정 the + 명(여복) 도시
וַאֲבָרֶכְךָ	접 + 동(**ברך** pi.미1공단) 축복하다 + 인칭 접미(2남단) 당신
וְאֶהְיֶה	접 and + 동(**היה** pa.미1공단) ~이다, 되다 be, become

וְלַגֵּר	접 and + 전 for + 정 the + 명(남단) 나그네
וְלַתּוֹשָׁב	접 and + 전 for + 정 the + 명(남단) 거주민
יִשַּׁק	동(נשׁק pa.미3남단) 입맞추다
לִבְנֵי	전 for + 명(남복연) 아들, 자녀
לְמִקְלָט	전 for + 명(남단) 도피성, 피난처
מִמְּךָ	전 from + 인칭 접미(2남단) 당신
עִמְּךָ	전 with + 인칭 접미(2남단) 당신
פִּיךָ	명(남단연) 입 + 인칭 접미(2남단) 당신의
רַק	부 단지 only
תִּהְיֶה	동(היה pa.미2남단) ~이다, 되다 be, become
תִּהְיֶינָה	동(היה pa.미3여복) ~이다, 되다 be, become

34. 히브리어 동사의 법

히브리어 동사는 미완료 시제에서 일종의 법(mood)을 표현한다. 이 부분을 다루는 문법적인 용어들과 설명들은 학자들 간에 다소 혼돈스러운 편이다. 기초문법을 다루는 본서에서는 간략하게 아래와 같이 정의해 보기로 한다:

1) 직설법 (Indicative) - 일반적인 미완료 표현
2) 의지표현법 (Cohortative) - 1인칭 화자가 의지나 소원을 표현
3) 명령법 (Imperative) - 2인칭에 대한 직접적인 지시를 표현
4) 간접명령법 (Jussive) - 3 인칭에 대한 간접 명령을 표현

직실법은 형태상으로 미완료의 일반형이다. 의지표현법은 미완료 1인칭 동사들 끝에 ה가 붙어서 확장이 일어난 형태이다. 명령법은 미완료 2인칭 동사들에

서 앞의 인칭을 나타내는 **ת**가 제거된 모양이다 (모음구조에 약간의 변화가 발생한다). 간접명령법은 미완료 3인칭 동사의 단축형을 사용한다(위에서 언급한 대로 대부분의 정동사의 경우 일반형과 단축형은 차이가 없다. 따라서 단축형이 따로 없는 동사들은 일반형을 그대로 사용한다).

<원문 읽기>

▸ 직설법 (Indicative)

삼상 2:9 רַגְלֵי חֲסִידָו **יִשְׁמֹר** וּרְשָׁעִים בַּחֹשֶׁךְ יִדָּמּוּ כִּי-לֹא בְכֹחַ-יִגְבַּר אִישׁ

라글레 하시다브 이쉬모르 우르샤임 바호쉐크 잇담무 키-로 베코아흐 이그바르-이쉬

He will keep the feet of His holy ones, but the wicked shall be put to silence in darkness; for not by strength shall man prevail

그가 그 거룩한 자들의 발을 지키실 것이요 악인으로 흑암 중에서 잠잠케 하시리니 힘으로는 이길 사람이 없음이로다

▸ 의지표현법 (Cohortative)

시 119:44 **וְאֶשְׁמְרָה** תוֹרָתְךָ תָמִיד לְעוֹלָם וָעֶד

붸에쉬메라 토라테카 타미드 레올람 봐에드

So shall I keep Your law continually, Forever and ever

내가 주의 율법을 항상 영영히 끝없이 지키리이다

▸ 명령법 (Imperative)

수 22:5 רַק **שִׁמְרוּ** מְאֹד לַעֲשׂוֹת אֶת-הַמִּצְוָה וְאֶת-הַתּוֹרָה אֲשֶׁר צִוָּה אֶתְכֶם מֹשֶׁה

라크 쉬므루 메오드 라아소트 엣 함미쯔봐 붸엣 핫토라 아쉐르 찌봐 에트켐 모쉐

But take careful heed to do the commandment and the law which Moses commanded you

크게 삼가 모세가 너희에게 명한 명령과 율법을 행하여

▶ 간접명령법 (Jussive)

겔 43:11 **וּכְתֹב לְעֵינֵיהֶם וְיִשְׁמְרוּ אֶת-כָּל-צוּרָתוֹ וְאֶת-כָּל-חֻקֹּתָיו וְעָשׂוּ אוֹתָם**

우크토브 레에네헴 붸이쉬메루 엣-콜-쭈라토 붸엣-콜-훅코타브 붸아수 오탐

Write it down in their sight, so that they may keep its whole design and all its ordinances, and perform them

그 목전에 그것을 써서 그들로 그 모든 법도와 그 모든 규례를 지켜 행하게 하라

<어휘 모음>

אוֹתָם	한정목적어 표시어 + 인칭 접미(3남복) > 그들을
אֶתְכֶם	한정목적어 표시어 + 인칭 접미(2남복) > 당신들을
בַּחֹשֶׁךְ	전 in + 정 the + 명(남단) 어두움
בְּכֹחַ	전 ~으로 + 명(남단) 힘
הַמִּצְוָה	정 the + 명(여단) 명령, 계명
הַתּוֹרָה	정 the + 명(여단) 율법, 토라
וְאֶשְׁמְרָה	접 and + 동(שׁמר pa.미1공단-의지표현) 지키다
וְיִשְׁמְרוּ	접 and + 동(שׁמר pa.미3남복) 지키다
וּכְתֹב	접 and + 동(כתב pa.명령남단) 쓰다
וָעֶד	접 and + 명(남단) 영원
וְעָשׂוּ	동(עשׂה pa.연속완3공복) 하다, 만들다
וּרְשָׁעִים	접 and + 명(남복) 악인

חֲסִידָו(חֲסִידָיו)	명(남복연) 거룩한 사람, 성인 + 인칭 접미(3남단) 그의
חֻקֹּתָיו	명(여복연) 규례 + 인칭 접미(3남단) 그의
יִגְבַּר	동(גבר pa.미3남단) 이기다, 강해지다
יִדְּמוּ	동(דמם nif.미3남복) 잠잠해지다
יִשְׁמֹר	동(שמר pa.미3남단) 지키다
לְעוֹלָם	전 for + 명(남단) 긴 시간, 오래 됨 > 영원히
לְעֵינֵיהֶם	전 to + 명(남/여쌍연) 눈 + 인칭 접미(3남복) 그들의
לַעֲשׂוֹת	전 to + 동(עשׂה pa.부정연계) 하다
מְאֹד	명(남) 힘; 부 very
עֶבֶד	명(남단연) 종
צִוָּה	동(צוה pi.완3남단) 명령하다
צוּרָתוֹ	명(여단연) 법도, 형태 + 인칭 접미(3남단) 그의
רַגְלֵי	명(여쌍연) 발
שִׁמְרוּ	동(שמר pa.명령남복) 지키다
תּוֹרָתְךָ	명(여단연) 율법, 토라 + 인칭 접미(2남단) 당신의
תָּמִיד	부 항상, 늘

► 창 1:3에 나오는 יְהִי가 미완료의 단축형으로서 독자적으로 사용되면 간접 명령법이지만 연속봐브미완료 곧 וַיְהִי로 사용이 되면 단순한 완료의 의미이다.

► 일부 약동사에서 간접명령법에 사용되는 단축형과 연속봐브미완료에 사용되는 단축형 간에 모음에서 차이가 나타날 수 있다.

[창 1:4]

וַיַּרְא אֱלֹהִים אֶת-הָאוֹר כִּי-טוֹב
וַיַּבְדֵּל אֱלֹהִים בֵּין הָאוֹר וּבֵין הַחֹשֶׁךְ׃

봐야르 엘로힘 엣-하오르 키-토브
봐야브델 엘로힘 벤 하오르 우벤 하호쉐크

And God saw the light, that it was good;
and God divided the light from the darkness

그 빛이 하나님의 보시기에 좋았더라 하나님이 빛과 어두움을 나누사

<어휘 분해>

▸ וַיַּרְא (וַ + יִרְאֶה > יַּרְא) 접속사 (연속봐브)
√ראה 기본형 파알 see 연속봐브미완료 3.남.단.

▸ אֱלֹהִים (אֱלֹהַ + ים) 명사 남.복. 하나님

▸ אֶת 한정목적어 표시어

▸ הָאוֹר (הַ + אוֹר) 정관사 the
명사 남/여.단. 빛

▸ כִּי 접속사 that, because, when

▸ טוֹב √טוב 기본형 파알 be good 완료 3.남.단.

▸ וַיַּבְדֵּל (וַ + יַבְדִּיל > יַּבְדֵּל) 접속사 (연속봐브)
√ בדל 사역형 히프일 devide 연속봐브미완료 3.남.단.

▸ אֱלֹהִים (אֱלֹהַ + ים) 명사 남.복. 하나님

▸ בֵּין הָאוֹר וּבֵין הַחֹשֶׁךְ׃ (בֵּין + הַ + אוֹר + וְ + בֵּין + הַ + חֹשֶׁךְ׃)
전치사 ...בֵּין ...וּבֵין between … and between …
정관사 the
명사 남/여.단. 빛

정관사 the

명사 남.단. 어두움

<문법 정리>

35. 히브리어 약동사 라메드-헤 ל"ה

마지막 어근 라메드에 ה가 오는 모든 동사를 '라메드-헤 (ל"ה) 약동사' 라고 부른다. 앞에서 배운 הָיָה 동사가 이에 속한다. 라메드-헤 약동사는 앞서 나온 페-알레프 동사들과 달리 완료와 미완료로 활용이 될 때 마지막의 약한 어근이 변하거나 생략된다.

많이 나오는 ל"ה 기본형 파알 동사: עָשָׂה [아사] 하다, 만들다
עָלָה [알라] 올라가다
רָאָה [라아] 보다

רָאָה [라아] see의 활용

인칭대명사	완료	미완류	
הוּא	רָאָה	יִרְאֶה	[라아] [이르에]
הִיא	רָאֲתָה	תִּרְאֶה	[라아타] [티르에]
הֵם	רָאוּ	יִרְאוּ	[라우] [이르우]
הֵן	רָאוּ	תִּרְאֶינָה	[라우] [티르에나]
אַתָּה	רָאִיתָ	תִּרְאֶה	[라이타] [티르에]
אַתְּ	רָאִית	תִּרְאִי	[라이트] [티르이]
אַתֶּם	רְאִיתֶם	תִּרְאוּ	[레이템] [티르우]
אַתֶּן	רְאִיתֶן	תִּרְאֶינָה	[레이텐] [티르에나]
אֲנִי	רָאִיתִי	אֶרְאֶה	[라이티] [에르에]
אֲנַחְנוּ	רָאִינוּ	נִרְאֶה	[라이누] [니르에]

라메드-헤 기본형 파알 **רָאָה**의 분사:

רֹאֶה	[로에]	m.s. 보는, 선견자
רֹאָה	[로아]	f.s.
רֹאִים	[로임]	m.pl.
רֹאוֹת	[로옷]	f.pl.

<원문 읽기>

창 37:20 **וְנִרְאֶה** מַה-יִּהְיוּ חֲלֹמֹתָיו

뷔니르에 마-이히유 할로모타브

and we shall see what will become of his dreams

그 꿈이 어떻게 되는것을 우리가 볼 것이니라

출 6:1 וַיֹּאמֶר יְהוָה אֶל-מֹשֶׁה עַתָּה **תִרְאֶה** אֲשֶׁר אֶעֱשֶׂה לְפַרְעֹה

봐요메르 아도나이 엘-모쉐 앗타 티르에 아쉐르 에에세 레파르오

And the LORD said unto Moses: Now shalt thou see what I will do to Pharaoh

여호와께서 모세에게 이르시되 이제 내가 바로에게 하는 일을 네가 보리라

삼하 16:12 אוּלַי **יִרְאֶה** יְהוָה בְּעֲוֹנִי וְהֵשִׁיב יְהוָה לִי טוֹבָה תַּחַת קִלְלָתוֹ הַיּוֹם הַזֶּה

울라이 이르에 아도나이 베아보니 붸헤쉬브 아도나이 리 토바 타하트 킬렐라토 하욤 핫제

It may be that the LORD will look on my affliction, and that the LORD will repay me with good for his cursing this day

혹시 여호와께서 나의 원통함을 감찰하시리니 오늘날 그 저주 까닭에 선으로 내게 갚아 주시리라 하고

창 13:15 כִּי אֶת-כָּל-הָאָרֶץ אֲשֶׁר-אַתָּה **רֹאֶה** לְךָ אֶתְּנֶנָּה וּלְזַרְעֲךָ עַד-עוֹלָם

키 엣-콜-하아레쯔 아쉐르-앗타 로에 레카 엣트넨나 울자르아카 아드-올람

for all the land which you see I give to you and your descendants forever

네가 보는 땅을 내가 너와 네 자손에게 주리니 영원히 이르리라

<어휘 모음>

אוּלַי 부 혹시

אֶעֱשֶׂה 동(עשׂה pa.미1공단) 하다, 만들다

אֶתְּנֶנָּה 동(נתן pa.미1공단) 주다 + energic nun + 인칭접미(3여단) 그것

בַּעֲוֹנִי 전 at + 명(남/여단연) 원통함, 죄악 + 인칭 접미(1공단) 나의

הַזֶּה 정 the + 지시형(남단) 이 this

הַיּוֹם 정 the + 명(남단) 날 day

וְהֵשִׁיב 동(שׁוב hif.연속완3남단) 되돌려주다

וּלְזַרְעֲךָ 접 and + 전 to + 명(남단연) 씨 + 인칭 접미(2남단) 당신의

וְנִרְאֶה 접 and + 동(ראה pa.미1공복) 보다

חֲלֹמֹתָיו 명(남복연) 꿈 + 인칭 접미(3남단) 그의

טוֹבָה 명(여단) 선

יִהְיוּ 동(היה pa.미3남복) ~이다, 되다 be, become

יִרְאֶה 동(ראה pa.미3남단) 보다

לִי 전 to + 인칭 접미(1공단) 나

לְפַרְעֹה 전 to + 명(고유) 바로

מַה 의문대 무엇 what

עַד-עוֹלָם 전 ~까지 + 명(남단) 긴 시간, 오래 됨 > 부 영원히

עַתָּה 부 이제

קִלְלָתוֹ 명(여단연) 저주 + 인칭 접미(3남단) 그의

תַּחַת 전 ~대신에, ~아래에

תִּרְאֶה 동(ראה pa.미2남단) 보다

▶ 라메드-헤 강세형 피엘 동사: צִוָּה [찌봐] 명하다

כִּסָּה [킷사] 덮다

עִנָּה [인나] 억압하다

צִוָּה [찌봐] 명하다

인칭대명사	완료	미완료	
הוּא	צִוָּה	יְצַוֶּה	[찌봐] [예짜붸]
הִיא	צִוְּתָה	תְּצַוֶּה	[찌붸타] [테짜붸]
הֵם	צִוּוּ	יְצַוּוּ	[찌붸우] [예짜부]
הֵן	צִוּוּ	תְּצַוֶּינָה	[찌붸우] [테짜붸나]
אַתָּה	צִוִּיתָ	תְּצַוֶּה	[찌뷔타] [테짜붸]
אַתְּ	צִוִּית	תְּצַוִּי	[찌뷔트] [테짜뷔]
אַתֶּם	צִוִּיתֶם	תְּצַוּוּ	[찌뷔템] [테짜부]
אַתֵּן	צִוִּיתֶן	תְּצַוֶּינָה	[찌뷔텐] [테짜붸나]
אֲנִי	צִוִּיתִי	אֲצַוֶּה	[찌뷔티] [아짜붸]
אֲנַחְנוּ	צִוִּינוּ	נְצַוֶּה	[찌뷔누] [네짜붸]

* צִוּוּ에서 첫 번째 ו는 중복된 동사 어근이고(자음) 마지막의 וּ는 [우]를 나타내는 모음부호 슈류크.

라메드-헤 강세형 피엘 צִוָּה의 분사:

מְצַוֶּה	[메짜붸]	m.s. 명령하는, 명령자
מְצַוָּה	[메짜봐]	f.s.
מְצַוִּים	[메짜뷤]	m.pl.
מְצַוּוֹת	[메짜봇]	f.pl.

<원문 읽기>

삼하 14:8 וַיֹּאמֶר הַמֶּלֶךְ אֶל-הָאִשָּׁה לְכִי לְבֵיתֵךְ וַאֲנִי **אֲצַוֶּה** עָלָיִךְ

봐요메르 함멜레크 엘-하잇샤 레키 레베테크 봐아니 아짜붸 알라이크

And the king said unto the woman: Go to thy house, and I will give charge concerning thee

왕이 여인에게 이르되 네 집으로 가라 내가 너를 위하여 명령을 내리리라

출 27:20 וְאַתָּה **תְּצַוֶּה** אֶת-בְּנֵי יִשְׂרָאֵל וְיִקְחוּ אֵלֶיךָ שֶׁמֶן זַיִת זָךְ כָּתִית לַמָּאוֹר

봐앗타 테짜붸 엣-베네 이스라엘 붸이크후 엘레카 쉐멘 자이트 자크 카티트 람마오르

And you shall command the children of Israel that they bring you pure oil of pressed olives for the light

너는 또 이스라엘 자손에게 명하여 감람으로 찧어 낸 순결한 기름을 등불을 위하여 네게로 가져오게 하고

민 9:8 וַיֹּאמֶר אֲלֵהֶם מֹשֶׁה עִמְדוּ וְאֶשְׁמְעָה מַה-**יְצַוֶּה** יְהוָה לָכֶם

봐요메르 알레헴 모쉐 임두 붸에쉬메아 마-예짜붸 아도나이 라켐

And Moses said unto them: Stay ye, that I may hear what the LORD will command concerning you

모세가 그들에게 이르되 기다리라 여호와께서 너희에게 대하여 어떻게 명하시는지 내가 들으리라

창 27:8 וְעַתָּה בְנִי שְׁמַע בְּקֹלִי לַאֲשֶׁר אֲנִי **מְצַוָּה** אֹתָךְ

붸앗타 베니 쉐마 베콜리 라아쉐르 아니 메짜붸 오타크

Now therefore, my son, obey my voice according to what I command you

그런 즉 내 아들아 내 말을 좇아 내가 네게 명하는 대로

<어휘 모음>

אֲלֵהֶם	전 to + 인칭 접미(3남복) 그들
אֲצַוֶּה	동(צוה pi.미1공단) 명령하다
אֹתָךְ	한정목적어 표시어 + 인칭 접미(2남/여단) > 당신을
בְּנִי	명(남단연) 아들 + 인칭 접미(1공단) 나의
בְּקֹלִי	전 in + 명(남단연) 목소리 + 인칭 접미(1공단) 나의
הָאִשָּׁה	정 the + 명(여단) 여자, 아내
וְיִקְחוּ	접 and + 동(לקח pa.미3남복) 취하다
וְעַתָּה	접 and + 부 이제
זַיִת	명(남단) 감람, 올리브
זָךְ	형(남단) 순전한
יְצַוֶּה	동(צוה pi.미3남단) 명령하다
כָּתִית	형(남단) 찧은
לַאֲשֶׁר	전 to + 관계대 that
לְבֵיתֵךְ	전 to + 명(남단연) 집 + 인칭 접미(2여단) 당신의
לְכִי	동(הלך pa.명령여단) 걸어가다
לָכֶם	전 to + 인칭 접미(2남복) 당신들
לַמָּאוֹר	전 for + 정 the + 명(남단) 광명, 등
מְצַוֶּה	동(צוה pi.분남단) 명령하다
עָלַיִךְ	전 on + 인칭 접미(2여단) 당신
עִמְדוּ	동(עמד pa.명령남복) 서다
שֶׁמֶן	명(남단연) 기름
שְׁמַע	동(שׁמע pa.명령남단) 듣다
תְּצַוֶּה	동(צוה pi.미2남단) 명령하다

36. 히브리어 접속사 כִּי

접속사 **כִּי**는 see, hear, know, perceive, believe, remember, forget, say, think 같은 동사 다음에 위치하여 목적절을 이끌거나 이유를 설명하는 종속절이나 주어 역할을 하는 명사절을 이끈다.

<원문 읽기>

창 3:7 וַתִּפָּקַחְנָה עֵינֵי שְׁנֵיהֶם וַיֵּדְעוּ **כִּי** עֵירֻמִּם הֵם

봐팃파카흐나 에네 슈네헴 봐예드우 키 에룸밈 헴

And the eyes of them both were opened, and they knew **that** they were naked

이에 그들의 눈이 밝아 자기들의 몸이 벗은 줄을 알고

창 3:20 וַיִּקְרָא הָאָדָם שֵׁם אִשְׁתּוֹ חַוָּה **כִּי** הִוא הָיְתָה אֵם כָּל-חָי

봐이크라 하아담 쉠 이쉬토 하봐 키 히 하이타 엠 콜-하이

And the man called his wife's name Eve; **because** she was the mother of all living

아담이 그 아내를 하와라 이름하였으니 그는 모든 산 자의 어미가 됨이더라

창 6:1 וַיְהִי **כִּי**-הֵחֵל הָאָדָם לָרֹב עַל-פְּנֵי הָאֲדָמָה וּבָנוֹת יֻלְּדוּ לָהֶם

봐예히 키-헤헬 하아담 라로브 알-페네 하아다마 우바놋 율레두 라헴

And it came to pass, **when** men began to multiply on the face of the earth, and daughters were born unto them

사람이 땅 위에 번성하기 시작할 때에 그들에게서 딸들이 나니

<어휘 모음>

אֵם	명(여단연) 어미, 엄마
אִשְׁתּוֹ	명(여단연) 아내, 여자 + 인칭 접미(3남단) 그의
הִוא	인칭대(3여단) 그녀
הֵחֵל	동(חלל hif.완3남단) 시작하다
הָיְתָה	동(היה pa.완3여단) ~이다, 되다 be, become
וּבָנוֹת	접 and + 명(여복) 딸
וַיֵּדְעוּ	동(ידע pa.연속미3남복) 알다
וַתִּפָּקַחְנָה	동(פקח nif.연속미3여복) 열려지다
חַוָּה	명(고유) 하와
חָי	형(남단) 살아있는, (명사적으로) 산자
יֻלְּדוּ	동(ילד 수동pa.완3공복) 태어나다 (수동pa.에 관해 p. 267 참조)
לָרֹב	전 to + 동(רבב pa.부정연계) 많아지다
עֵינֵי	명(남/여쌍연) 눈
עֵירֻמִּם	형(남복) 벗은
שֵׁם	명(남단연) 이름
שְׁנֵיהֶם	수(남쌍연) 둘 + 인칭 접미(3남복) 그들

37. 히브리어 상태동사

히브리어 파알 동사는 완료형의 기본이 되는 3.m.s.에서 그 동사어간의 모음이 보통 [아]-[아]이다: בָּרָא [바라] אָמַר [아마르] שָׁמַר [샤마르] הָיָה [하야] 등등. 그러나 파알 동사 일부 가운데 완료 기본형의 두 번째 어근 모음이 [아]가 아닌 [에]나 [오]가 오는 동사들이 있는데 이들은 주로 동작보다는 정황을 표시하는 상태동사들이다 :

כָּבֵד [카베드] be heavy

קָטֹן [카톤] be small

행위동사들의 경우 미완료가 두 번째 동사어근의 모음을 따라 יִשְׁמֹר [이쉬모르], יִקְרָא [이크라] 경우와 같이 [오]나 [아]로 나타나지만 상태동사는 미완료에서 두 번째 어근이 항상 [아]로 나타난다: יִכְבַּד [이크바드] יִקְטַן [이크탄].

<원문 읽기>

창 32:11 **קָטֹנְתִּי** מִכֹּל הַחֲסָדִים וּמִכָּל־הָאֱמֶת אֲשֶׁר עָשִׂיתָ אֶת־עַבְדֶּךָ

카톤티 미콜-하하사딤 우미콜 하에메트 아쉐르 아시타 엣-아브데카

I am not worthy of all the mercies, and of all the truth, which Thou hast shown unto Thy servant

나는 주께서 주의 종에게 베푸신 모든 은총과 모든 진리를 조금이라도 감당할 수 없사오나

삼하 7:19 **וַתִּקְטַן** עוֹד זֹאת בְּעֵינֶיךָ אֲדֹנָי יְהוִה וַתְּדַבֵּר גַּם אֶל־בֵּית־עַבְדְּךָ לְמֵרָחוֹק

봐티크탄 오드 조트 베에네카 아도나이 엘로힘 봐테답베르 감 엘-베트-아브데카 레메라호크

And yet this was a small thing in thy eyes, O Lord GOD; thou hast spoken also of thy servant's house for a great while to come

주 여호와여 주께서 이것을 오히려 적게 여기시고 또 종의 집에 영구히 이를 일을 말씀하실 뿐 아니라

<어휘 모음>

אֲדֹנָי	명(고유) 아도나이, 주
אֶת	전 with
בֵּית	명(남단연) 집
בְּעֵינֶיךָ	전 in + 명(남/여쌍연) 눈 + 인칭 접미(2남단) 당신의
גַּם	부 또한
הָאֱמֶת	정 the + 명(여단) 진리
הַחֲסָדִים	정 the + 명(남복) 은총, 은혜
וּמִכָּל	접 and + 전 from + 명(남단연) 모든 것 all
וַתְּדַבֵּר	동(דבר pi.연속미2남단) 말하다
וַתִּקְטַן	동(קטן pa.연속미3여단) 작다
זֹאת	지시대(여단) 이것 this
יְהוִה	명(고유) 여호와 (אֲדֹנָי 다음에 오는 경우 엘로힘으로 읽는다)
לְמֵרָחוֹק	전 to + 전 from + 형(남단) 먼 > (부사적으로) 오래전에 미리
מִכֹּל	전 from + 명(남단연) 모든 것 all
עַבְדְּךָ	명(남단연) 종 + 인칭 접미(2남단) 당신의
עוֹד	부 오히려
עָשִׂיתָ	동(עשה pa.완2남단) 하다, 만들다
קָטֹנְתִּי	동(קטן pa.완1공단) 작다

38. 히브리어 동사 – 사역형 동사 히프일

히프일은 일반적으로 사역형 동사로 이해 할 수 있다(전체 동사의 12.9%). 히프일 동사의 형태상 특징은 첫 번째 동사어근 앞에 ה가 더해지고 두 번째 동사어근 다음에 요드가 첨가된다. 의미적으로 보통 사역적인 의미를 만든다.

בָּדַל [바달] 나누어지다 → הִבְדִּיל [히브딜] 구분되게 만들다, 구분하다
גָּדַל [가달] 자라다 → הִגְדִּיל [히그딜] 자라게 만들다
מָלַךְ [말라크] 통치하다 → הִמְלִיךְ [히믈리크] 왕으로 세우다
יָלַד [얄라드] 낳다 → הוֹלִיד [홀리드] 낳게 만들다
יָשַׁב [야샤브] 앉다 → הוֹשִׁיב [호쉬브] 앉히다
נָפַל [나팔] 떨어지다 → הִפִּיל [힙필] 떨어뜨리다

הִבְדִּיל [히브딜] 구분하다

인칭대명사	완료	미완료	
הוּא	הִבְדִּיל	יַבְדִּיל	[히브딜] [야브딜]
הִיא	הִבְדִּילָה	תַּבְדִּיל	[히브딜라] [타브딜]
הֵם	הִבְדִּילוּ	יַבְדִּילוּ	[히브딜루] [야브딜루]
הֵן	הִבְדִּילוּ	תַּבְדֵּלְנָה	[히브딜루] [타브델나]
אַתָּה	הִבְדַּלְתָּ	תַּבְדִּיל	[히브달타] [타브딜]
אַתְּ	הִבְדַּלְתְּ	תַּבְדִּילִי	[히브달트] [타브딜리]
אַתֶּם	הִבְדַּלְתֶּם	תַּבְדִּילוּ	[히브달템] [타브딜루]
אַתֶּן	הִבְדַּלְתֶּן	תַּבְדֵּלְנָה	[히브달텐] [타브델나]
אֲנִי	הִבְדַּלְתִּי	אַבְדִּיל	[히브딜티] [아브딜]
אֲנַחְנוּ	הִבְדַּלְנוּ	נַבְדִּיל	[히브달누] [나브딜]

사역형 동사 히프일의 분사 "마프일"

מַבְדִּיל	[마브딜]	m.s. 구분하는, 구분하는 사람
מַבְדִּילָה	[마브딜라]	f.s.
מַבְדִּילִים	[마브딜림]	m.pl.
מַבְדִּילוֹת	[마브딜롯]	f.pl.

<원문 읽기>

레 20:24 אֲנִי יְהוָה אֱלֹהֵיכֶם אֲשֶׁר-**הִבְדַּלְתִּי** אֶתְכֶם מִן-הָעַמִּים

아니 아도나이 엘로헤켐 아쉐르-히브달티 에트켐 민-하암밈

I am the LORD your God, who have set you apart from the peoples

나는 너희를 만민 중에서 구별한 너희 하나님 여호와라

신 19:2 שָׁלוֹשׁ עָרִים **תַּבְדִּיל** לָךְ בְּתוֹךְ אַרְצְךָ אֲשֶׁר יְהוָה אֱלֹהֶיךָ נֹתֵן לְךָ לְרִשְׁתָּהּ

샬로쉬 아림 타브딜 라크 베토크 아르쩨카 아쉐르 아도나이 엘로헤카 노텐 레카 레리쉬타흐

you shall separate three cities for yourself in the midst of your land
which the LORD your God is giving you to possess

네 하나님 여호와께서 네게 기업으로 주신 땅 가운데서 세 성읍을 너를 위하여 구별하고

느 13:3 וַיְהִי כְּשָׁמְעָם אֶת-הַתּוֹרָה **וַיַּבְדִּילוּ** כָל-עֵרֶב מִיִּשְׂרָאֵל

봐예히 케솜암 엣-핫토라 봐야브딜루 콜-에레브 미이스라엘

And it came to pass, when they had heard the law, that they separated from Israel all the alien mixture

백성이 이 율법을 듣고 곧 섞인 무리를 이스라엘 가운데서 몰수히 분리게 하였느니라

사 59:2 כִּי אִם-עֲוֹנֹתֵיכֶם הָיוּ **מַבְדִּלִים** בֵּינֵכֶם לְבֵין אֱלֹהֵיכֶם

키 임-아보노테켐 하유 마브딜림 벤켐 레벤 엘로헤켐

But your iniquities have separated between you and your God

오직 너희 죄악이 너희와 너희 하나님 사이를 내었고

<어휘 모음>

אֱלֹהֶיךָ	명(남복연) 하나님 + 인칭 접미(2남단) 당신의
אֱלֹהֵיכֶם	명(남복연) 하나님 + 인칭 접미(2남복) 당신들의
אַרְצְךָ	명(여단연) 땅 + 인칭 접미(2남단) 당신의
בֵּינֵכֶם	전 between + 인칭 접미(2남복) 당신들
בְּתוֹךְ	전 in + 명(남단연) 속 > 복합전 in the middle of
הִבְדַּלְתִּי	동(**בדל** hif.완1공단) 구별하다
הָעַמִּים	정 the + 명(남복) 민족
וַיַּבְדִּילוּ	동(**בדל** hif.연속미3남복) 구별하다
כִּי אִם	접 that + 접 if > (부사적으로) 그러나
כְּשָׁמְעָם	전 as, at + 동(**שמע** pa.부정연계) 듣다 + 인칭 접미(3남복) 그들의
לְבֵין	전 to + 전 between > between
לְרִשְׁתָּהּ	전 to + 동(**ירש** pa.부정연계) 상속하다 + 인칭 접미(3여단) 그것을
מַבְדִּלִים	동(**בדל** hif.분남복) 구별하다
מִיִּשְׂרָאֵל	전 from + 명(고유) 이스라엘
נֹתֵן	동(**נתן** pa.분남단) 주다
עֲוֹנֹתֵיכֶם	명(남/여복연) 죄악 + 인칭 접미(2남복) 당신들의
עֵרֶב	명(남단) 섞인 자
עָרִים	명(여복) 도시
שָׁלוֹשׁ	수(여단연) 셋, 세개의
תַּבְדִּיל	동(**בדל** hif.미2남단) 구별하다

► 사역형 동사 히프일은 기본 동사어간 앞에 ה가 붙은 형태이다. 동사어간 끝에 활용어미들이 오는 완료의 경우 ה는 영향을 받지 않는다. 그러나 어간 앞에 활용어미가 붙는 분사나 미완료에서는 약한 자음 ה가 생략이 된다. 분사의 경우 מְ+הַבְדִּיל > מְהַבְדִּיל > מַבְדִּיל로 이해할 수 있다. 미완료 יַבְדִּיל이나 תַּבְדִּיל도 같은 경우이다 (한정명사가 접두전치사와 결합되는 경우에도 ה가 사라지는 것을 기억하라: לְ+הַמֶּלֶךְ > לַמֶּלֶךְ p. 68 참고).

► 위에서 보았던 기본형 동사 파알과 강세형 동사 피엘과 사역형 동사 히프일의 활용을 동사의 법을 포함해 제시해보면 다음과 같다.

기본형 동사 파알 שָׁמַר [샤마르] 지키다

인칭	완료	미완료직설법 Indicative	의지표현법 Cohortative	명령법 Imperative	간접명령법 Jussive
הוּא הִיא הֵם הֵן	שָׁמַר שָׁמְרָה שָׁמְרוּ שָׁמְרוּ	יִשְׁמֹר תִּשְׁמֹר יִשְׁמְרוּ תִּשְׁמֹרְנָה			יִשְׁמֹר תִּשְׁמֹר יִשְׁמְרוּ תִּשְׁמֹרְנָה
אַתָּה אַתְּ אַתֶּם אַתֶּן	שָׁמַרְתָּ שָׁמַרְתְּ שְׁמַרְתֶּם שְׁמַרְתֶּן	תִּשְׁמֹר תִּשְׁמְרִי תִּשְׁמְרוּ תִּשְׁמֹרְנָה		שְׁמֹר שִׁמְרִי שִׁמְרוּ שְׁמֹרְנָה	
אֲנִי אֲנַחְנוּ	שָׁמַרְתִּי שָׁמַרְנוּ	אֶשְׁמֹר נִשְׁמֹר	אֶשְׁמְרָה נִשְׁמְרָה		

강세형 동사 피엘 **שִׁבֵּר** [쉽베르] 박살내다

인칭	완료	미완료직설법 Indicative	의지표현법 Cohortative	명령법 Imperative	간접명령법 Jussive
הוּא הִיא הֵם הֵן	שִׁבֵּר שִׁבְּרָה שִׁבְּרוּ שִׁבְּרוּ	יְשַׁבֵּר תְּשַׁבֵּר יְשַׁבְּרוּ תְּשַׁבֵּרְנָה			יְשַׁבֵּר תְּשַׁבֵּר יְשַׁבְּרוּ תְּשַׁבֵּרְנָה
אַתָּה אַתְּ אַתֶּם אַתֶּן	שִׁבַּרְתָּ שִׁבַּרְתְּ שִׁבַּרְתֶּם שִׁבַּרְתֶּן	תְּשַׁבֵּר תְּשַׁבְּרִי תְּשַׁבְּרוּ תְּשַׁבֵּרְנָה		שַׁבֵּר שַׁבְּרִי שַׁבְּרוּ שַׁבֵּרְנָה	
אֲנִי אֲנַחְנוּ	שִׁבַּרְתִּי שִׁבַּרְנוּ	אֲשַׁבֵּר נְשַׁבֵּר	אֲשַׁבְּרָה נְשַׁבְּרָה		

사역형 동사 히프일 **הִבְדִּיל** [히브딜] 구분하다

인칭	완료	미완료직설법 Indicative	의지표현법 Cohortative	명령법 Imperative	간접명령법 Jussive
הוּא הִיא הֵם הֵן	הִבְדִּיל הִבְדִּילָה הִבְדִּילוּ הִבְדִּילוּ	יַבְדִּיל תַּבְדִּיל יַבְדִּילוּ תַּבְדֵּלְנָה			יַבְדֵּל תַּבְדֵּל יַבְדִּילוּ תַּבְדֵּלְנָה
אַתָּה אַתְּ אַתֶּם אַתֶּן	הִבְדַּלְתָּ הִבְדַּלְתְּ הִבְדַּלְתֶּם הִבְדַּלְתֶּן	תַּבְדִּיל תַּבְדִּילִי תַּבְדִּילוּ תַּבְדֵּלְנָה		הַבְדֵּל הַבְדִּילִי הַבְדִּילוּ הַבְדֵּלְנָה	
אֲנִי אֲנַחְנוּ	הִבְדַּלְתִּי הִבְדַּלְנוּ	אַבְדִּיל נַבְדִּיל	אַבְדִּילָה נַבְדִּילָה		

이스라엘 국가: הַתִּקְוָה [하티크봐]

כֹּל עוֹד בַּלֵּבָב פְּנִימָה [콜 오드 발레바브 프니마]	마음 깊은 곳에
נֶפֶשׁ יְהוּדִי הוֹמִיָּה [네페쉬 예후디 호미야]	열망하는 유대정신이 남아 있는 한
וּלְפַאֲתֵי מִזְרָח קָדִימָה [울파아테이 미즈라흐 카디마]	동쪽 편을 향하여
עַיִן לְצִיּוֹן צוֹפִיָּה [아인 레찌욘 쪼피야]	눈이 시온을 바라보는 한
עוֹד לֹא אָבְדָה תִּקְוָתֵנוּ [오드 로 아브다 티크봐테누]	우리의 희망은 사라지지 않았네
הַתִּקְוָה בַּת שְׁנוֹת אַלְפַּיִם [하티크봐 밧 쉐놋 알파임]	이천 년된 우리의 희망
לִהְיוֹת עַם חָפְשִׁי בְּאַרְצֵנוּ [리히욧 암 호프쉬 베아르쩨누]	우리 땅에서 자유로운 민족이 되는 것
אֶרֶץ צִיּוֹן וִירוּשָׁלַיִם [에레쯔 찌욘 뷔루샬라임]	시온 땅 예루살렘에서

희망이라는 뜻을 가진 이스라엘 국가 הַתִּקְוָה [하티크봐]는 유대인들의 고통스러웠던 이천 년의 유랑 역사를 그대로 담고 있다. 자신들의 생각과 감정을 늘 열정적으로 표현하는 유대인들이었지만 그들을 배척하고 핍박했던 유럽 땅을 살아오면서 그들은 자신들을 제대로 표현할 수 없었다. 외적으로 표출하지는 못하지만 그 활달한 유대정신을 마음 속에라도 담아두고 있는 한, 그 이방 땅에서 동편을 향하여 그들의 고토를 가끔씩 바라보는 한, 그들의 희망은 사라지지 않는다고 노래한다. 그것은 이천 년이나 된 오랜 희망이었다. 노예나 짐승처럼 취급당하지 않고 온전히 자유로운 인간으로 살아가는 것, 그들의 조상들이 받았던 그 약속의 땅에서 그렇게 자유로운 민족이 되는 것, 그것이 이천 년 동안 유대인

들이 갈망해 온 것이었다. 유대민족의 이 희망은 1948년 현대국가 이스라엘의 독립으로 성취되었다.

הַתִּקְוָה [하티크봐]는 본래 히브리 시인 납프탈리 헤르쯔 임베르(1856-1909)가 지은 1878년 시에 기초하여 만들어진 19 세기말 시온주의 운동의 찬가이었다. 1948년 5월 14일 이스라엘 독립 선언식에서 모든 참석자들이 הַתִּקְוָה [하티크봐]를 불렀고, 행사 마지막에는 이스라엘 필하모니가 הַתִּקְוָה [하티크봐]를 연주하였다. 이천 년의 꿈이었던 국가 건설을 이루었지만 이스라엘은 여전히 הַתִּקְוָה [하티크봐]를 애국가로 부른다. (사이트를 검색하여 이스라엘 국가를 들어보라).

[창 1:5]

וַיִּקְרָא אֱלֹהִים לָאוֹר יוֹם וְלַחֹשֶׁךְ קָרָא לָיְלָה
וַיְהִי-עֶרֶב וַיְהִי-בֹקֶר יוֹם אֶחָד

봐이크라 엘로힘 라오르 욤 붸라호쉐크 카라 라일라
봐예히-에레브 봐예히-보케르 욤 에하드

And God called the light Day, and the darkness He called Night. And there was evening and there was morning, one day

빛을 낮이라 칭하시고 어두움을 밤이라 칭하시니라 저녁이 되며 아침이 되니 이는 첫째 날이니라

<어휘 분해>

▸ וַיִּקְרָא (וַ + יִקְרָא) 접속사 (연속봐브)
√קרא 기본형 파알 call, proclaim, read
연속봐브미완료 3.남.단.
קָרָא לְ...는 'לְ 이하를 …로 부르다' 라는 의미임.

▸ אֱלֹהִים (אֱלֹהַ + ים) 명사 남.복. 하나님

▸ לָאוֹר (לְ + הַ + אוֹר) 전치사 to, for
정관사 the
명사 남/여.단. 빛

▸ יוֹם 명사 남.단. 날 day

▸ וְלַחֹשֶׁךְ (וְ + לְ + הַ + חֹשֶׁךְ) 접속사 and
전치사 to, for
정관사 the
명사 남.단. 어두움

▸ קָרָא √קרא 기본형 파알 call, proclaim, read 완료 3.남.단.

▸ לַיְלָה — 명사 남.단. 밤

▸ וַיְהִי (יְהִי + וַ) — 접속사 (연속봐브)
√היה기본형 파알 be, become 연속봐브미완료 3.남.단.

▸ עֶרֶב — 명사 남.단. 저녁

▸ וַיְהִי (יְהִי + וַ) — 접속사 (연속봐브)
√היה기본형 파알 be, become 연속봐브미완료 3.남.단.

▸ בֹקֶר — 명사 남.단. 아침

▸ יוֹם אֶחָד — 명사 남.단. 날
수사 (기수) 남.단. 하나 one

<문법 정리>

39. 히브리 문장의 일치 - 명사 + 형용사 수식 구문

뒤에서 앞의 명사를 수식하는 히브리어 형용사는 수식하는 명사의 성과 수와 한정관계를 일치시킨다. 즉, 명사가 남성이면 형용사도 남성형, 명사가 단수일 경우 형용사도 단수형, 명사가 한정이 되어있다면 형용사에는 정관사가 붙어야 한다. 앞의 명사의 성은 그 명사의 단수형의 성이 결정한다.

מֶלֶךְ גָּדוֹל	[멜레크 가돌]	위대한 왕
מַלְכָּה גְּדוֹלָה	[말카 게돌라]	위대한 여왕
הַמֶּלֶךְ הַגָּדוֹל	[함멜레크 학가돌]	그 위대한 (그) 왕
הַמַּלְכָּה הַגְּדוֹלָה	[함말카 학게돌라]	그 위대한 (그) 여왕
הַמָּאוֹר הַגָּדֹל	[함마오르 학가돌]	그 큰 광명
הַמְּאֹרֹת הַגְּדֹלִים	[함메오롯 학게돌림]	그 큰 광명들

<어휘 모음>

הַגָּדוֹל	정 the + 형(남단) 큰
הַגְּדוֹלָה	정 the + 형(여단) 큰
הַגָּדֹל	정 the + 형(남단) 큰
הַמָּאוֹר	정 the + 명(남단) 광명, 등
הַמְּאֹרֹת	정 the + 명(남복) 광명, 등
הַמַּלְכָּה	정 the + 명(여단) 여왕

40. 히브리어의 수사

앞에서 언급한 대로 (p. 49) 히브리어의 수사는 명사군에 속하며 명사와 형용사로도 사용된다. 수사는 크게 수적인 양을 표시하는 기수와 순서를 표현하는 서수로 나누어진다.

▸ 기수

	남성	여성		
1	אֶחָד	אַחַת	[에하드]	[아하트]
2	שְׁנַיִם	שְׁתַּיִם	[슈나님]	[슛타임]
3	שְׁלֹשָׁה	שָׁלֹשׁ	[슐로샤]	[샬로쉬]
4	אַרְבָּעָה	אַרְבַּע	[아르바아]	[아르바]
5	חֲמִשָּׁה	חָמֵשׁ	[하밋샤]	[하메쉬]
6	שִׁשָּׁה	שֵׁשׁ	[쉿샤]	[쉐쉬]
7	שִׁבְעָה	שֶׁבַע	[쉬브아]	[쉐바]
8	שְׁמֹנָה	שְׁמֹנֶה	[슈모나]	[슈모네]

9	תִּשְׁעָה	תֵּשַׁע	[티쉬아] [테샤]
10	עֲשָׂרָה	עֶשֶׂר	[아사라] [에세르]
11	אַחַד עָשָׂר	אַחַת עֶשְׂרֵה	[아하드 아사르] [아하트 에스레]
	עַשְׁתֵּי עָשָׂר	עַשְׁתֵּי עֶשְׂרֵה	[아쉬테 아사르] [아쉬테 에스레]
12	שְׁנֵים עָשָׂר	שְׁתֵּים עֶשְׂרֵה	[슈넴 아사르] [슈템 에스레]
13	שְׁלֹשָׁה עָשָׂר	שְׁלֹשׁ עֶשְׂרֵה	[숄로샤 아사르] [숄로쉬 에스레]
14	אַרְבָּעָה עָשָׂר	אַרְבַּע עֶשְׂרֵה	[아르바아 아사르] [아르바 에스레]
20	עֶשְׂרִים		[에스림]
30	שְׁלֹשִׁים		[숄로쉼]
40	אַרְבָּעִים		[아르바임]
100	מֵאָה		[메아]
200	מָאתַיִם		[마타임]
300	שְׁלֹשׁ מֵאוֹת		[숄로쉬 메옷]
400	אַרְבַּע מֵאוֹת		[아르바 메옷]
1000	אֶלֶף		[엘레프]
2000	אַלְפַּיִם		[알파임]
3000	שְׁלֹשֶׁת אֲלָפִים		[숄로쉐트 알라핌]
10000	רְבָבָה		[레바바]
20000	רִבּוֹתַיִם		[립보타임]

* 히브리어 수사 기수의 남성과 여성의 형태는 일반명사의 남성과 여성 형태와 반대인 부분들이 있음에 유의할 것.

* 기수들이 명사 결합 구조 안에서 연계형 명사가 되면 자음과 모음에 변화가 올 수 있다 (p. 76).

<원문 읽기>

창 18:2 וַיִּשָּׂא עֵינָיו וַיַּרְא וְהִנֵּה **שְׁלֹשָׁה** אֲנָשִׁים נִצָּבִים עָלָיו

바잇사 에나브 봐야르 붸힌네 숄로샤 아나쉼 닛짜빔 알라브

and he lifted up his eyes and looked, and, lo, three men stood over against him

눈을 들어 본 즉 사람 셋이 [그의] 맞은편에 섰는지라

출 23:12 **שֵׁשֶׁת** יָמִים תַּעֲשֶׂה מַעֲשֶׂיךָ וּבַיּוֹם הַשְּׁבִיעִי תִּשְׁבֹּת

쉐쉐트 야밈 타아세 마아세카 우바욤 하쉬비이 티쉬보트

Six days you shall do your work, and on the seventh day you shall rest

너는 육 일 동안에 네 일을 하고 제 칠 일에는 쉬라

<어휘 모음>

אֲנָשִׁים	명(남복) 남자, 남편
הַשְּׁבִיעִי	정 the + 수(남단) 일곱째의
וּבַיּוֹם	접 and + 전 in + 정 the + 명(남단) 날 day
וְהִנֵּה	접 and + 감 자!, 보라
וַיִּשָּׂא	동(**נשׂא** pa.연속미3남단) 들다, 옮기다
יָמִים	명(남복) 날 day
מַעֲשֶׂיךָ	명(남복연) 일 + 인칭 접미(2남단) 당신의
נִצָּבִים	동(**נצב** nif.분남복) 서다, 자리잡다
עֵינָיו	명(남/여쌍연) 눈 + 인칭 접미(3남단) 그의
עָלָיו	전 ~에 대하여 against, over + 인칭 접미(3남단) 그
שֵׁשֶׁת	수(남단연) 여섯, 여섯의
תַּעֲשֶׂה	동(**עשׂה** pa.미2남단) 하다, 만들다
תִּשְׁבֹּת	동(**שׁבת** pa.미2남단) 안식하다, 쉬다

▶ 서수

	남성	여성		
첫째	רִאשׁוֹן	רִאשׁוֹנָה	[리숀]	[리쇼나]
둘째	שֵׁנִי	שֵׁנִית	[쉐니]	[쉐닛]
셋째	שְׁלִישִׁי	שְׁלִישִׁית	[쉘리쉬]	[쉘리쉿]
넷째	רְבִיעִי	רְבִיעִית	[레비이]	[레비잇]
다섯째	חֲמִישִׁי	חֲמִישִׁית	[하미쉬]	[하미쉿]
여섯째	שִׁשִּׁי	שִׁשִּׁית	[쉿쉬]	[쉿쉿]
일곱째	שְׁבִיעִי	שְׁבִיעִית	[슈비이]	[슈비잇]
여덟째	שְׁמִינִי	שְׁמִינִית	[슈미니]	[슈미닛]
아홉째	תְּשִׁיעִי	תְּשִׁיעִית	[테쉬이]	[테쉬잇]
열째	עֲשִׂירִי	עֲשִׂירִית	[아시리]	[아시릿]

* 열 한째부터는 기수가 서수로도 사용된다.

<원문 읽기>

창 26:1 וַיְהִי רָעָב בָּאָרֶץ מִלְּבַד הָרָעָב **הָרִאשׁוֹן** אֲשֶׁר הָיָה בִּימֵי אַבְרָהָם

봐예히 라아브 바아레쯔 밀바드 하라아브 하리숀 아쉐르 하야 비메 아브라함

And there was a famine in the land, beside the first famine that was in the days of Abraham

아브라함 때에 첫 흉년이 들었더니 그 땅에 또 흉년이 들매

창 2:14 וְשֵׁם הַנָּהָר **הַשְּׁלִישִׁי** חִדֶּקֶל הוּא הַהֹלֵךְ קִדְמַת אַשּׁוּר

붸셈 한나하르 하쉴리쉬 힛데켈 후 하홀레크 키드마트 앗슈르

The name of the third river is Hiddekel; it is the one which goes toward the east of Assyria

셋째 강의 이름은 힛데겔이라 앗수르 동편으로 흐르며

<어휘 모음>

אַשּׁוּר	명(고유) 앗수르, 앗시라아
בִּימֵי	전 in + 명(남복연) 날 day
הַהֹלֵךְ	정 the + 동(הלך pa.분남단) 걸어가다, 가다
הַנָּהָר	정 the + 명(남단) 강
הָראשׁוֹן	정 the + 수(남단) 첫째의
הָרָעָב	정 the + 명(남단) 기근, 흉년
הַשְּׁלִישִׁי	정 the + 수(남단) 셋째의
וְשֵׁם	접 and + 명(남단연) 이름
חִדֶּקֶל	명(고유) 힛데겔
מִלְּבַד	전 from + 전 to + 명(남단) 분리 > 복합전 ~외에 besides
קִדְמַת	명(여단연) 앞, 동쪽 > 전치사로서 ~의 앞에
רָעָב	명(남단) 기근, 흉년

유대인의 일생: 할례와 성인식과 결혼식과 장례식

유대인은 누구인가 내지 누가 유대인인가 하는 질문은 단순하지 않다. 유대 율법 הֲלָכָה [할라카]에 따르면 유대인 엄마에게서 태어난 이들은 모두 유대인들이다. 유대인 엄마를 통해 태어나지 않았지만 유대교로 개종한 이들로 유대인으로 여겨진다. 태생적 유대인들과 개종한 유대인들 사이에는 아무런 차별이 존재하지 않는다. 유대인으로 태어난 모든 이들이 자연스레 거치게 되는 네 가지 의식이 있다.

1) בְּרִית מִילָה [브리트 밀라] 할례

유대인 가정에 태어난 남아는 팔 일째 되는 날에 할례를 받는다. 이것은 유대인들의 경전인 구약성서에 나오는 말씀에 따른 것이다: “너희 중 남자는 다 할례를 받으라 이것이 나와 너희와 너희 후손 사이에 지킬 내 언약이니라” “난 지 팔일 만에 할례를 받을 것이라” (창세기 17:10-12).

가까운 친척들과 친구들을 초청하고 랍비를 불러서 할례식을 행하며 축하한다. 작은 시술에 해당하기 때문에 전문적인 훈련을 받은 מוֹהֵל [모헬]이라 불리는 랍비가 할례를 시행한다. 새로 태어난 아이의 이름은 이 할례식에서 주어진다. 이 전통은 신약성서에서도 잘 보여진다:

“팔 일이 되매 아이를 할례하러 와서 그 아버지의 이름을 따라 사가랴라 하고자 하더니 그 어머니가 대답하여 이르되 아니라 요한이라 할 것이라” (누가복음 1:59-60). “할례할 팔 일이 되매 그 이름을 예수라 하니 곧 잉태하기 전에 천사가 일컬은 바러라” (누가복음 2:21).

유대교로 개종하는 이들도 반드시 할례의식을 거쳐야만 한다.

2) בַּר מִצְוָה [바르 미쯔봐] 성인식

유대인 남자 아이는 만 13세가 되는 생일에 성인식을 치른다. בַּר מִצְוָה [바르 미쯔봐]는 율법의 아들이라는 의미로 이 의식을 거치면 율법적으로 성인이 된다. 보통 토라라고 불리는 구약의 모세오경에는 사람이 해야 할 것과 하지 말아야 할 것들이 나오는데 모두 정리하면 613 가지의 율법이 된다(하지 말아야 할 것 365 가지와 해야 할 것 248 가지).

성인이 되면 이 모든 것을 지켜야 할 종교적 의무를 지게 된다. 율법을 지켜야 하는 의무와 더불어 성인으로서의 권리도 주어진다. 유대 공동체의 정식 멤버가 되며 회당에서 율법 두루마리를 읽을 수 있다. 유대교에서는 공식적인 의식이 진행되기 위해서 남자 10명의 참석이 필요한데 이를 מִנְיָן [민얀]이라고 부른다. 성인식을 치르면 민얀의 한 자리 역할을 하며, 개인 소유 재산을 가질 수 있고 유대 종교 법정에서 증인이 될 수도 있다. 학교와 가정에서 여전히 배우는 나이이지만 자신의 모든 행동에 대해서 도덕적인 책임을 지게 된다.

유대인 가정에서 자녀들의 בַּר מִצְוָה [바르 미쯔봐]는 큰 행사로 치러진다. 예루살렘에 있는 통곡의 벽 앞에서 율법 두루마리를 메고 돌며, 회당의 회중들 앞에서 토라의 특정 본문을 읽고 그 내용을 풀어 설명하기도 한다. 이를 통하여 이제는 율법을 지켜야 할 의무가 있음과 스스로 율법의 내용을 해석하고 판단할 수 있음을 상징적으로 드러낸다. 생일 파티도 성대하게 준비하며 많은 친척들과 친구들이 와서 축하해 준다. 많은 이스라엘 부모들은 학기 중에라도 בַּר מִצְוָה [바르 미쯔봐] 기념으로 아이를 데리고 해외 여행을 떠난다. 아이가 살아 가야할 넓은 세상을 미리 경험케 해 준다는 의미로 이해된다. בַּר מִצְוָה [바르 미쯔봐]는 부모들에게 많은 비용이 드는 행사이다. 그러나 행사에 초청받아 오는 손님들도 보통 상당한 금액을 축하금으로 기꺼이 내어 놓으면서 자연스런 상호부조가 이루어진다. 여자 아이들은 만 12세에 성인식을 치르게 되는데 בַּת מִצְוָה [바트 미쯔봐]라고 부른다. 율법의 딸이라는 의미이다.

3) נִשּׂוּאִין [니수인] 결혼과 חֲתֻנָּה [하툰나] 결혼식

유대인들은 랍비의 주례 하에 유대식으로 결혼한다. 결혼을 위해서는 랍비청에서 요구하는 몇 가지 서류 절차들이 선행 되어야 한다. 결혼식은 주말보다도 주 중에 많이 이루어지는데 특별히 화요일에 많이 진행된다. 화요일은 한 주의 세 번째 날로서 창세기의 천지창조 기사를 보면 이 날에 "좋았더라"라는 표현이 두 번 나오기 때문이다. 결혼식은 행복한 유대인 가정을 상징하는 חֻפָּה [후파]라고 불리는 작은 천막 아래서 진행된다. 결혼을 축복하는 예배 의식과 함께 신랑과 신부가 포도주를 나누어 마시고 반지를 교환한다. 그리고 그 자리에서 가까운 친족들을 중심으로 두 세 사람이 כְּתֻבָּה [크투바]라고 불리는 결혼증서에 증인으로 서명을 하게 된다.

유대인들의 결혼식에서 빠지지 않는 의식은 결혼식 마지막 부분에서 신랑이 작은 유리 컵을 하객들 앞에서 밟아 깨는 행위이다. 이것은 그들의 역사에서 두 번이나 일어났던 성전 파괴를 잊지 말자는 상징적인 행위이다. 인생사 최고의 기쁨과 즐거움인 결혼식에서라도 성전 파괴의 역사를 기억하자는 다짐이다. BC 586년의 첫 성전 파괴로 유대인들은 70년간 바벨론으로 끌려갔었고, AD 70

년의 두 번째 성전 파괴로 유대민족은 고토에서 쫓겨나 이천 년 동안 유랑하게 되었다. 그런 민족적 비극이 발생할 때 제일 먼저 사라지는 것은 다름 아닌 결혼식장에서의 즐거운 신랑 신부의 소리들이었다. 유대인 결혼식은 행사 후에 먹고 헤어지는 의식이 아니라 춤과 노래로 오랜 시간 이어지는 신나고 기쁜 잔치이다.

4) הַלְוָיָה [할봐야] 장례식

유대인의 장례는 특별한 경우가 아니면 돌아가신 당일 이루어진다. 흙에서 온 육체가 자연스럽게 흙으로 돌아가도록 별도의 수의 없이 깨끗한 세마포로 싸서 매장한다. 부고를 받으면 모두들 장례식에 참석해준다. 장례식이 끝나면 가족들은 한 집에 모두 모여 שִׁבְעָה [쉬브아]라고 불리는 7일간의 애도 기간을 가진다. 옷도 갈아 입지 않고 씻지도 않으며 수염도 깍지 않는다. 이 기간 중에 친족들과 친구들은 시간이 되는대로 여러 차례 방문하며 위로한다. 집 안에 조용히 앉아서 그냥 시간을 함께 보내준다. 고인을 추념하고 조용히 담소하기도 한다. 조문을 오는 사람들이 부의금을 전달하는 풍습은 없다. 가족들이 음식을 준비하기 쉽지 않기 때문에 적당한 음식들은 준비해 오기도 한다. 떨어져 살던 식구들이 7일간 한 공간에 머무는 동안 가족의 유대가 더욱 돈독해진다. 보통 7일째에 고인의 묘소을 방문하면서 애도 기간을 마친다.

שִׁבְעָה [쉬브아]가 끝나면 שְׁלוֹשִׁים [쉘로쉼]이라 불리는 30일째 되는 날까지의 다른 기간을 시작한다. 이 기간에도 머리나 수염이나 손발톱을 깍는 것은 하지 않는다. 30일째 되는 날에 유족들은 다시 묘소를 방문하며 이 기간 중에 준비한 묘비를 개막한다. 이후에는 일년에 한 번 유대력을 따라 돌아가신 날에 고인의 추모일을 지킨다. 고인에 대한 추모는 돌아가신 후 30년까지만 한다.

III

원문2 창세기 3:1-7

הלומד ואינו חוזר כזורע ואינו קוצר

할로메드 붸에이노 호제르 카조레아 붸에이노 코쩨르

공부하고 복습하지 않는 사람은 파종하고 추수하지 않는 사람과 같다

배운 것은 반드시 복습해야지 배움의 내용을 온전히 얻을 수 있음을 가르친다. 유대인들은 매 안식일 파라샤트 샤부아라고 불리는 정해진 분량의 모세오경을 읽는다. 1년이면 모세오경을 한번 다 읽게 된다. 그렇게 수천 년 동안 같은 말씀을 반복해서 읽고 묵상해 온 것이다. 그들의 지적 탁월함은 그것에 근거한다고도 볼 수 있을 것이다.

[창 3:1] וְהַנָּחָשׁ הָיָה עָרוּם מִכֹּל חַיַּת הַשָּׂדֶה אֲשֶׁר עָשָׂה יְהוָה אֱלֹהִים
וַיֹּאמֶר אֶל-הָאִשָּׁה אַף כִּי-אָמַר אֱלֹהִים לֹא תֹאכְלוּ מִכֹּל
עֵץ הַגָּן

뷔한나하쉬 하야 아룸 믹콜 하야트 핫사데 아쉐르 아사 아도나이 엘로힘
봐요메르 엘-하잇샤 아프 키-아마르 엘로힘 로 토클루 믹콜 에쯔 학간

Now the serpent was the shrewdest of all the wild beasts that the LORD God had made. He said to the woman, Did God really say: You shall not eat of any tree of the garden

여호와 하나님의 지으신 들짐승 중에 뱀이 가장 간교하더라 뱀이 여자에게 물어 가로되 하나님이 참으로 너희더러 동산 모든 나무의 실과를 먹지 말라 하시더냐

<어휘 분해>

▶ וְהַנָּחָשׁ (וְ + הַ + נָחָשׁ) 접속사 and
정관사 the
명사 남.단. 뱀

▶ הָיָה √היה 기본형 파알 be, become 완료 3.남.단.

▶ עָרוּם 형용사 남.단. 간교한

▶ מִכֹּל חַיַּת הַשָּׂדֶה (מִן + כֹּל + חַיָּה + הַ + שָׂדֶה)
전치사 from
명사 남.단. entirety
명사 여.단. 연계형 짐승
정관사 the
명사 남.단. 들판 (세 명사의 명사 결합)

▶ אֲשֶׁר 관계대명사 that, which

▸ עָשָׂה — √עשה 기본형 파알 do, make 완료 3.남.단.

▸ יְהוָה אֱלֹהִים — 고유명사 여호와, the Lord ([아도나이]로 읽음)

명사 남.복. 하나님

▸ וַיֹּאמֶר — 접속사 (연속바브)

√ אמר 기본형 파알 say 연속바브미완료 3.남.단.

▸ אֶל-הָאִשָּׁה (אֶל + הַ + אִשָּׁה)

전치사 to

정관사 the

명사 여.단. 여자

▸ אַף — 부사 indeed, really, even, also

▸ כִּי-אָמַר — 접속사 that

√ אמר 기본형 파알 say 완료 3.남.단.

▸ אֱלֹהִים — 명사 남.복. 하나님

▸ לֹא תֹאכְלוּ — 부사 not

√ אכל 기본형 파알 eat 미완료 2.남.복.

▸ מִכֹּל עֵץ הַגָּן (מִן + כֹּל + עֵץ + הַ + גָּן)

전치사 from

명사 남.단. entirety

명사 남.단. 나무

정관사 the

명사 남/여.단. 정원 (세 명사의 명사 결합)

<문법 정리>

41. 히브리어의 명사 כֹּל의 용법

명사 כֹּל [콜] 다음에 명사가 와서 명사 결합 구조로 사용 될 때 כֹּל의 의미는 크게 두 가지로 나타난다 (명사의 연계형이 되면서 대개 כֹּל → כָּל) :

1) כֹּל 다음에 비한정명사가 올 경우 보통 each, every의 뜻으로 사용된다.

כָּל-יוֹם	[콜 욤] every day
כָּל-אָדָם	[콜 아담] every man
כָּל-לָשׁוֹן	[콜 라숀] every tongue

2) כֹּל 다음에 한정명사가 올 경우는 보통all, the whole의 뜻으로 사용된다.

כָּל-הַיּוֹם	[콜 하욤] all day
כָּל-הַיָּמִים	[콜 하야밈] all the days
כָּל-הָאָדָם	[콜 하아담] all the men
כֹּל לְשֹׁנוֹת הַגּוֹיִם	[콜 레쇼놋 학고임] all the languages of the nations

<원문 읽기>

시 145:2 **בְּכָל-יוֹם** אֲבָרְכֶךָּ וַאֲהַלְלָה שִׁמְךָ לְעוֹלָם וָעֶד

베콜-욤 아바르케카 봐아하렐라 쉼카 레올람 봐에드

Every day I will bless thee, and praise thy name for ever and ever

내가 날마다 주를 송축하며 영영히 주의 이름을 송축하리이다

삿 9:45 וַאֲבִימֶלֶךְ נִלְחָם בָּעִיר **כֹּל הַיּוֹם** הַהוּא

봐아비멜렉 닐함 바이르 콜 하욤 하후

And Abim'elech fought against the city all that day

아비멜렉이 그 날 종일토록 그 성을 쳐서

<어휘 모음>

אֲבָרְכֶךָ 동(**ברך** pi.미1공단) 축복하다 + 인칭 접미(2남단) 당신을

בְּכָל 전 in + 명(남단연) 모두all

בָּעִיר 전 in + 정 the + 명(여단) 성, 도시

הַגּוֹיִם 정 the + 명(남복) 민족, 이방인 nation, gentile

הַהוּא 정 the + 지시형(남단) 그 that

הַיָּמִים 정 the + 명(남복) 날 day

וַאֲבִימֶלֶךְ 접 and + 명(고유) 아비멜렉

וַאֲהַלְלָה 접 and + 동(**הלל** pi.미1공단-의지표현) 찬양하다

לָשׁוֹן 명(남/여단) 혀, 언어

לְשֹׁנוֹת 명(남/여복연) 혀, 언어

נִלְחָם 동(**לחם** nif.분남단) 전쟁하다

שִׁמְךָ 명(남단연) 이름 + 인칭 접미(2남단) 당신의

42. 히브리어의 관계대명사

성서 히브리어에서 대표적으로 사용되는 관계대명사는 **אֲשֶׁר** [아쉐르]이다.

1) 앞의 사람을 받음

창 2:8 וַיִּטַּע יְהוָה אֱלֹהִים גַּן-בְּעֵדֶן מִקֶּדֶם וַיָּשֶׂם שָׁם אֶת-הָאָדָם **אֲשֶׁר** יָצָר

봐잇타 아도나이 엘로힘 간-베에덴 믹케뎀 봐야셈 샴 엣-하아담 아쉐르 야짜르

And the LORD God planted a garden eastward, in Eden; and there He put the man **whom** He had formed

여호와 하나님이 동방의 에덴에 동산을 창설하시고 그 지으신 사람을 거기 두시고

2) 앞의 동물이나 사물을 받음

창 3:1 וְהַנָּחָשׁ הָיָה עָרוּם מִכֹּל חַיַּת הַשָּׂדֶה **אֲשֶׁר** עָשָׂה יְהוָה אֱלֹהִים

붸한나하쉬 하야 아룸 믹콜 하야트 핫사데 아쉐르 아사 아도나이 엘로힘

Now the serpent was more cunning than any beast of the field **which** the LORD God had made

여호와 하나님의 지으신 들짐승 중에 뱀이 가장 간교하더라

창 2:22 וַיִּבֶן יְהוָה אֱלֹהִים אֶת-הַצֵּלָע **אֲשֶׁר**-לָקַח מִן-הָאָדָם לְאִשָּׁה וַיְבִאֶהָ אֶל-הָאָדָם

봐이벤 아도나이 엘로힘 엣-핫첼라아 아쉐르-라카흐 민-하아담 레잇샤 봐예비에하 엘-하아담

And the rib, **which** the LORD God had taken from the man, made He a woman, and brought her unto the man

여호와 하나님이 아담에게서 취하신 그 갈빗대로 여자를 만드시고 그를 아담에게로 이끌어 오시니

3) 앞의 장소를 받음

창 2:11 שֵׁם הָאֶחָד פִּישׁוֹן הוּא הַסֹּבֵב אֵת כָּל-אֶרֶץ הַחֲוִילָה **אֲשֶׁר**-שָׁם הַזָּהָב

쉠 하에하드 피숀 후 핫소베브 엣 콜-에레쯔 하하뷜라 아쉐르-샴 핫자하브

The name of the first is Pishon; that is it which compasseth the whole land of Havilah, **where** there is gold

첫째의 이름은 비손이라 금이 있는 하윌라 온 땅에 둘렸으며

4) 앞의 시간을 받음

욜 4:1 (3:1)

כִּי הִנֵּה בַּיָּמִים הָהֵמָּה וּבָעֵת הַהִיא **אֲשֶׁר** אשוב אֶת-שְׁבוּת יְהוּדָה וִירוּשָׁלָם

키 힌네 바야밈 하헴마 우바에트 하히 아쉐르 아쉬브 엣-쉐부트 예후다 뷔루샬라임

For, behold, in those days, and in that time, **when** I shall bring back the captivity of Judah and Jerusalem

그 날 곧 내가 유다와 예루살렘의 사로잡힌 자를 돌아오게 할 그 때에

<어휘 모음>

אשוב(אָשִׁיב)	동(**שׁוּב** hif.미1공단) 돌아오게 하다, 돌이키다 (p. 239 참조)
בַּיָּמִים	전 in + 정 the + 명(남복) 날 day
בְּעֵדֶן	전 in + 명(고유) 에덴
גַּן	명(남/여단) 정원
הָאֶחָד	정 the + 수(남단) 하나
הַהִיא	정 the + 지시형(여단) 그 that
הָהֵמָּה	정 the + 지시형(남복) 그 those
הַזָּהָב	정 the + 명(남단) 금
הַחֲוִילָה	정 the + 명(고유) 하윌라

הִנֵּה	감 자!, 보라!
הַסֹּבֵב	정 the + 동(סבב pa.분남단) 둘러싸다, 둘러가다
הַצֵּלָע	정 the + 명(여단) 갈빗대
וּבָעֵת	접 and + 전 in + 정 the + 명(남/여단) 때
וַיְבִאֶהָ	동(בוא hif.연속미3남단) 데려오다 + 인칭 접미(3여단) 그녀를
וַיִּטַּע	동(נטע pa.연속미3남단) 심다, 창설하다
וַיָּשֶׂם	동(שים pa.연속미3남단) 놓다, 두다
יָצַר	동(יצר pa.완3남단) 짓다, 만들다
לָקַח	동(לקח pa.완3남단) 취하다 take
מִקֶּדֶם	전 from + 명(남단) 앞, 동쪽
פִּישׁוֹן	명(고유) 비숀, 피숀

43. 히브리어의 명령법 (긍정명령과 부정명령)

성서 히브리어에서 2인칭 대상을 향하여 직접적인 요구를 표현하는 방법을 명령법 (Imperative)이라고 한다. 위에서 배웠던 기본형 파알, 강세형 피엘, 사역형 히프일의 명령법을 보면 아래와 같다:

기본형 파알	2.m.s.	שְׁמֹר	[쉐모르] 지키라!
	2.f.s.	שִׁמְרִי	[쉬므리]
	2.m.pl.	שִׁמְרוּ	[쉬므루]
	2.f.pl.	שְׁמֹרְנָה	[쉐모르나]
강세형 피엘	2.m.s.	שַׁבֵּר	[샤베르] 박살내라!
	2.f.s.	שַׁבְּרִי	[샤베리]

	2.m.pl.	שַׁבְּרוּ	[샵베루]
	2.f.pl.	שַׁבֵּרְנָה	[샵베르나]
사역형 히프일	2.m.s.	הַבְדֵּל	[하브델] 구분하라!
	2.f.s.	הַבְדִּילִי	[하브딜리]
	2.m.pl.	הַבְדִּילוּ	[하브딜루]
	2.f.pl.	הַבְדֵּלְנָה	[하브델나]

성서 히브리어에서 부정명령을 표현할 때 그 의도나 뉘앙스를 따라 두 가지로 나눌 수 있다. 미완료 일반형 동사 앞에 **לֹא**[로]를 쓰면 항구적인 금지를 나타내며 미완료 단축형 동사 앞에 **אַל** [알]을 쓰면 일시적인 금지를 표현한다 (앞에서 언급한 대로 정동사의 경우 히프일 동사를 제외하고는 미완료 일반형과 단축형의 차이가 없다).

창 3:3

וּמִפְּרִי הָעֵץ אֲשֶׁר בְּתוֹךְ־הַגָּן אָמַר אֱלֹהִים **לֹא** תֹאכְלוּ מִמֶּנּוּ **וְלֹא** תִגְּעוּ בּוֹ פֶּן־תְּמֻתוּן

우밉프리 하에쯔 아쉐르 베토크-학간 아마르 엘로힘 로 토클루 밈멘누 붸로 틱그우 보 펜-테무툰

but God said, You shall not eat of the fruit of the tree which is in the midst of the garden, neither shall you touch it, lest you die

동산 중앙에 있는 나무의 실과는 하나님의 말씀에 너희는 먹지도 말고 만지지도 말라. 너희가 죽을까 하노라 하셨느니라

출 12:9

אַל־תֹּאכְלוּ מִמֶּנּוּ נָא וּבָשֵׁל מְבֻשָּׁל בַּמָּיִם כִּי אִם־צְלִי־אֵשׁ רֹאשׁוֹ עַל־כְּרָעָיו וְעַל־קִרְבּוֹ

알-토클루 밈멘누 나 우바쉘 메붓샬 밤마임 키 임-츨리-에쉬 로쇼 알-케라아브 붸알-키르보

Do not eat it raw, nor boiled at all with water, but roasted in fire -- its head with its legs and its entrails

날로 먹거나 물에 삶아서 먹지 말고 그 머리와 정강이와 내장을 다 불에 구워 먹고

▶ 항상 לֹא가 부정명령에 사용되는 동사들

출 20:13 **לֹא** תִּרְצָח

로 티르짜흐

You shall not murder

살인하지 말지니라

신 7:16 **לֹא**-תָחֹס עֵינְךָ עֲלֵיהֶם **וְלֹא** תַעֲבֹד אֶת-אֱלֹהֵיהֶם כִּי-מוֹקֵשׁ הוּא לָךְ

로 타호스 엔카 알레헴 붸로 타아보드 엣 엘로헤헴 키 모케쉬 후 라크

your eye shall have no pity on them; nor shall you serve their gods, for that will be a snare to you

네 눈이 [그들을] 긍휼히 보지 말고 진멸하고 그 신을 섬기지 말라 그 것이 네게 올무가 되리라

출 34:14 כִּי **לֹא** תִשְׁתַּחֲוֶה לְאֵל אַחֵר כִּי יְהוָה קַנָּא שְׁמוֹ אֵל קַנָּא הוּא

키 로 티쉬타하붸 레엘 아헤르 키 아도나이 칸나 쉐모 엘 칸나 후

for you shall worship no other god, for the LORD, whose name is Jealous, is a jealous God

너는 다른 신에게 절하지 말라 여호와는 질투라 이름하는 질투의 하나님임이니라

▶ 3인칭에 대한 부정적인 간접명령이나 부정적인 요청을 표현할 때는 보통 미완료 단축형 동사 앞에 אַל [알]을 사용하여 표현한다.

시 121:3 **אַל**-יִתֵּן לַמּוֹט רַגְלֶךָ **אַל**-יָנוּם שֹׁמְרֶךָ

알 잇텐 람모트 라글레카 알 야눔 쇼므레카

He will not let your foot be moved; he who keeps you will not slumber

그가 너로 실족지 않게 하시며 너를 지키시는 자가 졸지 아니하시리로다

<어휘 모음>

אַחֵר	형(남단) 다른
אֵל	명(남단) 하나님, 신
אֱלֹהֵיהֶם	명(남복연) 하나님 + 인칭 접미(3남복) 그들의
אֵשׁ	명(남/여단) 불
וּבָשֵׁל	접 and + 형(남단) 삶은
וּמִפְּרִי	접 and + 전 from + 명(남단연) 열매
יָנוּם	동(נום pa.미3남단) 졸다
יִתֵּן	동(נתן pa.미3남단) 주다, 허락하다
כְּרָעָיו	명(여쌍연) 정강이 + 인칭 접미(3남단) 그의
לְאֵל	전 to + 명(남단) 하나님, 신
לַמּוֹט	전 to + 동(מוט pa.부정연계) 비틀거리다
מְבֻשָּׁל	동(בשל pu.분남단) 삶아지다
מוֹקֵשׁ	명(남단) 올무
מִמֶּנּוּ	전 from + 인칭 접미(3남단) 그, 그것
נָא	형(남단) 날것의 raw
עֵינְךָ	명(남/여단연) 눈 + 인칭 접미(2남단) 당신의
עֲלֵיהֶם	전 on + 인칭 접미(3남복) 그들
פֶּן	접 ~하지 않도록 lest
צְלִי	명(남단연) 구운 것
קַנָּא	형(남단) 질투하는; (명사적으로) 질투하는 자
קִרְבּוֹ	명(남단연) 내장, 속 + 인칭 접미(3남단) 그의
רֹאשׁוֹ	명(남단연) 머리 + 인칭 접미(3남단) 그의
רַגְלֶךָ	명(여단연) 발 + 인칭 접미(2남단) 너의
שְׁמוֹ	명(남단연) 이름 + 인칭 접미(3남단) 그의
שֹׁמְרֶךָ	동(שמר pa.분남단연) 지키다 + 인칭 접미(2남단) 너의
תִּגְּעוּ	동(נגע pa.미2남복) 만지다, 건드리다

תָּחֹס	동(חוס pa.미3여단-간접명령) 긍휼히 여기다
תְּמֻתוּן	동(מות pa.미2남복-고대형어미n) 죽다
תַּעֲבֹד	동(עבד pa.미2남단) 섬기다, 일하다
תִּרְצָח	동(רצח pa.미2남단) 살인하다
תִּשְׁתַּחֲוֶה	동(חוה 히쉬타프엘 미2남단) 경배하다 (동사형은 p. 295 참조)

[창 3:2] וַתֹּאמֶר הָאִשָּׁה אֶל־הַנָּחָשׁ מִפְּרִי עֵץ־הַגָּן נֹאכֵל

봐토메르 하잇샤 엘-한나하쉬 밉페리 에쯔-학간 노켈

The woman replied to the serpent, We may eat of the fruit of the other trees of the garden

여자가 뱀에게 말하되 동산 나무의 실과를 우리가 먹을 수 있으나

<어휘 분해>

▸ וַתֹּאמֶר 접속사 (연속봐브)

√אמר 기본형 파알 say 연속봐브미완료 3.여.단.

▸ הָאִשָּׁה 정관사 the

명사 여.단. 여자

▸ אֶל־הַנָּחָשׁ 전치사 to

정관사 the

명사 남.단. 뱀

▸ מִפְּרִי עֵץ־הַגָּן (מִן + פְּרִי + עֵץ + הַ + גַּן)

전치사 from

명사 남.단. 열매

명사 남.단. 나무

정관사 the

명사 남/여.단. 정원 (세 명사의 명사 결합)

▸ נֹאכֵל √אכל 기본형 파알 eat 미완료 1.공.복.

안식일: שַׁבָּת [샤밧]

안식일을 지키는 유대인들의 전통은 구약성서의 천지창조 기사 및 안식일을 지키라는 율법 조항에 근거한다. 유대인들의 안식일은 금요일 해가 지면서 시작되고 토요일 해가 지면서 끝난다. 유대인들에게 일요일은 우리의 월요일에 해당한다. 안식일이 시작되는 정확한 시간은 계절마다 차이가 난다. 같은 안식일이어도 그 시간은 지역마다 조금씩 차이를 보인다. 이스라엘 주요 일간지들은 매 금요일 각 도시마다 몇시 몇분에 안식일이 시작되고 끝나는지 표시해준다.

이스라엘 여러 도시들에서는 안식일이 시작되기 직전에 사이렌을 울린다. 버스나 지상철같은 대중교통은 안식일이 시작되기 전에 미리 다 중단된다. 안식일이 시작된 후에도 운행되는 택시들은 주로 아랍사람들이 운행하는 것들이다(이스라엘 영토 안에 거주하는 시민들 넷 중 세 명은 유대계이고 한 명은 아랍계이다).

모든 관공서와 대부분의 상가들은 안식일에 문을 닫는다. 호텔에서는 안식일 엘리베이터가 작동한다. 각 층마다 자동적으로 서서 열리고 닫히는 엘리베이터로 안식일을 철저하게 지키기를 원하는 종교인들을 위한 것이다. 엘리베이터 버튼을 누르면 노동을 금하는 안식일을 어기게 된다. 집 안에 급한 상황이 생기면 주변에 사는 이방인을 찾아서 도움을 받아야 한다. 가스 불을 꺼주거나 전기를 켜주는 이런 사람들을 유대인들은 גוֹי שֶׁל שַׁבָּת [고이 쉘 샤밧] 안식일의 이방인이라고 부른다.

모든 유대인 가정에서는 금요일 저녁마다 안식일 만찬이 진행된다. 미리 정성스레 준비한 식탁 주변으로 온 가족이 모여 קַבָּלַת שַׁבָּת [카발랏 샤밧] 안식일맞이 의식을 한다. 안식일을 맞이하여 그 안식의 시간을 차별화하는 의식이다. 엄마가 안식일 촛불을 켜고 아버지가 빵과 포도주를 축사한다. 함께 안식일 노래도 부른다. 이어서 잘 준비된 만찬을 나누며 긴 대화의 저녁시간을 가진다. 안식일 만찬은 보통 일주일 중 가장 유쾌하고 좋은 시간이 된다. 유대인들은 자기들이 안식일을 지켰기 때문에 안식일이 자신들을 지켜주었다고 표현한다. 토요일 저녁 해가 지고 안식일이 끝나면 그날 밤부터 대중교통이 재개되고 이스라엘 사회는 다시 활기찬 한 주간을 시작한다. 그리고 새로운 한 주의 날들은 다시 안식일을 향하여, 안식일을 위하여 진행된다.

[창 3:3] וּמִפְּרִי הָעֵץ אֲשֶׁר בְּתוֹךְ-הַגָּן אָמַר אֱלֹהִים
לֹא תֹאכְלוּ מִמֶּנּוּ וְלֹא תִגְּעוּ בּוֹ פֶּן-תְּמֻתוּן

우밉페리 하에쯔 아쉐르 베토크-학간 아마르 엘로힘
로 토클루 밈메누 벨로 틱게우 보 펜-테무툰

It is only about fruit of the tree in the middle of the garden that God said: You shall not eat of it or touch it, lest you die

동산 중앙에 있는 나무의 실과는 하나님의 말씀에 너희는 먹지도 말고 만지지 도 말라. 너희가 죽을까 하노라 하셨느니라

<어휘 분해>

▸ וּמִפְּרִי הָעֵץ (וְ + מִן + פְּרִי + הַ + עֵץ)

접속사 and

전치사 from

명사 남.단. 열매

정관사 the

명사 남.단. 나무 (두 명사의 명사 결합)

▸ אֲשֶׁר 관계대명사 that, which

▸ בְּתוֹךְ-הַגָּן (בְּ + תּוֹךְ + הַ + גַּן)

복합전치사 in the middle of

(전치사 in, by, with + 명사 남.단. 중앙)

정관사 the

명사 남/여.단. 정원

▸ אָמַר √אמר 기본형 파알 say 완료 3.남.단.

▸ אֱלֹהִים 명사 남.복. 하나님

▸ לֹא תֹאכְלוּ 부사 not

√ אכל 기본형 파알 eat 미완료 2.남.복.

▸ מִמֶּנּוּ (מִן + הוּא) 전치사 from
인칭대명사 접미 3.남.단.

▸ וְלֹא תִגְּעוּ 접속사 and
부사 not
√נגע 기본형 파알 touch 미완료 2.남.복.

▸ בּוֹ (בְּ + הוּא) 전치사 in, by, with
인칭대명사 접미 3.남.단.

▸ פֶּן־תְּמֻתוּן 접속사 ~하지 않도록, lest
√ מות 기본형 파알 die 미완료 2.남.복.
(미완료 2/3.남.복. 끝의 [눈]은 보통 고어형으로 봄)

<문법 정리>

44. 전치사와 결합되는 인칭대명사 접미

앞에서 언급한대로 히브리어 인칭대명사는 성과 수의 구분을 따라서 열 개가 된다. 이 인칭대명사들이 독립적인 단어로 사용이 되는 경우를 '독립 인칭대명사'라고 하며 이 인칭대명사 요소들이 동사나 명사나 전치사 등에 붙어서 사용이 될 때 이를 '인칭대명사 접미'라고 부른다. 인칭대명사 접미는 그 용법을 따라서 소유격과 목적격 두 가지 경우의 배열로 나타난다(인칭대명사 접미의 소유격과 목적격은 크게 1.c.s.와 3.m.s와 3.f.s.에서 약간의 차이가 있고 나머지 경우에는 모양이 같다).

▸ 소유격 인칭대명사 접미의 용법

1) 명사에 붙어서 소유의 의미 표현 창 12:17 בֵּיתוֹ [베토] 그의 집

2) 전치사에 붙어서 전치사 목적어 표시 창 1:29 לָכֶם [라켐] 너희에게
3) 분사에 붙어서 주로 목적어 표현 창 4:14 מֹצְאִי [모쯔이] 나를 만나는 자
4) 부정사에 붙어서 주로 주어 표현 창 2:17 אֲכָלְךָ [아콜카] 당신의 먹음

전치사 לְ to, for	명사m.s. דָּבָר 말씀	명사 f.s. תּוֹרָה 율법	명사 m.pl. דְּבָרִים 말씀들	명사 f.pl. תּוֹרוֹת 율법들
לוֹ (לְ+הוּא) לָהּ (לְ+הִיא) לָהֶם (לְ+הֵם) לָהֶן (לְ+הֵן)	דְּבָרוֹ דְּבָרָהּ דְּבָרָם דְּבָרָן	תּוֹרָתוֹ תּוֹרָתָהּ תּוֹרָתָם תּוֹרָתָן	דְּבָרָיו דְּבָרֶיהָ דִּבְרֵיהֶם דִּבְרֵיהֶן	תּוֹרוֹתָיו תּוֹרוֹתֶיהָ תּוֹרוֹתֵיהֶם תּוֹרוֹתֵיהֶן
לְךָ (לְ+אַתָּה) לָךְ (לְ+אַתְּ) לָכֶם (לְ+אַתֶּם) לָכֶן (לְ+אַתֶּן)	דְּבָרְךָ דְּבָרֵךְ דְּבַרְכֶם דְּבַרְכֶן	תּוֹרָתְךָ תּוֹרָתֵךְ תּוֹרָתְכֶם תּוֹרָתְכֶן	דְּבָרֶיךָ דְּבָרַיִךְ דִּבְרֵיכֶם דִּבְרֵיכֶן	תּוֹרוֹתֶיךָ תּוֹרוֹתַיִךְ תּוֹרוֹתֵיכֶם תּוֹרוֹתֵיכֶן
לִי (לְ+אֲנִי) לָנוּ (לְ+אֲנַחְנוּ)	דְּבָרִי דְּבָרֵנוּ	תּוֹרָתִי תּוֹרָתֵנוּ	דְּבָרַי דְּבָרֵינוּ	תּוֹרוֹתַי תּוֹרוֹתֵינוּ

* 인칭대명사 접미가 붙을 때 명사의 모음이 다양하게 변화할 수 있음을 보라.

* 분사나 부정사에 붙는 소유격 인칭대명사 접미의 의미는 문맥에 따라 달라질 수 있다.

* 일부 전치사들 가운데는 소유격이 아닌 목적격을 취하는 경우도 있다(p. 242 참조).

* לְךָ (2남단)가 문장 가운데 끊어 읽는 부분의 마지막 위치에 오거나 문장의 마지막에 오면 לָךְ로도 나타날 수 있다(p. 98 창 3:18, p. 149 신 7:16 참고).

<어휘 모음>

דְּבָרִי	명(남단연) 말씀 + 인칭 접미(1공단) 나의
דְּבָרַי	명(남복연) 말씀 + 인칭 접미(1공단) 나의
תּוֹרוֹתַי	명(여복연) 율법, 토라 + 인칭 접미(1공단) 나의
תּוֹרָתִי	명(여단연) 율법, 토라 + 인칭 접미(1공단) 나의

45. 히브리어 약동사 아인-봐브 ע"ו

둘째 어근 아인의 자리에 봐브가 오는 동사를 아인-봐브 ע"ו 약동사, 요드가 오는 동사를 아인-요드 ע"י 약동사라고 한다. 활용형태가 비슷한 이 두 약동사 그룹은 보통 아인-봐브/요드 약동사로 같이 다루어진다.

1) 기본형 파알의 완료에서는 봐브/요드가 나타나지 않고 미완료에서는 나타난다.
2) 사역형 히프일의 완료, 미완료에서는 봐브/요드가 모두 나타나지 않는다.

아인-봐브 약동사의 기본형 파알 קָם [캄] arise

인칭	완료	미완료직설법 Indicative	의지표현법 Cohortative	명령법 Imperative	간접명령법 Jussive
הוּא הִיא הֵם הֵן	קָם קָמָה קָמוּ קָמוּ	יָקוּם תָּקוּם יָקוּמוּ תָּקֹמְנָה			יָקֹם תָּקֹם יָקוּמוּ תָּקֹמְנָה
אַתָּה אַתְּ אַתֶּם אַתֵּן	קַמְתָּ קַמְתְּ קַמְתֶּם קַמְתֶּן	תָּקוּם תָּקוּמִי תָּקוּמוּ תָּקֹמְנָה		קוּם קוּמִי קוּמוּ קֹמְנָה	
אֲנִי אֲנַחְנוּ	קַמְתִּי קַמְנוּ	אָקוּם נָקוּם	אָקוּמָה נָקוּמָה		

* 미완료 2/3.f.pl.에서 תְּקוּמֶינָה 형태가 올 수 있다.

분사	קָם	[캄]	m.s. 일어나는
	קָמָה	[카마]	f.s.
	קָמִים	[카밈]	m.pl.
	קָמוֹת	[카못]	f.pl.

<원문 읽기>

삼하 3:21

וַיֹּאמֶר אַבְנֵר אֶל-דָּוִד **אָקוּמָה** וְאֵלֵכָה וְאֶקְבְּצָה אֶל-אֲדֹנִי הַמֶּלֶךְ אֶת-כָּל-יִשְׂרָאֵל

봐요메르 아브네르 엘-다비드 아쿠마 붸엘카 붸에크베짜 엘-아도니 함멜레크 엣-콜-이스라엘

And Abner said unto David: I will arise and go, and will gather all Israel unto my lord the king

아브넬이 다윗에게 고하되 내가 일어나 가서 온 이스라엘 무리를 내 주 왕의 앞에 모아

레 19:32 מִפְּנֵי שֵׂיבָה **תָּקוּם** וְהָדַרְתָּ פְּנֵי זָקֵן

밉페네 세바 타쿰 붸하다르타 페네 자켄

You shall rise before the gray headed and honor the presence of an old man

너는 센 머리 앞에 일어서고 노인의 얼굴을 공경하며

창 41:30 **וְקָמוּ** שֶׁבַע שְׁנֵי רָעָב אַחֲרֵיהֶן וְנִשְׁכַּח כָּל-הַשָּׂבָע בְּאֶרֶץ מִצְרָיִם

붸카무 쉐바 쉬네 라아브 아하레헨 붸니쉬카흐 콜-핫사바 베에레쯔 미쯔라임

but after them seven years of famine will arise, and all the plenty will be forgotten in the land of Egypt

후에 일곱 해 흉년이 들므로 애굽 땅에 있던 풍년을 다 잊어버리게 되고

시 3:2 יְהוָה מָה-רַבּוּ צָרָי רַבִּים **קָמִים** עָלָי

아도나이 마-랍부 짜라이 랍빔 캄밈 알라이

LORD, how they have increased who trouble me! Many are they who rise up against me

여호와여 나의 대적이 어찌 그리 많은지요 일어나 나를 치는 자가 많소이나

<어휘 모음>

אַבְנֵר	명(고유) 아브넬
אֲדֹנִי	명(남단연) 주인 + 인칭 접미(1공단) 나의
אַחֲרֵיהֶן	전 after + 인칭 접미(3여복) 그녀들, 그것들
אָקוּמָה	동(קום pa.미1공단-의지표현) 일어나다
הַשָּׂבָע	정 the + 명(남단) 풍부함
וְאֵלֵכָה	접 and + 동(הלך pa.미1공단-의지표현) 걸어가다, 가다
וְאֶקְבְּצָה	접 and + 동(קבץ pa.미1공단-의지표현) 모으다
וְהָדַרְתָּ	동(הדר pa.연속완2남단) 공경하다
וְנִשְׁכַּח	동(שכח nif.연속완3남단) 잊혀지다
וְקָמוּ	동(קום pa.연속완3공복) 일어나다
זָקֵן	형(남단) 늙은; 명(남단) 노인
מָה	감 얼마나!
מִפְּנֵי	전 from + 명(남/여복연) 표면, 얼굴, 앞 > 복합전 ~앞에 before
עָלַי	전 on + 인칭 접미(1공단) 나
צָרַי	명(남복연) 대적 + 인칭 접미(1공단) 나의
קָמִים	동(קום pa.분남복) 일어나다
רַבּוּ	동(רבב pa.완3공복) 많다
רַבִּים	형(남복) 많은
שֵׂיבָה	명(여단) 백발
שְׁנֵי	명(여복연) 해 year
תָּקוּם	동(קום pa.미2남단) 일어나다

아인-봐브/요드 약동사 사역형 히프일 **הֵאִיר** [헤이르] 빛을 비추다

인칭	완료	미완료직설법 Indicative	의지표현법 Cohortative	명령법 Imperative	간접명령법 Jussive
הוּא	הֵאִיר	יָאִיר			יָאֵר
הִיא	הֵאִירָה	תָּאִיר			תָּאֵר
הֵם	הֵאִירוּ	יָאִירוּ			יָאִירוּ
הֵן	הֵאִירוּ	תָּאֵרְנָה			תָּאֵרְנָה
אַתָּה	הֲאִירֹתָ	תָּאִיר		הָאֵר	
אַתְּ	הֲאִירֹת	תָּאִירִי		הָאִירִי	
אַתֶּם	הֲאִירֹתֶם	תָּאִירוּ		הָאִירוּ	
אַתֶּן	הֲאִירֹתֶן	תָּאֵרְנָה		הָאֵרְנָה	
אֲנִי	הֲאִירֹתִי	אָאִיר	אָאִירָה		
אֲנַחְנוּ	הֲאִירֹנוּ	נָאִיר	נָאִירָה		

분사 מֵאִיר [메이르] m.s. 빛을 내는

מְאִירָה [메이라] f.s.

מְאִירִים [메이림] m.pl.

מְאִירוֹת [메이롯] f.pl.

<원문 읽기>

시 18:29 כִּי־אַתָּה **תָּאִיר** נֵרִי יְהוָה אֱלֹהַי יַגִּיהַּ חָשְׁכִּי

키-앗타 타이르 네리 아도나이 엘로하이 약기하 호쉬키

For You will light my lamp; The LORD my God will enlighten my darkness

주께서 나의 등불을 켜심이여 여호와 내 하나님이 내 흑암을 밝히시리이다

민 6:25 **יָאֵר** יְהוָה פָּנָיו אֵלֶיךָ וִיחֻנֶּךָּ

야에르 아도나이 파나브 엘레카 뷔훈넥카

The LORD make His face shine upon you, And be gracious to you

여호와는 그 얼굴로 네게 비취사 은혜 베푸시기를 원하며

창 1:15 וְהָיוּ לִמְאוֹרֹת בִּרְקִיעַ הַשָּׁמַיִם **לְהָאִיר** עַל־הָאָרֶץ וַיְהִי־כֵן

뷔하유 림오롯 비르키아 핫샤마임 레하이르 알-하아레쯔 봐예히-켄

And let them be for lights in the firmament of the heaven to give light upon the earth: and it was so

또 그 광명이 하늘의 궁창에 있어 땅에 비취라 하시[니] 그대로 되니라

사 27:11 בִּיבֹשׁ קְצִירָהּ תִּשָּׁבַרְנָה נָשִׁים בָּאוֹת **מְאִירוֹת** אוֹתָהּ

비보쉬 케찌라흐 팃샤바르나 나쉼 바옷 메이롯 오타흐

When the boughs thereof are withered, they shall be broken off; the women shall come, and set them on fire

가지가 마르면 꺾이나니 여인이 와서 그것을 불사를 것이라

<어휘 모음>

אוֹתָהּ	한정목적어 표시어 + 인칭 접미(3여단) > 그녀를, 그것을
אֱלֹהַי	명(남복연) 하나님 + 인칭 접미(1공단) 나의
בָּאוֹת	동(**בוא** pa.분여복) 오다
בִּיבֹשׁ	전 in + 동(**יבשׁ** pa.부정연계) 마르다 be dry
בִּרְקִיעַ	전 in + 명(남단연) 궁창
וִיחֻנֶּךָּ	접 and + 동(**חנן** pa.미3남단) 은혜 베풀다 +인칭 접미(2남단) 당신
חָשְׁכִּי	명(남단연) 흑암 + 인칭 접미(1공단) 나의
יָאֵר	동(**אור** hif.미3남단-간접명령) 빛을 비추다
יַגִּיהַּ	동(**נגה** hif.미3남단) 밝히다
לְהָאִיר	전 to + 동(**אור** hif.부정연계) 빛을 비추다

לִמְאוֹרֹת	전 for + 명(남복) 광명, 등
מְאִירוֹת	동(אור hif.분여복) 빛을 비추다, 태우다
נֵרִי	명(남단연) 등, 등불 + 인칭 접미(1공단) 나의
נָשִׁים	명(여복) 여자
פָּנָיו	명(남/여복연) 얼굴 + 인칭 접미(3남단) 그의
קְצִירָהּ	명(남단연) 가지 + 인칭 접미(3여단) 그녀의, 그것의
תָּאִיר	동(אור hif.미2남단) 빛을 비추다
תִּשָּׁבַרְנָה	동(שׁבר nif.미3여복) 꺽다, 부수다

[창 3:4] וַיֹּאמֶר הַנָּחָשׁ אֶל-הָאִשָּׁה לֹא-מוֹת תְּמֻתוּן

봐요메르 한나하쉬 엘-하잇샤 로-모트 테무툰

And the serpent said to the woman, You are not going to die

뱀이 여자에게 이르되 너희가 결코 죽지 아니하리라

<어휘 분해>

▸ וַיֹּאמֶר
접속사 (연속봐브)
√אמר 기본형 파알 say 연속봐브미완료 3.남.단.

▸ הַנָּחָשׁ
정관사 the
명사 남.단. 뱀

▸ אֶל-הָאִשָּׁה (אֶל + הַ + אִשָּׁה)
전치사 to
정관사 the
명사 여.단. 여자

▸ לֹא-מוֹת תְּמֻתוּן
부사 not
√מות 기본형 파알 die 절대형 부정사
√מות 기본형 파알 die 미완료 2.남.복.
(미완료 2/3.남.복. 끝의 [눈]은 보통 고어형으로 봄)

46. 히브리어 동사의 부정사 (Infinitive 카톨)

완료와 미완료 동사의 각 활용형은 그 자체로 이미 인칭과 성, 수가 규정된 동사이다. 분사에도 성과 수의 구별이 있다. 이에 반하여 부정사는 말 그대로 인칭과 성과 수가 정해지지 않은 동사이다. 히브리어 동사의 부정사는 동사와 명사의 중간 기능을 한다.

1) 부정사의 형태

히브리어 부정사는 모든 동사형에서 나타난다.
(강세형과 기본 수동형에서는 두 개의 형태가 사용될 수 있음)

파알 אָמַר [아마르] → 파올 (אָמוֹר=) אָמֹר [아모르]
피엘 בֵּרֵךְ [베라크] → 파엘 בָּרֵךְ [바레크], 파올 בָּרוֹךְ [바로크]
히프일 הִשְׁבִּיעַ [히쉬비아] → 하프엘 הַשְׁבֵּעַ [하쉬베아]

니프알 נִלְחַם [닐함] → 히파엘 הִלָּחֵם [힐라헴], 니프올 נִלְחֹם [닐홈]
푸알 גֻּנַּב [군나브] → 푸올 גֻּנֹּב [군노브]
호프알 הָמְלַח [호믈라흐] → 호프엘 הָמְלֵחַ [호믈레아흐]

히트파엘 הִשְׁתָּרֵר [히스타레르] → 히트파엘 הִשְׁתָּרֵר [히스타레르]

위의 부정사가 문장 가운데 아무런 첨가 없이 독립된 단어로 사용이 될 때 이를 '절대형 부정사'라고 부른다. 부정사 앞에 전치사가 붙거나 뒤에 인칭대명사 접미가 붙거나, 명사 결합 구조에서 부정사가 연계형으로 사용될 때 이를 '연계형 부정사'라고 한다. 연계형 부정사의 경우 전치사나 접미가 붙어서 음절이 늘어나게 됨으로써 본래 부정사 안의 강세가 이동하게 되고 이것은 일부 형태와 모음의 변화를 야기하게 된다. 이 변화는 명사 결합에 들어가는 연계형 부정사에도 나타난다.

<어휘 모음>

אָמֹר 동(אמר pa.부정절대) 말하다

גֻּנַּב 동(גנב pu.완3남단) 훔쳐지다 be stolen away

גֻּנֹּב 동(גנב pu.부정절대) 훔쳐지다 be stolen away

הָמְלֵחַ 동(מלח hof.부정절대) 소금으로 뿌려지다

הָמְלַח 동(מלח hof.완3남단) 소금으로 뿌려지다

הִמָּצֵא 동(מצא nif.부정절대) 발견되다, 있다

הִשְׁבִּיעַ 동(שׁבע hif.완3남단) 맹세하다

הַשְׁבֵּעַ 동(שׁבע hif.부정절대) 맹세하다

הִשְׂתָּרֵר 동(שׂרר hitp.완3남단 or 부정절대) 지도자로 다스리다

נִלְחֹם 동(לחם nif.부정절대) 싸우다, 전쟁하다

נִמְצָא 동(מצא nif.완3남단) 발견되다, 있다

2) 부정사의 용법

부정사가 절대형으로 혹은 연계형으로 사용될 때 부정사의 기능과 역할은 달라진다.

① 절대형 부정사 용법 – 문장 가운데 사용되는 동사를 강조하려면 일반적으로 부사를 사용하지만 히브리어에는 부사가 많지 않다. 한 동사의 절대형

부정사를 그 동사의 앞이나 뒤에 위치시키면, 이 부정사는 동사의 의미를 강조하는 부사적 의미로 사용된다. 이를 절대형 부정사 용법이라 칭한다. (본 동사 없이 절대형 부정사만 와서 강조적 의미로 사용하는 경우도 있다. 예를 들어 신 31:26을 보라)

<원문 읽기>

출 21:5 וְאִם-**אָמֹר** יֹאמַר הָעֶבֶד אָהַבְתִּי אֶת-אֲדֹנִי אֶת-אִשְׁתִּי וְאֶת-בָּנָי לֹא אֵצֵא חָפְשִׁי

뷔임-아모르 요마르 하에베드 아하브티 엣-아도니 엣-이쉬티 붸엣-바나이 로 에쩨 호프쉬

But if the servant shall plainly say: I love my master, my wife, and my children; I will not go out free

종이 진정으로 말하기를 내가 상전과 내 처자를 사랑하니 나가서 자유하지 않겠노라 하면

창 22:17

כִּי-**בָרֵךְ** אֲבָרֶכְךָ וְהַרְבָּה אַרְבֶּה אֶת-זַרְעֲךָ כְּכוֹכְבֵי הַשָּׁמַיִם וְכַחוֹל אֲשֶׁר עַל-שְׂפַת הַיָּם

키-바레크 아바레크카 붸하르바 아르베 엣-자르아카 케코크베 핫샤마임 붸카홀 아쉐르 알-스파트 하얌

I will indeed bless you, and I will multiply your descendants as the stars of heaven and as the sand which is on the seashore

내가 네게 큰 복을 주고 네 씨로 크게 성하여 하늘의 별과 같고 바닷가의 모래와 같게 하리니

수 24:10 וְלֹא אָבִיתִי לִשְׁמֹעַ לְבִלְעָם וַיְבָרֶךְ **בָּרוֹךְ** אֶתְכֶם וָאַצִּל אֶתְכֶם מִיָּדוֹ

붸로 아비티 리쉬모아 레빌암 봐예바레크 바로크 에트켐 봐앗찔 에트켐 미야도

But I would not listen to Balaam; therefore he continued to bless you. So I delivered you out of his hand

내가 발람을 듣기를 원치 아니한 고로 그가 오히려 너희에게 축복하였고

나는 너희를 그 손에서 건져내었으며

출 13:19 וַיִּקַּח מֹשֶׁה אֶת-עַצְמוֹת יוֹסֵף עִמּוֹ כִּי **הַשְׁבֵּעַ** הִשְׁבִּיעַ אֶת-בְּנֵי יִשְׂרָאֵל

봐익카흐 모쉐 엣-아쯔못 요세프 임모 키 하쉬베아 히쉬비아 엣-베네 이스라엘

And Moses took the bones of Joseph with him, for he had placed the children of Israel under solemn oath

모세가 요셉의 해골을 취하였으니 이는 요셉이 이스라엘 자손으로 단단히 맹세케 하여

출 22:3 אִם-**הִמָּצֵא** תִמָּצֵא בְיָדוֹ הַגְּנֵבָה מִשּׁוֹר עַד-חֲמוֹר עַד-שֶׂה חַיִּים שְׁנַיִם יְשַׁלֵּם

임-힘마쩨 팀마쩨 베야도 학게네바 밋쇼르 아드-하모르 아드-세 하임 슈나님 예샬렘

If the theft is certainly found alive in his hand, whether it is an ox or donkey or sheep, he shall restore double

도적질한 것이 살아 그 손에 있으면 소나 나귀나 양을 무론하고 갑절을 배상할지니라

삿 11:25 הֲרוֹב רָב עִם-יִשְׂרָאֵל אִם-**נִלְחֹם** נִלְחַם בָּם

하로브 라브 임-이스라엘 임-닐홈 닐함 밤

Did he ever strive against Israel? Did he ever fight against them?

그가 이스라엘로 더불어 다툰 일이 있었느냐 싸운 일이 있었느냐

창 40:15 כִּי-**גֻנֹּב** גֻּנַּבְתִּי מֵאֶרֶץ הָעִבְרִים

키-군노브 군나브티 메에레쯔 하이브림

For indeed I was stolen away from the land of the Hebrews

나는 히브리 땅에서 끌려온 자요

겔 16:4 **וְהָמְלֵחַ** לֹא הֻמְלַחַתְּ וְהָחְתֵּל לֹא חֻתָּלְתְּ

붸호믈레아흐 로 후믈라하트 붸호흐텔 로 훗탈트

you were not rubbed with salt nor wrapped in swaddling cloths

네게 소금을 뿌리지 아니하였고 너를 강보에 싸지도 아니하였나니

민 16:13 **כִּי-תִשְׂתָּרֵר עָלֵינוּ גַּם-הִשְׂתָּרֵר**

키-티스타레르 알레누 감-히스타레르

that you should keep acting like a prince over us?

오히려 스스로 우리 위에 왕이 되려 하느냐

<어휘 모음>

אָבִיתִי 동(**אבה** pa.완1공단) 원하다

אֲבָרֶכְךָ 동(**ברך** pi.미1공단) 축복하다 + 인칭 접미(2남단) 당신을

אָהַבְתִּי 동(**אהב** pa.완1공단) 사랑하다

אֵצֵא 동(**יצא** pa.미1공단) 나가다

אַרְבֶּה 동(**רבה** hif.미1공단) 많아지게 하다

אִשְׁתִּי 명(여단연) 아내, 여자 + 인칭 접미(1공단) 나의

בְּיָדוֹ 전 in + 명(여단연) 손 + 인칭 접미(3남단) 그의

בָּם 전 against + 인칭 접미(3남복) 그들

בָּנַי 명(남복연) 아들 + 인칭 접미(1공단) 나의

גֻּנַּבְתִּי 동(**גנב** pu.완1공단) 훔쳐지다 be stolen away

הַגְּנֵבָה 정 the + 명(여단) 도적물

הָמְלַחַתְּ 동(**מלח** hof.완2여단) 소금으로 뿌려지다

הָעֶבֶד 정 the + 명(남단) 종

הָעִבְרִים 정 the + 명(고유복) 히브리 사람

הֲרוֹב 의문사 whether, if + 동(**ריב** pa.부정절대) 다투다

וָאַצִּל 동(**נצל** hif.연속미1공단) 구하다

וְהָחְתֵּל 접 and + 동(**חתל** hof.부정절대) 강보에 싸지다

וְהַרְבָּה 접 and + 동(רבה hif.부정절대) 많아지게 하다

וַיְבָרֶךְ 동(ברך pi.연속미3남단) 축복하다

וְכַחוֹל 접 and + 정 the + 명(남단) 모래

זַרְעֲךָ 명(남단연) 씨, 후손 + 인칭 접미(2남단) 당신의

חַיִּים 형(남복) 살아있는

חָפְשִׁי 형(남단) 자유로운 > 부사적으로 사용

חֻתָּלְתְּ 동(חתל pu.완2여단) 강보에 싸지다

יְשַׁלֵּם 동(שׁלם pi.미3남단) 지불하다

כְּכוֹכְבֵי 전 like + 명(남복연) 별

לְבִלְעָם 전 to + 명(고유) 발람

לִשְׁמֹעַ 전 to + 동(שׁמע pa.부정연계) 듣다

מֵאֶרֶץ 전 from + 명(여단연) 땅

מִיָּדוֹ 전 from + 명(여단연) 손 + 인칭 접미(3남단) 그의

עָלֵינוּ 전 on + 인칭 접미(1공복) 우리

עִמּוֹ 전 with + 인칭 접미(3남단) 그

עַצְמוֹת 명(여복연) 뼈

רָב 동(ריב pa.완3남단) 다투다

שֶׂה 명(남단) 양

תִּמָּצֵא 동(מצא nif.미3여단) 발견되다

תִשְׂתָּרֵר 동(שׂרר hitp.미2남단) 지도자로 다스리다

② 연계형 부정사 용법 - 전치사나 인칭대명사 접미가 붙거나 명사 결합에서 연계형 명사의 위치에 오는 히브리어의 연계형 부정사는 영어의 동명사 개념 (~ing)으로 이해하면 무난하다. 부정사가 인칭대명사 접미와 결합하는 경우 그 접미는 부정사의 주어 역할을 할 수 도 있고(소유격 접미) 부정사의 목적어가 되는 경우도 있다(목적격 접미).

<원문 읽기>

창 1:22 וַיְבָרֶךְ אֹתָם אֱלֹהִים **לֵאמֹר** פְּרוּ וּרְבוּ וּמִלְאוּ אֶת-הַמַּיִם בַּיַּמִּים וְהָעוֹף יִרֶב בָּאָרֶץ

봐예바레크 오탐 엘로힘 레모르 페루 우르부 우밀우 엣-함마임 바얌밈 붸하오프 이레브 바아레쯔

And God blessed them, saying, Be fruitful and multiply, and fill the waters in the seas, and let birds multiply on the earth

하나님이 그들에게 복을 주어 가라사대 생육하고 번성하여 여러 바닷물에 충만하라. 새들도 땅에 번성하라 하시니라

삼상 13:10 וַיְהִי **כְּכַלֹּתוֹ לְהַעֲלוֹת** הָעֹלָה וְהִנֵּה שְׁמוּאֵל בָּא

봐예히 케칼로토 레하알로트 하올라 붸힌네 슈무엘 바아

And it came to pass that, as soon as he had made an end of offering the burnt-offering, behold, Samuel came

번제 드리기를 필하자 사무엘이 온지라

삼상 14:27 וְיוֹנָתָן לֹא-שָׁמַע **בְּהַשְׁבִּיעַ** אָבִיו אֶת-הָעָם

붸요나탄 로-샤마 베하쉬비아 아비브 엣-하암

But Jonathan had not heard his father charge the people with the oath

요나단은 그 아비가 맹세로 백성에게 명할 때에 듣지 못하였으므로

사 55:6 דִּרְשׁוּ יְהוָה **בְּהִמָּצְאוֹ** קְרָאֻהוּ **בִּהְיוֹתוֹ** קָרוֹב

디르슈 아도나이 베힘마쯔오 케라우후 비헤요토 카로브

Seek the LORD while He may be found, Call upon Him while He is near

너희는 여호와를 만날 만한 때에 찾으라 가까이 계실 때에 그를 부르라

시 132:1　זְכוֹר-יְהוָה לְדָוִד אֵת כָּל-**עֻנּוֹתוֹ**

제코르-아도나이 레다비드 엣 콜-운노토

LORD, remember David And all his afflictions

여호와여 다윗을 위하여 그의 모든 근심한 것을 기억하소서

대하 3:3　וְאֵלֶּה **הוּסַד** שְׁלֹמֹה לִבְנוֹת אֶת-בֵּית הָאֱלֹהִים

붸엘레 후사드 쉘로모 리브노트 엣-베트 하엘로힘

This is the foundation which Solomon laid for building the house of God

솔로몬이 하나님의 전을 위하여 놓은 지대는 이러하니

대하 29:34　כִּי הַלְוִיִּם יִשְׁרֵי לֵבָב **לְהִתְקַדֵּשׁ** מֵהַכֹּהֲנִים

키 할레빔 이쉬레 레바브 레히트캇데쉬 메학코하님

for the Levites were more diligent in sanctifying themselves than the priests

이는 레위 사람의 성결케 함이 제사장들보다 성심이 있었음이라

<어휘 모음>

בָּא	동(**בוא** pa.분남단) 오다
בִּהְיוֹתוֹ	전 in +동(**היה** pa.부정연계) ~이다, 있다 + 인칭 접미(3남단) 그
בְּהִמָּצְאוֹ	전 in + 동(**מצא** nif.부정연계) 발견되다 + 인칭 접미(3남단) 그
בְּהַשְׁבִּיעַ	전 in + 동(**שבע** hif.부정연계) 맹세하다
בַּיַּמִּים	전 in + 정 the + 명(남복) 바다
דִּרְשׁוּ	동(**דרש** pa.명령남복) 찾다
הוּסַד	동(**יסד** hof.부정연계) 세워지다 be founded
הַלְוִיִּם	정 the + 명(고유복) 레위사람
הַמַּיִם	정 the + 명(남복) 물
הָעֹלָה	정 the + 명(여단) 번제

וְאֵלֶּה 접 and + 지시대(남/여복) 이들, 이것들

וְהָעוֹף 접 and + 정 the + 명(남단) 새

וְיוֹנָתָן 접 and + 명(고유) 요나단

וּמִלְאוּ 접 and + 동(מלא pa.명령남복) 가득하다 be full

וּרְבוּ 접 and + 동(רבה pa.명령남복) 많다 be many

זָכוֹר 동(זכר pa.명령남단) 기억하다

יִרֶב 동(רבה pa.미3남단-간접명령) 많다 be many

יִשְׁרֵי 형(남복연) 곧은, 정직한

כְּכַלֹּתוֹ 전 as + 동(כלה pi.부정연계) 끝내다 + 인칭 접미(3남단) 그

לֵאמֹר 전 to + 동(אמר pa.부정연계) 말하다 > 가라사대

לֵבָב 명(남단) 마음

לִבְנוֹת 전 to + 동(בנה pa.부정연계) 짓다, 건축하다

לְדָוִד 전 to, for + 명(고유) 다윗

לְהַעֲלוֹת 전 to + 동(עלה hif.부정연계) 희생을 올리다

לְהִתְקַדֵּשׁ 전 to + 동(קדשׁ hitp.부정연계) 자신을 성결케하다

מֵהַכֹּהֲנִים 전 from + 정 the + 명(남복) 제사장

עֻנּוֹתוֹ 동(ענה pu.부정연계) 고난받다 + 인칭 접미(3남단) 그

פְּרוּ 동(פרה pa.명령남복) 열매를 맺다 bear fruit

קְרָאֶהוּ 동(קרא pa.명령남복) 부르다 + 인칭 접미(3남단) 그를

קָרוֹב 형(남단) 가까운

שְׁלֹמֹה 명(고유) 솔로몬

שְׁמוּאֵל 명(고유) 사무엘

이스라엘의 절기와 기념일

이스라엘에 살다 보면 이 사람들은 언제 일하나 하는 생각이 늘 정도로 휴일들이 많다. 그것은 유대인들이 전통적으로 지켜오는 명절들이 많은데다가 현대 국

가가 재건되면서 여러 국가기념일들이 추가 되었기 때문이다. 이스라엘의 대표적인 절기와 국가 기념일은 다음과 같다.

(2016년 달력을 따른 일자. 유대력은 음력이어서 절기와 기념일의 양력 일자는 해마다 바뀜)

	기원	특징
פּוּרִים [푸림] 부림절 3.24.	이스라엘 민족이 바벨론으로 끌려가 있었던 기간 중에 온 민족이 몰살 당할 위기를 맞게 되는데 그 때 왕비였던 에스더의 결단으로 민족이 구원받았던 것을 기념하는 축하 명절.	학교는 휴일. 대부분 노동자들은 유급 휴가일로 선택하여 쉼. 하만의 귀라고 불리는 과자를 먹음. 나라 전체가 가면무도회를 여는 듯한 인상을 받음.
פֶּסַח [페사흐] 유월절 4.23.~4.29.	세상에서 가장 오랜 명절로 이스라엘 민족이 이집트의 노예 삶에서 탈출하게된 사건을 기념하여 시작된 유대민족의 해방절로 최대의 명절. 유월절과 칠칠절과 초막절은 유대민족 3대 명절임.	유월절 만찬은 22일 저녁에 진행됨. 유월철 첫날(4.23.)과 마지막 날(4.29.)은 공휴일. 명절 중간의 날들에 은행은 오전 근무임. 많은 관공서와 사업체는 이 기간 집단 휴가를 실시함. 이 기간에는 주식인 빵 대신에 마짜라고 불리는 딱딱한 무교병만을 먹게됨.
יוֹם הַשּׁוֹאָה [욤 하쇼아] 홀로코스트 기념일 5.5.	독일 나찌 정권 하에 죽임 당한 600만 유대인들을 기억하는 추모일.	정상 근무지만 극장이나 연극관 같은 유흥장소들은 닫음. 오전 10시에 2 분간 전국적으로 추모 사이렌이 울림.
יוֹם הַזִּכָּרוֹן [욤 하지카론] 현충일 5.11.	이스라엘 건국 이후 나라를 지키다가 전사한 군인들과 테러 공격으로 희생당한 이스라엘 시민들을 추모하는 날.	정상 근무지만 극장이나 연극관 같은 유흥장소들은 닫음. 전날 저녁 8시에 1 분간 전국적으로 추모 사이렌이 울림.
יוֹם הָעַצְמָאוּת [욤 하아쯔마웃] 독립기념일 5.12.	이천 년만에 국가를 재건을 이루어낸 것을 축하하는 날.	공휴일. 많은 이스라엘 시민들은 이날 가족들과 야외로 나와서 바베큐 파티를 함.
יוֹם יְרוּשָׁלַיִם [욤 예루샬라임] 예루살렘의 날 6.5	제 3차 중동전쟁인 6일 전쟁을 통하여 예루살렘 옛 성 지역을 회복한 것을 기념하는 날.	예루살렘을 중심으로 다채로운 행사가 열림. 공휴일은 아님.

	기원	특징
שָׁבוּעוֹת [샤부옷] 칠칠절(=오순절) 6.12.	"너희는 밀을 처음 거두어들일 때 칠칠절을 지켜라" (출애굽기 34:22, 현대어 성경)	공휴일. 한 해 농사의 첫 열매들을 감사하고 기뻐하는 명절. 키부츠에서는 들판에 무대를 마련하고 여러 소산물들을 전시하며 축하함. 칠칠절에는 치즈로 된 음식을 많이 먹음.
תִּשְׁעָה בְּאָב [티샤 베아브] 성전파괴 기념일 8.14.	이스라엘 역사 가운데 두 번이나 성전이 파괴되었는데 그것을 기억하는 날.	업무를 보지만 극장이나 연극관 같은 유흥장소들은 닫음. 종교인들은 이 날 땅 바닥에 앉아 슬픔을 표현함.
רֹאשׁ הַשָּׁנָה [로쉬 하샤나] 신년절(=나팔절) 10.3~4.	"이스라엘 자손에게 말하여 이르라 일곱째 달 그 첫 날은 너희에게 쉬는 날이 될지니 이는 나팔을 불어 기념할 날이요 성회라" (신명기 23:24, 개역개정)	공휴일. 전날 해가 지면서 유대 설날이 시작됨. 유대인들은 들뜬 기분보다 차분하게 신년절을 맞음. 10일 후에 대속죄일이 오기 때문에 지난 1년 간 사람들 간에 잘못한 것이 없는 지 반성하는 시간을 가짐.
יוֹם כִּפּוּר [욤 키푸르] 대속죄일 10.12.	"일곱째 달 열흘날은 속죄일이니 너희는 성회를 열고 스스로 괴롭게 하며 여호와께 화제를 드리고" (레위기 23:27, 개역개정)	이스라엘의 모든 것이 완전히 멈추는 날. 비상상황의 엠뷸런스 운행은 허용됨. 모든 유대인들이 24시간 금식하며 회개 기도하는 날임. 아이들이 빈 도로를 차지하고 하루 종일 자전거 타는 풍경을 볼 수 있음.
סֻכּוֹת [수콧] 초막절(=장막절) 10.17~10.24.	"여러분은 모든 곡식을 타작하고 포도즙을 짜서 저장한 후에 7일 동안 초막절을 지키십시오" (신명기 16:13, 현대인의 성경)	초막절 첫날(10.17.)과 마지막 날(10.24.)은 공휴일. 학교는 이 기간 방학. 대부분의 관공서와 사업체는 이 기간 집단 휴가를 실시함. 보통 우리나라 추석과 같은 기간에 초막절이 찾아 옴.
חֲנֻכָּה [하누카] 수전절 12.25~1.1.	약 2200년 전 이방 헬라 군인들이 더럽혀 놓은 성전을 정화하는 과정 가운데서 있었던 기적을 기념하는 날. 성전 촛대의 하루 치의 기름이 8일 간이나 불을 밝힘.	정상 근무. 학교는 8일간 방학. 전날 해가 지면서 첫 번째 초를 밝힘. 두 번째 날에는 두 개의 초, 세번 째 날에는 세 개의 초, 이렇게 매일 저녁 초를 밝히는 행사를 가정에서 팔일 간 가짐. '수프가니야'라고 불리는 도넛을 먹음.

[창 3:5] כִּי יֹדֵעַ אֱלֹהִים כִּי בְּיוֹם אֲכָלְכֶם מִמֶּנּוּ וְנִפְקְחוּ עֵינֵיכֶם
וִהְיִיתֶם כֵּאלֹהִים יֹדְעֵי טוֹב וָרָע

키 요데아 엘로힘 키 베욤 아콜켐 밈멘누 붸니프케후 엔네켐
뷔히이템 케엘로힘 요드에 토브 봐라아

For God knows that when you eat of it your eyes will be opened, and you will be like God, knowing good and evil

너희가 그것을 먹는 날에는 너희 눈이 밝아 하나님과 같이 되어 선악을 알 줄을 하나님이 아심이니라

<어휘 분해>

► כִּי — 접속사 for, because

► יֹדֵעַ — √ידע 기본형 파알 know 분사 남.단.

► אֱלֹהִים — 명사 남.복. 하나님

► כִּי — 접속사 that

► בְּיוֹם אֲכָלְכֶם מִמֶּנּוּ (בְּ + יוֹם + אֱכֹל + אַתֶּם + מִן + הוּא)

전치사 in, by, with

명사 남.단. 날, 낮

√אכל 기본형 파알 eat 연계형 부정사

인칭대명사 접미 2.남.복.

전치사 from

인칭대명사 접미 3.남.단.

(명사와 연계형 부정사와의 명사 결합)

► וְנִפְקְחוּ — 접속사 (연속봐브)

√פקח 기본 수동형 니프알 열리다 연속봐브 완료 3.공.복.

▸ עֵינֵיכֶם (עֵינַיִם + אַתֶּם) 명사 여.쌍. 연계형 눈

인칭대명사 접미 2.남.복.

▸ וִהְיִיתֶם 접속사 (연속봐브)

√היה 기본형 파알 be, become 연속봐브 완료 2.남.복.

▸ כֵּאלֹהִים (כְּ + אֱלֹהִים) 전치사 like

명사 남.복. 하나님

▸ יֹדְעֵי טוֹב וָרָע (יֹדְעִים + טוֹב + וְ + רָע)

√ידע 기본형 파알 know 분사 남.복. 연계형

명사 남.단. 선, 선함

접속사 and

명사 남.단. 악

(분사과 두 명사와의 명사 결합)

<문법 정리>

47. 히브리어 동사의 분사 용법

히브리어 동사의 분사는 동사와 명사의 중간에 위치한다 (p. 49. 분사가 동사와 명사에 모두에 분류되어 있음. 분사의 형태에 관해서는 p. 82 참조). 형태상으로 명사군에 속하고 그중에서도 형용사에 가장 가깝다. 그러나 고정된 상태를 표현하는 일반 형용사와 달리 동사에서 파생된 만큼 동작과 관련되며, 필요에 따라 뒤에 목적어를 취하기도 한다. 이런 특징 때문에 '동사적 형용사'라고 표현한다. 크게 아래의 용법으로 사용된다 :

1) 명사적으로

창 4:2 וַיְהִי־הֶבֶל רֹעֵה צֹאן וְקַיִן הָיָה **עֹבֵד** אֲדָמָה

봐예히-헤벨 로에 쫀 붸카인 하야 오베드 아다마

And Abel was a keeper of sheep, but Cain was a tiller of the ground

아벨은 양 치는 이었고 가인은 농사하는 자이었더라

삿 1:24 וַיִּרְאוּ **הַשֹּׁמְרִים** אִישׁ יוֹצֵא מִן־הָעִיר

봐이르우 핫쇼므림 이쉬 요쩨 민-하이르

And the watchers saw a man come forth out of the city

탐정이 그 성읍에서 한 사람의 나오는 것을 보고

<어휘 모음>

אֲדָמָה	명(여단) 땅
הֶבֶל	명(고유) 아벨
הָעִיר	정 the + 명(여단) 성, 도시
הַשֹּׁמְרִים	정 the + 동(שׁמר pa.분남복) 지키다
וַיִּרְאוּ	동(ראה pa.연속미3남복) 보다
וְקַיִן	접 and + 명(고유) 가인
יוֹצֵא	동(יצא pa.분남단) 나오다
עֹבֵד	동(עבד pa.분남단연) 일하다
צֹאן	명(남/여단) 양떼
רֹעֵה	동(רעה pa.분남단연) 풀을 뜯기다

2) 한정 형용사적으로 (명사를 수식함)

창 1:11 תַּדְשֵׁא הָאָרֶץ דֶּשֶׁא עֵשֶׂב **מַזְרִיעַ** זֶרַע עֵץ פְּרִי **עֹשֶׂה** פְּרִי לְמִינוֹ

타드쉐 하아레쯔 데쉐 에세브 마즈리아 제라 페리 오세 페리 레미노

Let the earth put forth grass, herb yielding seed, and fruit-tree bearing fruit after its kind

땅은 풀과 씨 맺는 채소와 각기 종류대로 씨 가진 열매 맺는 과목을 내라

창 1:21 וַיִּבְרָא אֱלֹהִים אֶת-הַתַּנִּינִם הַגְּדֹלִים וְאֵת כָּל-נֶפֶשׁ הַחַיָּה **הָרֹמֶשֶׂת**

봐이브라 엘로힘 엣-핫탄니님 학게돌림 붸엣 콜-네페쉬 하하야 하로메셋

And God created the great sea-monsters, and every living creature that creepeth

하나님이 큰 물고기와 … 움직이는 모든 생물을 … 창조하시니

<어휘 모음>

דֶּשֶׁא	명(남단) 풀
הַחַיָּה	정 the + 명(여단) 생물
הָרֹמֶשֶׂת	정 the + 동(**רמשׂ** pa.분여단) 기다, 움직이다
זֶרַע	명(남단) 씨
לְמִינוֹ	전 to + 명(남단연) 종류 + 인칭 접미(3남단) 그의
נֶפֶשׁ	명(남/여단) 혼soul, 생명체
עֹשֶׂה	동(**עשׂה** pa.분남단연) 하다, 만들다
פְּרִי	명(남단) 열매
תַּדְשֵׁא	동(**דשׁא** hif.미3여단-간접명령) 싹이 나게하다

3) 동사적으로 (현재라는 시제 개념보다는 계속되는 행동표현)

창 1:2 וְרוּחַ אֱלֹהִים **מְרַחֶפֶת** עַל-פְּנֵי הַמָּיִם

뤠루아흐 엘로힘 메라헤펫 알-페네 함마임

And the Spirit of God was hovering over the face of the waters

하나님의 신은 수면에 운행하시니라

창 1:6 וַיֹּאמֶר אֱלֹהִים יְהִי רָקִיעַ בְּתוֹךְ הַמָּיִם וִיהִי **מַבְדִּיל** בֵּין מַיִם לָמָיִם

봐요메르 엘로힘 예히 라키아 베토크 함마임 뷔히 마브딜 벤 마임 라마임

And God said: Let there be a firmament in the midst of the waters,

and let it divide the waters from the waters

하나님이 가라사대 물 가운데 궁창이 있어 물과 물로 나뉘게 하리라 하시고

<어휘 모음>

וִיהִי	접 and + 동(היה pa.미3남단-간접명령) ~이다, 있다
לָמָיִם	전 to + 정 the + 명(남복) 물
מַיִם	명(남복) 물
רָקִיעַ	명(남단) 궁창

48. 히브리어 동사 - 기본 수동형 동사 니프알

히브리이 기본 수동형 동사는 니프알이다(전체 동사의 5.7%). 형태적으로 니프알 동사는 기본형 동사 파알 어간 앞에 נ을 첨가한 모습으로 보통 기본형 동사

의 수동적인 의미이다. 그러나 좀 더 세분하면 다음의 의미도 가진다:

1) 재귀적인 의미 표현 נִשְׁמַר [니쉬마르] keep oneself
2) 상호적인 의미 נִדְבַּר [니드바르] speak to one another
3) 니프알이지만 능동적인 의미 표현 נִמְלַט [니믈라트] flee.

기본 수동형 동사 니프알 נִשְׁמַר [니쉬마르] (자신을 지키다→) 주의하다, 지켜지다

인칭	완료	미완료직설법 Indicative	의지표현법 Cohortative	명령법 Imperative	간접명령법 Jussive
הוּא הִיא הֵם הֵן	נִשְׁמַר נִשְׁמְרָה נִשְׁמְרוּ נִשְׁמְרוּ	יִשָּׁמֵר תִּשָּׁמֵר יִשָּׁמְרוּ תִּשָּׁמַרְנָה			יִשָּׁמֵר תִּשָּׁמֵר יִשָּׁמְרוּ תִּשָּׁמַרְנָה
אַתָּה אַתְּ אַתֶּם אַתֶּן	נִשְׁמַרְתָּ נִשְׁמַרְתְּ נִשְׁמַרְתֶּם נִשְׁמַרְתֶּן	תִּשָּׁמֵר תִּשָּׁמְרִי תִּשָּׁמְרוּ תִּשָּׁמַרְנָה		הִשָּׁמֵר הִשָּׁמְרִי הִשָּׁמְרוּ הִשָּׁמַרְנָה	
אֲנִי אֲנַחְנוּ	נִשְׁמַרְתִּי נִשְׁמַרְנוּ	אֶשָּׁמֵר נִשָּׁמֵר	אֶשָּׁמְרָה נִשָּׁמְרָה		

기본 수동형 동사 니프알의 분사는 "니프알"이다 (아인 어근 모음이 긴 [a]임에 유의).

נִשְׁמָר	[니쉬마르]	m.s. 주의하는, 지켜지는
נִשְׁמֶרֶת	[니쉬메렛]	f.s.
נִשְׁמָרִים	[니쉬마림]	m.pl.
נִשְׁמָרוֹת	[니쉬마롯]	f.pl.

부정사 הִשָּׁמֵר [힛샤메르] 절대형

לְהִשָּׁמֵר [레힛샤메르] 연계형 (ל와 사용될 경우)

<원문 읽기>

신 23:10 כִּי-תֵצֵא מַחֲנֶה עַל-אֹיְבֶיךָ **וְנִשְׁמַרְתָּ** מִכֹּל דָּבָר רָע

키-테쩨 마하네 알-오예베카 붸니쉬마르타 믹콜 다바르 라아

When the army goes out against your enemies, then keep yourself from every wicked thing

네가 대적을 치러 출진할 때에 모든 악한 일을 스스로 삼갈지니

출 23:13 וּבְכֹל אֲשֶׁר-אָמַרְתִּי אֲלֵיכֶם **תִּשָּׁמֵרוּ**

우베콜 아쉐르-아마르티 알레켐 팃샤메루

And in all things that I have said unto you take ye heed

내가 네게 이른 모든 일을 삼가 지키고

삼하 20:10 וַעֲמָשָׂא לֹא-**נִשְׁמַר** בַּחֶרֶב אֲשֶׁר בְּיַד-יוֹאָב וַיַּכֵּהוּ בָהּ אֶל-הַחֹמֶשׁ

봐아마사 로-니쉬마르 바헤레브 아쉐르 베야드-요압 봐약케후 바흐 엘-하호메쉬

But Amasa did not notice the sword that was in Joab's hand.

And he struck him with it in the stomach

아마사가 요압의 손에 있는 칼은 주의치 아니한지라 요압이 칼로 그 배를 찌르매

<어휘 모음>

אֹיְבֶיךָ　명(남복연) 원수 + 인칭 접미(2남단) 당신의

אֲלֵיכֶם　전 to + 인칭 접미(2남복) 당신들

אָמַרְתִּי　동(אמר pa.완1공단) 말하다

בָּהּ　전 in + 인칭 접미(3여단) 그녀, 그것

בַּחֶרֶב　전 in + 정 the + 명(여단) 칼, 검

בְּיַד　전 in + 명(여단연) 손

הַחֹמֶשׁ　정 the + 명(남단) 배, 복부

וּבְכֹל　접 and + 전 in + 명(남단연) 모든 것 all

וַיַּכֵּהוּ　동(נכה hif.연속미3남단) 치다 + 인칭 접미(3남단) 그를

וְנִשְׁמַרְתָּ　동(שמר nif.연속완2남단) 주의하다, 지켜지다

וַעֲמָשָׂא　접 and + 명(고유) 아마사

יוֹאָב　명(고유) 요압

מַחֲנֶה　명(남/여단) 캠프, 진영

רָע　형(남단) 나쁜

תֵּצֵא　동(יצא pa.미2남단) 나가다

תִּשָּׁמֵרוּ　동(שמר nif.미2남복) 주의하다, 지켜지다

49. 히브리어 동사 - 개요

일곱 개의 히브리어 동사 형태들은 아래와 같이 대비 될 수 있다.

기본형 동사 파알 (단순능동) ↔ 기본 수동형 동사 니프알 (단순수동)

강세형 동사 피엘 (강세능동) ↔ 강세 수동형 동사 푸알 (강세수동)

사역형 동사 히프일 (사역능동) ↔ 사역 수동형 동사 호프알 (사역수동)

재귀형 동사 히트파엘 (재귀적 의미)

► 이해를 돕기 위해서 동사 형태를 아래와 같이 메노라(מְנוֹרָה 성전촛대)에 대비시켜 도식화 해 볼 수 있을 것이다(히브리어 식으로 오른쪽에서 왼쪽으로 배열했음).

► 동사 어근 קדשׁ는 구약성서에서 기본형 파알, 강세형 피엘, 사역형 히프일 그리고 이것들의 수동이 되는 기본 수동형 니프알과 강세 수동형 푸알 그리고 재귀형인 히트파엘로 사용되고 있다.

<기본형 파알>

출 29:21 **וְקָדַשׁ** הוּא וּבְגָדָיו וּבָנָיו וּבִגְדֵי בָנָיו אִתּוֹ

뷔카다쉬 후 우브가다브 우바나브 우비그데 바나브 잇토

and he and his garments shall be hallowed, and his sons and his sons' garments with him

그와 그 옷과 그 아들들과 그 아들들의 옷이 거룩하리라

<기본 수동형 니프알>

출 29:43 וְנֹעַדְתִּי שָׁמָּה לִבְנֵי יִשְׂרָאֵל **וְנִקְדַּשׁ** בִּכְבֹדִי

뵈노아드티 샴마 리브네 이스라엘 붸니크다쉬 비크보디

And there I will meet with the children of Israel,

and the tabernacle shall be sanctified by My glory

내가 거기서 이스라엘 자손을 만나리니 내 영광을 인하여 [회막이] 거룩하게 될지라

<강세형 피엘>

출 28:41 וּמָשַׁחְתָּ אֹתָם וּמִלֵּאתָ אֶת-יָדָם **וְקִדַּשְׁתָּ** אֹתָם וְכִהֲנוּ לִי

우마샤흐타 오탐 우밀레타 엣-야담 붸킷다쉬타 오탐 붸키하누 리

You shall anoint them, consecrate them, and sanctify them,

that they may minister to Me as priests

그들에게 기름을 부어 위임하고 거룩하게 하여 그들로 제사장 직분을 내게 행하게 할지며

<강세 수동형 푸알>

대하 26.18

לֹא-לְךָ עֻזִּיָּהוּ לְהַקְטִיר לַיהוָה כִּי לַכֹּהֲנִים בְּנֵי-אַהֲרֹן **הַמְקֻדָּשִׁים** לְהַקְטִיר

로-레카 우지야후 레하크티르 라아도나이 키 락코하님 베네-아하론 하메쿳다쉼 레하크티르

It is not for you, Uzziah, to burn incense to the LORD,

but for the priests, the sons of Aaron, who are consecrated to burn incense

웃시야여 여호와께 분향하는 일이 왕의 할 바가 아니요

오직 분향하기 위하여 구별함을 받은 아론의 자손 제사장의 할 바니

<사역형 히프일>

레 27:17 אִם-מִשְּׁנַת הַיֹּבֵל **יַקְדִּישׁ** שָׂדֵהוּ כְּעֶרְכְּךָ יָקוּם

임-밋쉬나트 하요벨 야크디쉬 사데후 케에르케카 야쿰

If he sanctify his field from the year of jubilee, according to thy valuation it shall stand

그가 그 밭을 희년부터 구별하여 드렸으면 그 값을 네가 정한 대로 할 것이요

<사역 수동형 호프알>

구약에서 발견되는 용례는 없음.

<재귀형 히트파엘>

출 19:22 וְגַם הַכֹּהֲנִים הַנִּגָּשִׁים אֶל-יְהוָה **יִתְקַדָּשׁוּ** פֶּן-יִפְרֹץ בָּהֶם יְהוָה

붸감 학코하님 한닉가쉼 엘-아도나이 이트캇다슈 펜-이프로쯔 바헴 아도나이

And let the priests also, that come near to the LORD, sanctify themselves, lest the LORD break forth upon them

또 여호와께 가까이 하는 제사장들로 그 몸을 성결히 하게 하라 나 여호와가 그들을 돌격할까 하노라

▸ 사역 수동형 동사 호프알의 경우 그 사용이 구약본문에 나타나지 않는다(그러나 이것이 구약시대에 **קדשׁ**의 호프알 형이 사용되지 않았다는 의미는 아니다). 예로 쿰란 1 동굴에서 발견된 38번째 문서 4번째 조각 둘째 줄에는 **מוּקְדָּשׁ** [무크다쉬] (=모크다쉬)라는 단어가 발견된다 (√**קדשׁ** 사역 수동형 호프알 분사 m.s.): 1Q38 f4:2 [--]כה **ומוקדש** [--]

<어휘 모음>

אִתּוֹ 전 with + 인칭 접미(3남단) 그

בָּהֶם 전 in + 인칭 접미(3남복) 그들

בִּכְבֹדִי 전 by + 명(남단연) 영광 + 인칭 접미(1공단) 나의

בָנָיו 명(남복연) 아들 + 인칭 접미(3남단) 그의

הַיֹּבֵל 정 the + 명(남단) 희년

הַכֹּהֲנִים 정 the + 명(남복) 제사장

הַמְקֻדָּשִׁים 정 the + 동(קדשׁ pu.분남복) 거룩하게 되다, 성직에 임명되다

הַנִּגָּשִׁים 정 the + 동(נגשׁ nif.분남복) 가까이 가다

וּבִגְדֵי 접 and + 명(남복연) 옷

וּבְגָדָיו 접 and + 명(남복연) 옷 + 인칭 접미(3남단) 그의

וּבָנָיו 접 and + 명(남복연) 아들 + 인칭 접미(3남단) 그의

וְגַם 접 and + 부 또한

וְכִהֲנוּ 동(כהן pi.연속완3공복) 제사장직을 행하다

וּמִלֵּאתָ 동(מלא pi.연속완2남단) 채우다

וּמָשַׁחְתָּ 동(משׁח pa.연속완2남단) 기름 붓다

וְנֹעַדְתִּי 동(יעד nif.연속완1공단) 만나다

וְנִקְדַּשׁ 동(קדשׁ nif.연속완3남단) 거룩하게 되다

וְקָדַשׁ 동(קדשׁ pa.연속완3남단) 구별되다

וְקִדַּשְׁתָּ 동(קדשׁ pi.연속완2남단) 거룩하게 하다, 성직에 임명하다

יָדָם 명(여단연) 손 + 인칭 접미(3남복) 그들의

יִפְרֹץ 동(פרץ pa.미3남단) 돌격하다

יַקְדִּישׁ 동(קדשׁ hif.미3남단) 구별하다

יָקוּם 동(קום pa.미3남단) 일어나다

יִתְקַדָּשׁוּ 동(קדשׁ hitp.미3남복) 자신을 성결케하다

כְּעֶרְכְּךָ 전 as + 명(남단연) 가치, 값 + 인칭 접미(2남단) 당신의

לְהַקְטִיר 전 to + 동(קטר hif.부정연계) 분향하다

לַיהוָה 전 to + 명(고유) 여호와

לַכֹּהֲנִים	전 to, for + 정 the + 명(남복) 제사장
מוּקְדָּשׁ	동(קדשׁ hof.분남단) 구별되다
מִשְּׁנַת	전 from + 명(여단연) 해 year
עֻזִּיָּהוּ	명(고유) 웃시야
שָׂדֵהוּ	명(남단연) 밭 + 인칭 접미(3남단) 그의
שָׁמָּה	부 그곳에서

[창 3:6] וַתֵּרֶא הָאִשָּׁה כִּי טוֹב הָעֵץ לְמַאֲכָל וְכִי תַאֲוָה-הוּא
לָעֵינַיִם וְנֶחְמָד הָעֵץ לְהַשְׂכִּיל וַתִּקַּח מִפִּרְיוֹ וַתֹּאכַל
וַתִּתֵּן גַּם-לְאִישָׁהּ עִמָּהּ וַיֹּאכַל

봐테레 하잇샤 키 토브 하에쯔 레마아칼 붸키 타아봐-후
라에나임 붸네흐마드 하에쯔 레하스킬 봐틱카흐 밉피르요 봐토칼
봐팃텐 감-레이샤흐 임마흐 봐요칼

So when the woman saw that the tree was good for food, and that it was a delight to the eyes, and that the tree was to be desired to make one wise, she took of its fruit and ate; and she also gave some to her husband, and he ate

여자가 그 나무를 본즉 먹음직도 하고 보암직도 하고 지혜롭게 할 만큼 탐스럽기도 한 나무인지라 여자가 그 실과를 따먹고 자기와 함께한 남편에게도 주매 그도 먹은지라

<어휘 분해>

▸ וַתֵּרֶא 접속사 (연속바브)

√ראה 기본형 파알 see 연속바브미완료 3.여.단.

▸ הָאִשָּׁה 정관사 the

명사 여.단. 여자

▸ כִּי 접속사 that

▸ טוֹב הָעֵץ לְמַאֲכָל (טוֹב + הַ + עֵץ + לְ + מַאֲכָל)

형용사 남.단. 좋은

정관사 the

명사 남.단. 나무

전치사 for, to

명사 남.단. 음식

▸ וְכִי 접속사 and

접속사 that

▸ תַאֲוָה-הוּא 명사 여.단. desire

독립 인칭대명사 3.남.단. 그, 그것 (he, it)

▸ לָעֵינַיִם (ל + ה + עינים)

전치사 for, to

정관사 the

명사 여.쌍. 눈

▸ וְנֶחְמָד הָעֵץ לְהַשְׂכִּיל (וְ + נֶחְמָד + הַ + עֵץ + לְ + הַשְׂכִּיל)

접속사 and

√חמד 기본 수동형 니프알 be desirable 분사 남.단. desirable

정관사 the

명사 남.단. 나무

전치사 for, to

√שׂכל 사역형 히프일 지혜롭게 하다 연계형 부정사

▸ וַתִּקַּח 접속사 (연속바브)

√לקח 기본형 파알 take 연속바브미완료 3.여.단.

▸ מִפִּרְיוֹ (מן + פרי + הוא)

전치사 from

명사 남.단. 열매

인칭대명사 접미 3.남.단.

▸ וַתֹּאכַל 접속사 (연속바브)

√אכל 기본형 파알 eat 연속바브미완료 3.여.단.

▸ וַתִּתֵּן 접속사 (연속바브)

√נתן 기본형 파알 give 연속바브미완료 3.여.단.

▸ גַּם-לְאִישָׁהּ (גַּם + לְ + אִישׁ + הִיא)

부사 also, moreover

전치사 for, to

명사 남.단. 남자, 남편

인칭대명사 접미 3.여.단.

▸ עִמָּהּ (עִם + הִיא) 전치사 with

인칭대명사 접미 3.여.단.

▸ וַיֹּאכַל 접속사 (연속바브)

√אכל 기본형 파알 eat 연속바브미완료 3.남.단.

<문법 정리>

50. 접두자음 מ (Preformative Mem)

히브리어 알파벳 중에는 단어의 본래 어근이 아니지만 그 단어 앞에 붙어서 일정한 역할을 하거나 새로운 단어를 형성케 하는 자음들이 있는데 이들을 접두자음이라고 칭한다. 예를 들면:

א – אֶזְרוֹעַ [에즈로아] 팔 (보통 זְרוֹעַ로 나오지만 א가 발음을 부드럽게 하기 위해서 온다.)
ה – 동사를 사역적인 의미로 표시하는데 사용됨. 히프일 동사의 ה
נ – 동사를 수동적 의미로 표시하는데 사용됨. 니프알 동사의 נ
שׁ – שַׁלְהֶבֶת [샬헤베트] 불꽃 (보통 לֶהָבָה [레하바]가 불꽃을 표현)
ת – תִּפְאֶרֶת תִּפְאָרָה [티프에레트] [티프아라] 영광 (פֵּאֵר [페에르]는 머리장식의 의미)

그러나 가장 폭 넓게 사용된 접두자음은 מ [멤]이다.
'מ'은 동사나 명사의 앞 부분에 붙으면서 특별한 역할을 한다:

1) 동사에 사용되는 경우 מ은 분사를 만든다
(강세형, 사역형, 강세 수동형, 사역 수동형, 재귀형 동사들의 경우)

강세형 동사 피엘	→	메파엘	מְשַׁבֵּר	[메샵베르]
사역형 동사 히프일	→	마프일	מַגְדִּיל	[마그딜]
강세 수동형 동사 푸알	→	메푸알	מְשֻׁבָּר	[메슙바르]
사역 수동형 동사 호프알	→	모프알	מָגְדָּל	[모그달]
재귀형 동사 히트파엘	→	미트파엘	מִתְקַדֵּשׁ	[미트캇데쉬]

2) 명사에 사용되는 경우 מ은 도구나 장소적인 개념의 명사를 만들게 된다:

פָּתַח [파타흐] 열다 → מַפְתֵּחַ [마프테아흐] 열쇠
קָם(√קוּם) [캄] 서다 → מָקוֹם [마콤] 장소

여러 가지 명사 패턴이 이 접두자음 מ을 사용한다. 예를 들면:

마프알형	מַאֲכָל	[마아칼] 음식
마프알라형	מַמְלָכָה	[마믈라카] 왕국
미프알형	מִדְבָּר	[미드바르] 광야
미프알라형	מִלְחָמָה	[밀함마] 전쟁
마프엘형	מַעֲשֵׂר	[마아세르] 십일조
마프엘라형	מַכְשֵׁלָה	[마크쉘라] 폐허
미프엘형	מִזְבֵּחַ	[미즈베아크] 제단

<어휘 모음>

מַגְדִּיל 동(גדל hif.분남단) 커지게 하다 magnify

מָגְדָּל 동(גדל hof.분남단) 커지게 되다 be magnified

מְשֻׁבָּר 동(שבר pu.분남단) 박살나다 be shattered

מִתְקַדֵּשׁ 동(קדשׁ hitp.분남단) 자신을 성결케하다

51. 히브리어의 부사

히브리어에는 비교적 부사가 적은 편이다. 따라서 일반명사나 형용사, 전치사구, 동사의 부정사를 특별한 변형 없이 부사적으로 사용하는 경우가 많다:

גַּם [감] also, moreover

כֹּה, כָּכָה, כֵּן [코] [카카] [켄] thus, so

לֹא [로] not

הִנֵּה [힌네] here

שָׁם [샴] there

מְאֹד, בִּמְאֹד [메오드] [빔오드] might, with might → very

יָחַד [야하드] union → together

הַיּוֹם [하욤] the day → today

רִאשׁוֹנָה, בָּרִאשׁוֹנָה, לָרִאשֹׁנָה

[리쇼나] [바리쇼나] [라리쇼나] → formerely

נִפְלָאוֹת [니플라옷] wonderful → wonderfully

הַשְׁכֵּם(< הִשְׁכִּים) [하쉬켐] rise early → early

<원문 읽기>

삼상 15:2 **כֹּה אָמַר יְהוָה צְבָאוֹת פָּקַדְתִּי אֵת אֲשֶׁר-עָשָׂה עֲמָלֵק לְיִשְׂרָאֵל**

코 아마르 아도나이 쩨바옷 파카드티 엣 아쉐르-아사 아말레크 레이스라엘

Thus says the LORD of hosts: I will punish Amalek for what he did to Israel

만군의 여호와께서 이같이 말씀하시기를 아말렉이 이스라엘에게 행한 일[을] … 내가 추억하노니

<어휘 모음>

הִשְׁכִּים	동(**שׁכם** hif.완3남단) 일찍 일어나다
לְיִשְׂרָאֵל	전 to + 명(고유) 이스라엘
נִפְלָאוֹת	동(**פלא** nif.분여복) 뛰어나다, 탁월하다
עֲמָלֵק	명(고유) 아말렉
פָּקַדְתִּי	동(**פקד** pa.완1공단) 기억하다, 소집하다, 방문하다, 유념하다
צְבָאוֹת	명(남/여복) 군대

52. 히브리어 약동사 페-눈 פ"נ

נָפַל [나팔] fall, **נָשָׂא** [나사] carry 등 첫 번째 어근 자리에 '눈'이 오는 동사를 **פ"נ** '페-눈' 약동사라고 한다. 동사어근으로서의 눈은 그 앞에 다른 자음이 오면 자신의 자리를 지키지 못하고 두 번째 어근으로 동화해 버리는 성질이 있다. 세 번째 어근 다음에 인칭을 나타내는 요소들이 오는 완료형의 경우 정동사같이 활용하지만 첫 번째 어근 앞에 인칭요소들이 오는 미완료형의 경우 약동사로 활용

한다. 이 현상은 기본형 파알, 기본 수동형 니프알, 사역형 히프일, 사역 수동형 호프알 동사에서 나타난다. 강세형 피엘, 강세 수동형 푸알, 재귀형 히트파엘에서는 페-눈 동사들도 정동사로 활용한다.

페-눈 약동사의 기본형 파알 **נָפַל** [나팔] fall

인칭	완료	미완료직설법 Indicative	의지표현법 Cohortative	명령법 Imperative	간접명령법 Jussive
הוּא הִיא הֵם הֵן	נָפַל נָפְלָה נָפְלוּ נָפְלוּ	יִפֹּל תִּפֹּל יִפְּלוּ תִּפֹּלְנָה			יִפֹּל תִּפֹּל יִפְּלוּ תִּפֹּלְנָה
אַתָּה אַתְּ אַתֶּם אַתֶּן	נָפַלְתָּ נָפַלְתְּ נְפַלְתֶּם נְפַלְתֶּן	תִּפֹּל תִּפְּלִי תִּפְּלוּ תִּפֹּלְנָה		נְפֹל נִפְלִי נִפְלוּ נְפֹלְנָה	
אֲנִי אֲנַחְנוּ	נָפַלְתִּי נָפַלְנוּ	אֶפֹּל נִפֹּל	אֶפְּלָה נִפְּלָה		

분사	נֹפֵל	[노펠]	m.s. 떨어지는
	נֹפֶלֶת	[노펠렛]	f.s.
	נֹפְלִים	[노플림]	m.pl.
	נֹפְלוֹת	[노플롯]	f.pl.

부정사	נָפוֹל	[나폴]	절대형
	לִנְפֹּל	[린폴]	연계형(**ל**와 사용될 경우)

<원문 읽기>

삼상 15:18 וְעַתָּה אָמוּת בַּצָּמָא **וְנָפַלְתִּי** בְּיַד הָעֲרֵלִים

뷔앗타 아무트 밧짜마 뷔나팔티 베야드 하아렐림

and now shall I die of thirst and fall into the hand of the uncircumcised?

내가 이제 목말라 죽어서 할례받지 못한 자의 손에 빠지겠나이다

겔 11:10 בַּחֶרֶב **תִּפֹּלוּ** עַל-גְּבוּל יִשְׂרָאֵל אֶשְׁפּוֹט אֶתְכֶם וִידַעְתֶּם כִּי-אֲנִי יְהוָה

바헤레브 팁폴루 알-게불 이스라엘 에쉬포트 에트켐 뷔다으템 키-아니 아도나이

You shall fall by the sword. I will judge you at the border of Israel.

Then you shall know that I am the LORD

너희가 칼에 엎드러질 것이라 내가 이스라엘 변경에서 너희를 국문하리니

너희가 나를 여호와인 줄 알리라

창 4:6 וַיֹּאמֶר יְהוָה אֶל-קָיִן לָמָּה חָרָה לָךְ וְלָמָּה **נָפְלוּ** פָנֶיךָ

봐요메르 아도나이 엘-카인 람마 하라 라크 뷔람마 나플루 파네카

So the LORD said to Cain, Why are you angry?

And why has your countenance fallen?

여호와께서 가인에게 이르시되 네가 분하여 함은 어찜이며 안색이 변함은 어찜이뇨

창 15:12 וְהִנֵּה אֵימָה חֲשֵׁכָה גְדֹלָה **נֹפֶלֶת** עָלָיו

뷔힌네 에마 하쉐카 게돌라 노펠렛 알라브

and behold, horror and great darkness fell upon him

캄캄함이 임하므로 심히 두려워하더니

민 14:3 וְלָמָה יְהוָה מֵבִיא אֹתָנוּ אֶל-הָאָרֶץ הַזֹּאת **לִנְפֹּל** בַּחֶרֶב

뷔라마 아도나이 메비 오타누 엘-하아레쯔 핫조트 린폴 바헤레브

Why has the LORD brought us to this land to fall by the sword

어찌하여 여호와가 우리를 그 땅으로 인도하여 칼에 망하게 하려 하는고

<어휘 모음>

אֵימָה	명(여단) 두려움
אָמוּת	동(מות pa.미1공단) 죽다
אֶשְׁפּוֹט	동(שׁפט pa.미1공단) 심판하다
אֹתָנוּ	한정목적어 표시어 + 인칭 접미(1공복) > 우리를
בַּצָּמָא	전 by + 정 the + 명(남단) 갈증
גְּבוּל	명(남단연) 변경, 국경
גְּדֹלָה	형(여단) 큰
הָעֲרֵלִים	정 the + 명(남복) 할례받지 않은 사람
וִידַעְתֶּם	동(ידע pa.연속완2남복) 알다
וְלָמָה	접 and + 의문사 왜 why
וְלָמָּה	접 and + 의문사 왜 why
וְנָפַלְתִּי	동(נפל pa.연속완1공단) 떨어지다, 넘어지다
חָרָה	동(חרה pa.완3남단) 분내다
חֲשֵׁכָה	명(여단) 어두움
לָמָּה	의문사 왜 why
מֵבִיא	동(בוא hif.분남단) 데려오다
נָפְלוּ	동(נפל pa.완3공복) 떨어지다, 넘어지다
נֹפֶלֶת	동(נפל pa.분여단) 떨어지다, 넘어지다
פָּנֶיךָ	명(남/여복연) 얼굴 + 인칭 접미(2남단) 당신의
קָיִן	명(고유) 가인
תִּפְּלוּ	동(נפל pa.미2남복) 떨어지다, 넘어지다

페-눈 약동사 사역형 히프일 **הִפִּיל** [힙필] 넘어뜨리다

인칭	완료	미완료직설법 Indicative	의지표현법 Cohortative	명령법 Imperative	간접명령법 Jussive
הוּא הִיא הֵם הֵן	הִפִּיל הִפִּילָה הִפִּילוּ הִפִּילוּ	יַפִּיל תַּפִּיל יַפִּילוּ תַּפֵּלְנָה			יַפֵּל תַּפֵּל יַפִּילוּ תַּפֵּלְנָה
אַתָּה אַתְּ אַתֶּם אַתֶּן	הִפַּלְתָּ הִפַּלְתְּ הִפַּלְתֶּם הִפַּלְתֶּן	תַּפִּיל תַּפִּילִי תַּפִּילוּ תַּפֵּלְנָה		הַפֵּל הַפִּילִי הַפִּילוּ הַפֵּלְנָה	
אֲנִי אֲנַחְנוּ	הִפַּלְתִּי הִפַּלְנוּ	אַפִּיל נַפִּיל	אַפִּילָה נַפִּילָה		

분사	מַפִּיל	[맙필]	m.s. 넘어뜨리는
	מַפִּילָה	[맙필라]	f.s.
	מַפִּילִים	[맙필림]	m.pl.
	מַפִּילוֹת	[맙필롯]	f.pl.
부정사	הַפֵּל	[합펠]	절대형
	לְהַפִּיל	[레합필]	연계형(לְ와 사용될 경우)

<원문 읽기>

수 23:4 רְאוּ **הִפַּלְתִּי** לָכֶם אֶת-הַגּוֹיִם הַנִּשְׁאָרִים הָאֵלֶּה בְּנַחֲלָה לְשִׁבְטֵיכֶם

레우 힙팔티 라켐 엣-학고임 한니쉬아림 하엘레 베나할라 레쉬브테켐

See, I have divided to you by lot these nations that remain,

to be an inheritance for your tribes

[보라] 남아 있는 나라들[을] 내가 너희를 위하여 제비뽑아 너희 지파에게 기업이 되게 하였느니라

겔 48:29 זֹאת הָאָרֶץ אֲשֶׁר-**תַּפִּילוּ** מִנַּחֲלָה לְשִׁבְטֵי יִשְׂרָאֵל וְאֵלֶּה מַחְלְקוֹתָם נְאֻם אֲדֹנָי יְהוִה

조트 하아레쯔 아쉐르-탑필루 민나할라 레쉬브테 이스라엘 붸엘레 마흘레코탐 네움 아도나이 엘로힘

This is the land which you shall divide by lot as an inheritance among the tribes of Israel, and these are their portions, says the Lord GOD

이것은 너희가 제비뽑아 이스라엘 지파에게 나누어 주어 기업이 되게 할 땅이요 또 이것들은 그들의 분깃이니라 나 주 여호와의 말이니라

렘 22:7 וְקִדַּשְׁתִּי עָלֶיךָ מַשְׁחִתִים אִישׁ וְכֵלָיו וְכָרְתוּ מִבְחַר אֲרָזֶיךָ **וְהִפִּילוּ** עַל-הָאֵשׁ

뷔킷다쉬티 알레카 마쉬히팀 이쉬 붸켈라브 붸카르투 미브하르 아라제카 붸힙필루 알-하에쉬

I will prepare destroyers against you, Everyone with his weapons;
They shall cut down your choice cedars And cast them into the fire

내가 너 파멸할 자를 준비하리니 그들이 각기 손에 병기를 가지고
네 아름다운 백향목을 찍어 불에 던지리라

단 9:18 כִּי לֹא עַל-צִדְקֹתֵינוּ אֲנַחְנוּ **מַפִּילִים** תַּחֲנוּנֵינוּ לְפָנֶיךָ כִּי עַל-רַחֲמֶיךָ הָרַבִּים

키 로 알-찌드코테누 아나흐누 맙필림 타하누네누 레파네카 키 알-라하메카 하랍빔

for we do not present our supplications before You because of our righteous deeds, but because of Your great mercies

우리가 주의 앞에 간구하옵는 것은 우리의 의를 의지하여 하는 것이 아니요
주의 큰 긍휼을 의지하여 함이오니

시 106:26 וַיִּשָּׂא יָדוֹ לָהֶם **לְהַפִּיל** אוֹתָם בַּמִּדְבָּר

봐잇사 야도 라헴 레합필 오탐 밤미드바르

Therefore He raised up His hand against them, to overthrow them
in the wilderness

이러므로 그가 그들에게 그의 손을 들어 그들로 광야에 엎드러지게 하고

<어휘 모음>

אֲרָזֶיךָ	명(남복연) 백향목 + 인칭 접미(2남단) 당신의
בַּמִּדְבָּר	전 in + 정 the + 명(남단) 광야, 사막
בְּנַחֲלָה	전 in, by + 명(여단) 기업
הָאֵשׁ	정 the + 명(남/여단) 불
הַנִּשְׁאָרִים	정 the + 동(שאר nif.분남복) 남다 remain
הִפַּלְתִּי	동(נפל hif.완1공단) 넘어뜨리다, 제비뽑아 할당하다
הָרַבִּים	정 the + 형(남복) 많은
וְהִפִּילוּ	동(נפל hif.연속완3공복) 넘어뜨리다
וְכֵלָיו	접 and + 명(남복연) 도구, 병기 + 인칭 접미(3남단) 그의
וְכָרְתוּ	동(כרת pa.연속완3공복) 자르다
וְקִדַּשְׁתִּי	동(קדשׁ pi.연속완1공단) 거룩하게 하다, (따로) 준비시키다
יָדוֹ	명(여단연) 손 + 인칭 접미(3남단) 그의
לְשִׁבְטֵי	전 to + 명(남복연) 지파, 부족, 지팡이
לְשִׁבְטֵיכֶם	전 to + 명(남복연) 지파, 부족 + 인칭 접미(2남복) 당신들의
מִבְחַר	명(남단연) 선별된 것
מַחְלְקוֹתָם	명(여복연) 몫 + 인칭 접미(3남복) 그들의
מִנַּחֲלָה	전 from + 명(여단) 기업
מַפִּילִים	동(נפל hif.분남복) 넘어뜨리다
מַשְׁחִתִים	동(שׁחת hif.분남복) 파멸시키다
עָלֶיךָ	전 on + 인칭 접미(2남단) 당신
צִדְקֹתֵינוּ	명(여복연) 의 + 인칭 접미(1공복) 우리의
רְאוּ	동(ראה pa.명령남복) 보다
רַחֲמֶיךָ	명(남복연) 긍휼 + 인칭 접미(2남단) 당신의
תַּחֲנוּנֵינוּ	명(남복연) 간구 + 인칭 접미(1공복) 우리의
תַּפִּילוּ	동(נפל hif.미2남복) 넘어뜨리다, 제비뽑아 할당하다

페-눈 약동사 기본 수동형 니프알 **נִצַּל**[닛짤] 구원되다. 피하다

인칭	완료	미완료직설법 Indicative	의지표현법 Cohortative	명령법 Imperative	간접명령법 Jussive
הוּא הִיא הֵם הֵן	נִצַּל נִצְּלָה נִצְּלוּ נִצְּלוּ	יִנָּצֵל תִּנָּצֵל יִנָּצְלוּ תִּנָּצַלְנָה			יִנָּצֵל תִּנָּצֵל יִנָּצְלוּ תִּנָּצַלְנָה
אַתָּה אַתְּ אַתֶּם אַתֶּן	נִצַּלְתָּ נִצַּלְתְּ נִצַּלְתֶּם נִצַּלְתֶּן	תִּנָּצֵל תִּנָּצְלִי תִּנָּצְלוּ תִּנָּצַלְנָה		הִנָּצֵל הִנָּצְלִי הִנָּצְלוּ הִנָּצַלְנָה	
אֲנִי אֲנַחְנוּ	נִצַּלְתִּי נִצַּלְנוּ	אֶנָּצֵל נִנָּצֵל	אִנָּצְלָה נִנָּצְלָה		

분사	**נִצָּל**	[닛짤]	m.s. 구원되는, 피하는
	נִצְּלָה	[닛촐라]	f.s.
	נִצָּלִים	[닛짤림]	m.pl.
	נִצָּלוֹת	[닛짤롯]	f.pl.
부정사	**הִנָּצֵל**	[힌나첼]	절대형
	לְהִנָּצֵל	[레힌나첼]	연계형(ל와 사용될 경우)

<원문 읽기>

시 69:15 הַצִּילֵנִי מִטִּיט וְאַל-אֶטְבָּעָה **אִנָּצְלָה** מִשֹּׂנְאַי וּמִמַּעֲמַקֵּי-מָיִם

핫찔레니 밋티트 붸알-에트바아 인나촐라 밋손아이 우밈마아막케-마임

Deliver me out of the mire, and let me not sink; let me be delivered from them that hate me, and out of the deep waters

나를 수렁에서 건지사 빠지지 말게 하시고 나를 미워하는 자에게서와 깊은 물에서 건지소서

미 4:10 וּבָאת עַד-בָּבֶל שָׁם **תִּנָּצֵלִי** שָׁם יִגְאָלֵךְ יְהוָה מִכַּף אֹיְבָיִךְ

우바트 아드-바벨 샴 틴나첼리 샴 이그알레카 아도나이 믹카프 오예바이크

And to Babylon you shall go. There you shall be delivered;

There the LORD will redeem you From the hand of your enemies

또 바벨론까지 이르러 거기서 구원을 얻으리니

여호와께서 거기서 너를 너의 원수들의 손에서 속량하여 내시리라

신 23:16 לֹא-תַסְגִּיר עֶבֶד אֶל-אֲדֹנָיו אֲשֶׁר-**יִנָּצֵל** אֵלֶיךָ מֵעִם אֲדֹנָיו

로-타스기르 에베드 엘-아도나브 아쉐르-인나첼 엘레카 메임 아도나브

You shall not give back to his master the slave who has escaped from his master to you

종이 그 주인을 피하여 네게로 도망하거든 너는 그 주인에게로 돌리지 말고

합 2:9 הוֹי בֹּצֵעַ בֶּצַע רָע לְבֵיתוֹ לָשׂוּם בַּמָּרוֹם קִנּוֹ **לְהִנָּצֵל** מִכַּף-רָע

호이 보쩨아 베짜 라아 레베토 라숨 밤마롬 킨노 레힌나첼 믹카프-라아

Woe to him who covets evil gain for his house, That he may set his nest on high, That he may be delivered from the power of disaster!

재앙을 피하기 위하여 높은 데 깃들이려 하며 자기 집을 위하여

불의의 이를 취하는 자에게 화 있을진저

<어휘 모음>

אֲדֹנָיו	명(남복연) 주인 + 인칭 접미(3남단) 그의
אֶטְבָּעָה	동(טבע pa.미1공단-의지표현) 빠지다
אֹיְבָיִךְ	명(남복연) 원수 + 인칭 접미(2여단) 당신의
אִנָּצְלָה	동(נצל nif.미1공단-의지표현) 구원받다
בָּבֶל	명(고유) 바벨론
בַּמָּרוֹם	전 in + 정 the + 명(남단) 높은 곳
בֶּצַע	명(남단) 불의의 이득
בֹּצֵעַ	동(בצע pa.분남단) 자르다, 빼앗다
הוֹי	감 아아! alas, 화 있을찐저! woe to
הַצִּילֵנִי	동(נצל hif.명령남단) 구하다 + 인칭 접미(1공단) 나를
וְאַל	접 and + 부정부사 not
וּבָאת	동(בוא pa.연속완2여단) 오다
וּמִמַּעֲמַקֵּי	접 and + 전 from + 명(남복연) 깊음
יִגְאָלֵךְ	동(גאל pa.미3남단) 구속하다 + 인칭 접미(2여단) 당신을
יִנָּצֵל	동(נצל nif.미3남단) 구원받다
לְבֵיתוֹ	전 to + 명(남단연) 집 + 인칭 접미(3남단) 그의
לָשׂוּם	전 to + 동(שׂים pa.부정연계) 놓다, 두다
מִטִּיט	전 from + 명(남단) 진흙, 수렁
מִכַּף	전 from + 명(여단연) 손
מֵעִם	전 from + 전 with > 복합전 from
מִשֹּׂנְאַי	전 from +동(שׂנא pa.분남복연) 미워하다 +인칭 접미(1공단) 나
קִנּוֹ	명(남단연) 둥지 + 인칭 접미(3남단) 그의
תִּנָּצֵלִי	동(נצל nif.미2여단) 구원받다
תַּסְגִּיר	동(סגר hif.미2남단) 넘기다

53. 히브리어 불규칙 동사 לָקַח take

히브리어 기본형 동사 לָקַח는 פ"נ 약동사에 속하지는 않지만 그와 비슷하게 불규칙적으로 활용한다(정관사의 '라메드'가 다음에 오는 명사 첫 자음에 동화되는 경우를 비교해 볼 수 있다).

인칭	완료	미완료직설법 Indicative	의지표현법 Cohortative	명령법 Imperative	간접명령법 Jussive
הוּא	לָקַח	יִקַּח			יִקַּח
הִיא	לָקְחָה	תִּקַּח			תִּקַּח
הֵם	לָקְחוּ	יִקְחוּ			יִקְחוּ
הֵן	לָקְחוּ	תִּקַּחְנָה			תִּקַּחְנָה
אַתָּה	לָקַחְתָּ	תִּקַּח		קַח	
אַתְּ	לָקַחְתְּ	תִּקְחִי		קְחִי	
אַתֶּם	לְקַחְתֶּם	תִּקְחוּ		קְחוּ	
אַתֶּן	לְקַחְתֶּן	תִּקַּחְנָה		קַחְנָה	
אֲנִי	לָקַחְתִּי	אֶקַּח	אֶקְחָה		
אֲנַחְנוּ	לָקַחְנוּ	נִקַּח	נִקְחָה		

분사	לֹקֵחַ	[로케아흐]	m.s. 취하는
	לֹקַחַת	[로카핫]	f.s.
	לֹקְחִים	[로크힘]	m.pl.
	לֹקְחוֹת	[로크홋]	f.pl.

부정사	לָקוֹחַ	[라코아흐]	절대형
	לָקַחַת	[라카하트]	연계형(ל와 사용될 경우)

<원문 읽기>

창 5:24 **וַיִּתְהַלֵּךְ חֲנוֹךְ אֶת-הָאֱלֹהִים וְאֵינֶנּוּ כִּי-לָקַח אֹתוֹ אֱלֹהִים**

봐이트할레크 하노크 엣-하엘로힘 붸에넨누 키-라카흐 오토 엘로힘

Enoch walked with God; and he was not, for God took him

에녹이 하나님과 동행하더니 하나님이 그를 데려가시므로 세상에 있지 아니하였더라

창 7:2 מִכֹּל הַבְּהֵמָה הַטְּהוֹרָה **תִּקַּח**-לְךָ שִׁבְעָה שִׁבְעָה אִישׁ וְאִשְׁתּוֹ

믹콜 합베헤마 핫테호라 틱카흐-레카 쉬브아 쉬브아 이쉬 붸이쉬토

Take with you seven pairs of all clean animals, the male and his mate

너는 모든 정결한 짐승은 암수 일곱씩… 네게로 취하며

창 14:21 וַיֹּאמֶר מֶלֶךְ-סְדֹם אֶל-אַבְרָם תֶּן-לִי הַנֶּפֶשׁ וְהָרְכֻשׁ **קַח**-לָךְ

봐요메르 멜레크-세돔 엘-아브람 텐-리 한네페쉬 붸하레쿠쉬 카흐-라크

And the king of Sodom said to Abram, Give me the persons, but take the goods for yourself

소돔 왕이 아브람에게 이르되 사람은 내게 보내고 물품은 네가 취하라

신 27:25 אָרוּר **לֹקֵחַ** שֹׁחַד לְהַכּוֹת נֶפֶשׁ דָּם נָקִי וְאָמַר כָּל-הָעָם אָמֵן

아루르 로게아흐 쇼하드 레힉고드 네페쉬 담 나키 붸아마드 콜-하암 아멘

Cursed be he who takes a bribe to slay an innocent person.

And all the people shall say, Amen

무죄자를 죽이려고 뇌물을 받는 자는 저주를 받을 것이라 할 것이요 모든 백성은 아멘 할지니라

신 31:26 **לָקֹחַ** אֵת סֵפֶר הַתּוֹרָה הַזֶּה וְשַׂמְתֶּם אֹתוֹ מִצַּד אֲרוֹן בְּרִית-יְהוָה אֱלֹהֵיכֶם

라코아흐 엣 세페르 핫토라 핫제 붸삼템 오토 밋짜드 아론 브리트-아도나이 엘로헤켐

Take this book of the law, and put it by the side of the ark of

the covenant of the LORD your God

이 율법책을 가져다가 너희 하나님 여호와의 언약궤 곁에 두어

창 30:15 וַתֹּאמֶר לָהּ הַמְעַט **קַחְתֵּךְ** אֶת-אִישִׁי **וְלָקַחַת** גַּם אֶת-דּוּדָאֵי בְּנִי

봐토메르 라흐 하메아트 카흐테크 엣-이쉬 붸라카하트 감 엣-두다에 베니

But she said to her, Is it a small matter that you have taken away my husband?

Would you take away my son's mandrakes also?

[그녀]가 그[녀]에게 이르되 네가 내 남편을 빼앗은 것이 작은 일이냐

그런데 네가 내 아들의 합환채도 빼앗고자 하느냐

<어휘 모음>

אַבְרָם	명(고유) 아브람
אִישִׁי	명(남단연) 남자, 남편 + 인칭 접미(1공단) 나의
אָמֵן	부 아멘, 진실로 verily, truly
אֲרוֹן	명(남/여단연) 궤
אָרוּר	동(ארר pa.수동분남단) 저주하다
בְּרִית	명(여단연) 언약
דּוּדָאֵי	명(남복연) 합환채, 흰독말풀
דָּם	명(남단) 피
הַבְּהֵמָה	정 the + 명(여단) 동물
הַטְּהוֹרָה	정 the + 형(여단) 정결한
הַמְעַט	의문사 whether, if + 형(남단) 적은
הַנֶּפֶשׁ	정 the + 명(여단) 혼, 사람
וְאֵינֶנּוּ	접 and + 부 there is not + 인칭 접미(3남단) 그가
וְאָמַר	동(אמר pa.연속완3남단) 말하다

וְאִשְׁתּוֹ	접 and + 명(여단연) 아내, 여자 + 인칭 접미(3남단) 그의
וְהָרְכֻשׁ	접 and + 정 the + 명(남단) 소유, 물품
וַיִּתְהַלֵּךְ	동(הלך hitp. 연속미3남단) 행하다, 오가다
וְלָקַחַת	접 and + 전 to + 동(לקח pa.부정연계) 취하다
וְשַׂמְתֶּם	동(שׂים pa. 연속완2남복) 놓다, 두다
חֲנוֹךְ	명(고유) 에녹
לָהּ	전 to + 인칭 접미(3여단) 그녀
לְהַכּוֹת	전 to + 동(נכה hif.부정연계) 치다, 때리다
מִצַּד	전 from + 명(남단) 곁, 측면
נָקִי	형(남단) 깨끗한
סְדֹם	명(고유) 소돔
סֵפֶר	명(남단연) 책
קַח	동(לקח pa.명령남단) 취하다
קַחְתֵּךְ	동(לקח pa.부정연계) 취하다 + 인칭 접미(2남단) 당신
שֹׁחַד	명(남단) 뇌물
תֶּן	동(נתן pa.명령남단) 주다
תִּקַּח	동(לקח pa.미2남단) 취하다

[창 3:7] וַתִּפָּקַחְנָה עֵינֵי שְׁנֵיהֶם וַיֵּדְעוּ כִּי עֵירֻמִּם הֵם
וַיִּתְפְּרוּ עֲלֵה תְאֵנָה וַיַּעֲשׂוּ לָהֶם חֲגֹרֹת

봐팁팍카흐나 에네 쉐네헴 봐예드우 키 에룸밈 헴
봐이트페루 알레 테에나 봐야아수 라헴 하고롯

Then the eyes of both of them were opened and they perceived that they were naked; and they sewed together fig leaves and made themselves loincloths

이에 그들의 눈이 밝아 자기들의 몸이 벗은 줄을 알고 무화과나무 잎을 엮어 치마를 하였더라

<어휘 분해>

▸ וַתִּפָּקַחְנָה ◂ 접속사 (연속봐브)

√פקח 기본 수동형 니프알 열리다 연속봐브미완료 3.여.복.

▸ עֵינֵי שְׁנֵיהֶם ◂ (עֵינַיִם + שְׁנַיִם + הֵם)

명사 여.쌍. 연계형 눈

수사 남.쌍. 연계형 둘

인칭대명사 접미 3.남.복.

(명사 결합)

▸ וַיֵּדְעוּ ◂ 접속사 (연속봐브)

√ידע 기본형 파알 know 연속봐브미완료 3.남.복.

▸ כִּי עֵירֻמִּם הֵם ◂ 접속사 that

형용사 남.복. 벗은

독립 인칭대명사 3.남.복.

▸ וַיִּתְפְּרוּ ◂ 접속사 (연속봐브)

√תפר 기본형 파알 꿰매다 연속봐브미완료 3.남.복.

▸ עֲלֵה תְאֵנָה ◂ 명사 남.단. 나뭇잎

명사 여.단. 무화과 나무

(명사 결합)

▶ וַיַּעֲשׂוּ 접속사 (연속바브)

√עשׂה 기본형 파알 do, make연속바브미완료 3.남.복.

▶ לָהֶם (לְ + הֵם) 전치사 for, to

인칭대명사 접미 3.남.복.

▶ חֲגֹרֹת 명사 여.복. 허리띠, loincloth

<문법 정리>

54. 히브리어 약동사 페-요드 פ"י

동사의 첫 번째 어근이 요드인 동사를 פ"י 페-요드 약동사라고 한다. 그러나 몇몇 동사를 제외하고는 첫 번째 어근이 본래 바브인 경우가 대부분이다. 히브리어의 동사어간 바브가 첫 초성으로 올 경우 자동적으로 요드로 변하기 때문에 이들을 페-요드 동사로 분류하는 것이다. 그러나 동사 어간에 헤나 눈이 첨가되는 사역형 동사 히프일이나(수동형인 사역 수동형 호프알도) 기본 수동형 동사 니프알의 경우에는 본래 어간인 바브가 되살아나 어간으로 사용이 된다 (강세형 피엘, 강세 수동형 푸알, 재귀형 히트파엘에서는 요드로 나타난다).

기본형 파알 יָצָא [야짜] go out → 사역형 히프일 הוֹצִיא [호찌] cause to go out

기본형 파알 יָשַׁב [야샤브] sit → 사역형 히프일 הוֹשִׁיב [호쉬브] cause to sit

기본형 파알 יָלַד [얄라드] bear → 사역형 히프일 הוֹלִיד [홀리드] beget

기본 수동형 니프알 נוֹלַד [놀라드] be born

페-요드 약동사 기본형 파알 **יָצָא** [야짜] 나가다

인칭	완료	미완료직설법 Indicative	의지표현법 Cohortative	명령법 Imperative	간접명령법 Jussive
הוּא הִיא הֵם הֵן	יָצָא יָצְאָה יָצְאוּ יָצְאוּ	יֵצֵא תֵּצֵא יֵצְאוּ תֵּצֶאנָה			יֵצֵא תֵּצֵא יֵצְאוּ תֵּצֶאנָה
אַתָּה אַתְּ אַתֶּם אַתֶּן	יָצָאתָ יָצָאת יְצָאתֶם יְצָאתֶן	תֵּצֵא תֵּצְאִי תֵּצְאוּ תֵּצֶאנָה		צֵא צְאִי צְאוּ צֶאנָה	
אֲנִי אֲנַחְנוּ	יָצָאתִי יָצָאנוּ	אֵצֵא נֵצֵא	אֵצְאָה נֵצְאָה		

분사	יֹצֵא	[요쩨]	m.s. 나가는
	יֹצֵאת	[요쩨엣]	f.s.
	יֹצְאִים	[요쯔임]	m.pl.
	יֹצְאוֹת	[요쯔옷]	f.pl.

부정사	יָצֹא	[야쪼]	절대형
	לָצֵאת	[라쩨에트]	연계형(ל와 사용될 경우)

<원문 읽기>

창 10:11 מִן־הָאָרֶץ הַהִוא **יָצָא** אַשּׁוּר וַיִּבֶן אֶת־נִינְוֵה וְאֶת־רְחֹבֹת עִיר וְאֶת־כָּלַח

민-하아레쯔 하히 야짜 앗슈르 봐이벤 엣-니느붸 붸엣-레호봇 이르 붸엣-칼라흐

From that land he went into Assyria, and built Nineveh, Rehobothir, Calah

그가 그 땅에서 앗수르로 나아가 니느웨와 르호보딜과 갈라[를 건축하였다]

창 19:6 **וַיֵּצֵא** אֲלֵהֶם לוֹט הַפֶּתְחָה וְהַדֶּלֶת סָגַר אַחֲרָיו

봐예쩨 알레헴 롯 합페트하 붸핫델렛 사가르 아하라브

Lot went out of the door to the men, shut the door after him

롯이 문 밖의 무리에게로 나가서 뒤로 문을 닫고

출 11:4 וַיֹּאמֶר מֹשֶׁה כֹּה אָמַר יְהוָה כַּחֲצֹת הַלַּיְלָה אֲנִי **יוֹצֵא** בְּתוֹךְ מִצְרָיִם

봐요메르 모쉐 코 아마르 아도나이 카하쫏 할라일라 아니 요쩨 베토크 미쯔라임

And Moses said, Thus saith the LORD, About midnight will I go out into the midst of Egypt

모세가 바로에게 이르되 여호와께서 이같이 말씀하시기를 밤중에 내가 애굽 가운데로 [나가리니]

삼하 19:8 וְעַתָּה קוּם **צֵא** וְדַבֵּר עַל־לֵב עֲבָדֶיךָ

붸앗타 쿰 쩨 붸답베르 알-레브 아바데카

Now therefore arise, go out and speak kindly to your servants

이제 곧 일어나 나가서 왕의 신복들의 마음을 위로하여 말씀하옵소서

창 12:4 וְאַבְרָם בֶּן־חָמֵשׁ שָׁנִים וְשִׁבְעִים שָׁנָה **בְּצֵאתוֹ** מֵחָרָן

붸아브람 벤-하메쉬 샤님 붸쉬브임 샤나 베쩨토 메하란

Abram was seventy-five years old when he departed from Haran

아브람이 하란을 떠날 때에 그 나이 칠십오 세였더라

<어휘 모음>

אַחֲרָיו	전 after + 인칭 접미(3남단) 그
בֶּן	명(남단연) (나이) 살, 세
בְּצֵאתוֹ	전 in + 동(יצא pa.부정연계) 나가다 + 인칭 접미(3남단) 그
הַהִוא	정 the + 지시형(여단) 그 that
הַלַּיְלָה	정 the + 명(남단) 밤
הַפֶּתְחָה	정 the + 명(남단) 입구, 문 + 방향 표시어 ה
וְאַבְרָם	접 and + 명(고유) 아브람
וְדַבֵּר	접 and + 동(דבר pi.명령남단) 말하다
וְהַדֶּלֶת	접 and + 정 the + 명(여단) 문
וַיֵּצֵא	동(יצא pa.연속미3남단) 나가다
וְשִׁבְעִים	접 and + 수(남/여복) 70
כַּחֲצֹת	전 at + 명(여단연) 한가운데, 중앙
כָּלַח	명(고유) 갈라, 칼라흐
לוֹט	명(고유) 롯
מֵחָרָן	전 from + 명(고유) 하란
נִינְוֵה	명(고유) 니느웨
סָגַר	동(סגר pa.완3남단) 닫다
עֲבָדֶיךָ	명(남복연) 종 + 인칭 접미(2남단) 당신의
צֵא	동(יצא pa.명령남단) 나가다
קוּם	동(קום pa.명령남단) 일어나다, 서다
רְחֹבֹת עִיר	명(고유) 르호보딜, 르호봇 이르
שָׁנִים	명(여복) 해 year

페-요드 약동사 사역형 히프일 **הוֹצִיא** [호찌] 꺼내다, 밖으로 내다

인칭	완료	미완료직설법 Indicative	의지표현법 Cohortative	명령법 Imperative	간접명령법 Jussive
הוּא הִיא הֵם הֵן	הוֹצִיא הוֹצִיאָה הוֹצִיאוּ הוֹצִיאוּ	יוֹצִיא תּוֹצִיא יוֹצִיאוּ תּוֹצֵאנָה			יוֹצֵא תּוֹצֵא יוֹצִיאוּ תּוֹצֵאנָה
אַתָּה אַתְּ אַתֶּם אַתֶּן	הוֹצֵאתָ הוֹצֵאתְ הוֹצֵאתֶם הוֹצֵאתֶן	תּוֹצִיא תּוֹצִיאִי תּוֹצִיאוּ תּוֹצֵאנָה		הוֹצֵא הוֹצִיאִי הוֹצִיאוּ הוֹצֵאנָה	
אֲנִי אֲנַחְנוּ	הוֹצֵאתִי הוֹצֵאנוּ	אוֹצִיא נוֹצִיא	אוֹצִיאָה נוֹצִיאָה		

분사	מוֹצִיא	[모찌]	m.s. 꺼내는
	מוֹצִיאָה	[모찌아]	f.s.
	מוֹצִיאִים	[모찌임]	m.pl.
	מוֹצִיאוֹת	[모찌옷]	f.pl.

부정사	הוֹצֵא	[호쩨]	절대형
	לְהוֹצִיא	[레호찌]	연계형(לְ와 사용될 경우)

<원문 읽기>

출 32:11 לָמָה יְהוָה יֶחֱרֶה אַפְּךָ בְּעַמֶּךָ אֲשֶׁר **הוֹצֵאתָ** מֵאֶרֶץ מִצְרַיִם

라마 아도나이 예헤레 앞페카 베암메카 아쉐르 호쩨타 메에레쯔 미쯔라임

LORD, why does Your wrath burn hot against Your people

whom You have brought out of the land of Egypt

여호와여 어찌하여… 애굽 땅에서 인도하여 내신 주의 백성에게 진노하시

나이까

창 19:8 הִנֵּה-נָא לִי שְׁתֵּי בָנוֹת אֲשֶׁר לֹא-יָדְעוּ אִישׁ **אוֹצִיאָה**-נָּא אֶתְהֶן אֲלֵיכֶם

힌네-나 리 슈테 바놋 아쉐르 로-야드우 이쉬 호찌아-나 에트헨 알레켐

Behold now, I have two daughters that have not known man; let me,

I pray you, bring them out unto you

내게 남자를 가까이 아니한 두 딸이 있노라 청컨대 내가 그들을 너희에게로

이끌어 내리니

레 24:14 **הוֹצֵא** אֶת-הַמְקַלֵּל אֶל-מִחוּץ לַמַּחֲנֶה וְסָמְכוּ כָל-הַשֹּׁמְעִים אֶת-יְדֵיהֶם עַל-רֹאשׁוֹ

호쩨 엣-하메칼렐 엘-미후쯔 람마하네 붸 삼쿠 콜-핫쇼므임 엣-예데헴 알-로쇼

Bring out of the camp him who cursed; and let all who heard him lay their hands

upon his head

저주한 사람을 진 밖에 끌어내어 그 말을 들은 모든 자로 그 머리에 안수하게 하고

출 3:12 **בְּהוֹצִיאֲךָ** אֶת-הָעָם מִמִּצְרַיִם תַּעַבְדוּן אֶת-הָאֱלֹהִים עַל הָהָר הַזֶּה

베호찌아카 엣-하암 밈미쯔라임 타아브둔 엣-하엘로힘 알 하하르 핫제

when you have brought forth the people out of Egypt, you shall serve God upon this

mountain

네가 백성을 애굽에서 인도하여 낸 후에 너희가 이 산에서 하나님을 섬기리니

<어휘 모음>

אוֹצִיאָה	동(יצא hif.미1공단-의지표현) 꺼내다
אַפְּךָ	명(남단연) 코, 화 + 인칭 접미(2남단) 당신의
בְּהוֹצִיאֲךָ	전 in + 동(יצא hif.부정연계) 꺼내다 + 인칭 접미(2남단) 당신
בָּנוֹת	명(여복) 딸, 소녀
בְּעַמְּךָ	전 in + 명(남단연) 백성 + 인칭 접미(2남단) 당신의
הוֹצֵא	동(יצא hif.명령남단) 꺼내다
הוֹצֵאתָ	동(יצא hif.완2남단) 꺼내다
הַמְקַלֵּל	정 the + 동(קלל pi.분남단) 저주하다
הַשֹּׁמְעִים	정 the + 동(שׁמע pa.분남복) 듣다
וְסָמְכוּ	동(סמך pa.연속완3공복) 놓다, 기대다
יְדֵיהֶם	명(여쌍연) 손 + 인칭 접미(3남복) 그들의
יָדְעוּ	동(ידע pa.완3공복) 알다
יֶחֱרֶה	동(חרה pa.미3남단) 분내다
לַמַּחֲנֶה	전 to + 정 the + 명(남/여단) 진, 캠프
מִחוּץ	전 from + 명(남단연) 밖
שְׁתֵּי	수(여쌍연) 둘
תַּעַבְדוּן	동(עבד pa.미2남복-고대형어미n) 섬기다, 일하다

유대교 기독교 이슬람교 비교

이스라엘은 유대 민족국가이면서 자유민주주의를 표방한다. 1948년 약 60만의 유대인들로 독립한 현대국가 이스라엘의 총 인구는 현재 800만을 넘는다. 이들 중 약 75 퍼센트는 유대인들이고 나머지 25 퍼센트는 아랍사람들과 다른 소수 부족들이다. 대표적인 종교로는 유대교와 기독교와 이슬람교를 들 수 있다. 이 세 종교는 몇 가지 흥미로운 공통점을 가진다. 세 종교 모두 유일신 신앙이며 계시 종교의 범주에 속한다. 모두 아브라함을 그들 신앙의 기원으로 여긴다. 이

세 신앙은 지역적 문화적 연관성을 가진다. 이들의 대표적인 경전인 구약성서와 신약성서와 코란은 문헌적 관련성도 가진다. 이 세 종교는 지난 역사에서 많은 갈등과 분쟁의 원인이기도 했다.

근년에 회자되는 문명 간의 충돌도 궁극적으로는 이 세 종교 간의 긴장에 근거하는 것으로 보인다. 유대교와 기독교와 이슬람교가 가진 이런 공통점들은 이 세 종교들 간의 비교를 가능하게 한다. 아래와 같은 간략한 비교가 가능하다(기독교는 개신교를 중심으로):

	유대교	기독교	이슬람교
유일신 신앙	쉐마를 통하여 하나님에 대한 신앙을 고백함: 여호와가 우리 하나님이고 여호와는 한 분.	사도신경을 통하여 하나님에 대한 신앙을 고백: 성부와 성자와 성령의 삼위일체 하나님.	샤하다를 통하여 알라에 대한 신앙고백: 알라 외에는 신이 없고 무하마드는 알라의 사도.
선민사상	민족적인 선택: 원하는 이방인들을 위해 개종의 문은 열어 두지만 유대교를 전파하지는 않음.	개인적인 구원: 누구든지 듣고 믿는 자가 선택 받은 자가 됨. 모든 자가 들을 기회를 가지도록 적극적으로 선교함	모든 인류를 대상: 이슬람교가 최종적인 계시이므로 기존의 계시를 맏는 모든 이들도 복종(=이슬람) 해야 함.
경전	구약성서와 구전율법 (미쉬나, 탈무드)	구약성서와 신약성서	코란과 하디스
신앙생활	토요일을 안식일로 지킴. 유대교 명절. 하루 세번 정해진 때에 예루살렘을 향하여 기도함.	일요일을 주일로 지킴. 기독교 명절, 공식적 예배 외에 정해진 기도 시간이 따로 없음	금요일을 집회일로 지킴. 이슬람교 명절. 하루 다섯 번 정해진 때에 메카를 향하여 기도함.
음식율법	코셰르 음식법	음식법 따로 없음	할랄 음식법
신앙의 지리적 구심점	예루살렘과 이스라엘 땅을 신앙의 구심점으로 삼음.	성지에 대한 개념이 있지만 특정한 곳을 구심점으로 삼지 않음. 하늘에 소망을 둠 (하나님 나라 = 천국)	메카, 메디나, 알꾿스(예루살렘)을 3대 성지로 여김. 온 세상을 "이슬람의 집"과 "전쟁의 집"으로 나누어 이해함.
메시아 사상	아직 메시아를 기다림.	나사렛 예수를 메시아로 믿으며 그의 재림을 기다림.	메시아 사상이 따로 없음. 시아파에는 마흐디 사상이 있음.

IV

원문3 창세기 3:8-19

לכל זמן ועת לכל חפץ תחת השמים

라콜 즈만 붸에트 레콜 헤페쯔 타하트 핫샤마임

천하에 범사가 기한이 있고 모든 목적이 이룰 때가 있나니

사람들은 인생의 때(kairos)에 대해서 많이 이야기한다. 그러나 이 표현에서 먼저 언급된 단어는 기한(chronos)이다. 곧 인생의 모든 일에는 제한된 시간이 주어진다는 것이다. 주어진 시간을 넘어 어떤 일에 매달리는 것은 다른 일을 위해 주어진 시간을 침해하는 것임을 알 수 있어야 한다. 그리고 인생의 매사는 그 때가 찰 때 온전히 성취된다. 그 때를 기다릴 줄 알아야 한다.

[창 3:8] וַיִּשְׁמְעוּ אֶת-קוֹל יְהוָה אֱלֹהִים מִתְהַלֵּךְ בַּגָּן לְרוּחַ הַיּוֹם
וַיִּתְחַבֵּא הָאָדָם וְאִשְׁתּוֹ מִפְּנֵי יְהוָה אֱלֹהִים בְּתוֹךְ עֵץ הַגָּן

봐이쉬메우 엣-콜 아도나이 엘로힘 미트할레크 바간 레루아흐 하욤
봐이트하베 하아담 붸이쉬토 밉페네 아도니이 엘로힘 베토크 에쯔 학간

They heard the sound of the LORD God moving about in the garden at the breezy time of day; and the man and his wife hid from the LORD God among the trees of the garden

그들이 날이 서늘할 때에 동산에 거니시는 여호와 하나님의 음성을 듣고 아담과 그 아내가 여호와 하나님의 낯을 피하여 동산 나무 사이에 숨은지라

<어휘 분해>

▸ וַיִּשְׁמְעוּ	접속사 (연속봐브)
	√שׁמע 기본형 파알 hear 연속봐브미완료 3.남.복.
▸ אֶת-קוֹל יְהוָה אֱלֹהִים	한정목적어 표시어
	명사 남.단. 소리, 목소리
	고유명사 여호와, the Lord
	명사 남.복. 하나님
	(명사 결합)
▸ מִתְהַלֵּךְ	√הלך 재귀형 히트파엘 walk about 분사 남.단.
▸ בַּגָּן (בְּ + הַ + גָּן)	전치사 in, by, with
	정관사 the
	명사 남/여.단. 정원
▸ לְרוּחַ הַיּוֹם (לְ + רוּחַ + הַ + יוֹם)	
	전치사 for, to
	명사 남/여.단. 바람, 영
	정관사 the

명사 남.단. 날, 낮

▸ וַיִּתְחַבֵּא 접속사 (연속봐브)

√חבא 재귀형 히트파엘 hide oneself

연속봐브미완료3.남.단.

▸ הָאָדָם 정관사 the

명사 남.단. 사람, 아담

▸ וְאִשְׁתּוֹ (וְ + אִשָּׁה + הוּא) 접속사 and

명사 여.단. 연계형 아내

인칭대명사 접미 3.남.단.

▸ מִפְּנֵי יְהוָה אֱלֹהִים (מִן + פָּנִים + יְהוָה + אֱלֹהִים)

복합전치사 (전치사 + 명사) from the presence of

고유명사 여호와, the Lord

명사 남.복. 하나님

▸ בְּתוֹךְ עֵץ הַגָּן (בְּ + תּוֹךְ + עֵץ + הַ + גַּן)

복합전치사 (전치사 + 명사) in the middle of

명사 남.단. 나무

정관사 the

명사 남/여.단. 정원

(명사 결합)

<문법 정리>

55. 히브리어 동사 - 재귀형 동사 히트파엘

히트파엘 동사는 형태상 둘째 어근 아인이 중복되는 피엘 동사어간 앞에 **-הִתְ**가 붙은 모양이며 의미적으로는 상호적, 수동적 의미도 있지만 대체로 피엘 동사의 재귀적인 의미이다(전체 동사의 1.1%). 예를 들어 피엘 **קִדֵּשׁ**는 '거룩하게 하다'라는 뜻이지만 히트파엘 **הִתְקַדֵּשׁ**는 '그 자신을 성결케 하다'라는 뜻이다.

הִתְקַדֵּשׁ [히트캇데쉬]

인칭	완료	미완료직설법 Indicative	의지표현법 Cohortative	명령법 Imperative	간접명령법 Jussive
הוּא הִיא הֵם הֵן	הִתְקַדֵּשׁ הִתְקַדְּשָׁה הִתְקַדְּשׁוּ הִתְקַדְּשׁוּ	יִתְקַדֵּשׁ תִּתְקַדֵּשׁ יִתְקַדְּשׁוּ תִּתְקַדֵּשְׁנָה			יִתְקַדֵּשׁ תִּתְקַדֵּשׁ יִתְקַדְּשׁוּ תִּתְקַדֵּשְׁנָה
אַתָּה אַתְּ אַתֶּם אַתֶּן	הִתְקַדַּשְׁתָּ הִתְקַדַּשְׁתְּ הִתְקַדַּשְׁתֶּם הִתְקַדַּשְׁתֶּן	תִּתְקַדֵּשׁ תִּתְקַדְּשִׁי תִּתְקַדְּשׁוּ תִּתְקַדֵּשְׁנָה		הִתְקַדֵּשׁ הִתְקַדְּשִׁי הִתְקַדְּשׁוּ הִתְקַדֵּשְׁנָה	
אֲנִי אֲנַחְנוּ	חִתְקַדַּשְׁתִּי הִתְקַדַּשְׁנוּ	אֶתְקַדֵּשׁ נִתְקַדֵּשׁ	אֶתְקַדְּשָׁה נִתְקַדְּשָׁה		

분사는 "미트파엘"이다:

	מִתְקַדֵּשׁ	[미트캇데쉬]	m.s. 자신을 성결케 하는
	מִתְקַדֶּשֶׁת	[미트캇데쉣]	f.s.
	מִתְקַדְּשִׁים	[미트캇데쉼]	m.pl.
	מִתְקַדְּשׁוֹת	[미트캇데숏]	f.pl.
부정사	הִתְקַדֵּשׁ	[히트캇데쉬]	절대형
	לְהִתְקַדֵּשׁ	[레히트캇데쉬]	연계형(ל와 사용될 경우)

<원문 읽기>

레 11:44 כִּי אֲנִי יְהוָה אֱלֹהֵיכֶם **וְהִתְקַדִּשְׁתֶּם** וִהְיִיתֶם קְדֹשִׁים כִּי קָדוֹשׁ אָנִי

키 아니 아도나이 엘로헤켐 붸히트캇디쉬템 붸흐이템 케도쉼 키 카도쉬 아니

For I am the LORD your God; sanctify yourselves therefore, and be ye holy; for I am holy

나는 여호와 너희 하나님이라 내가 거룩하니 너희도 몸을 구별하여 거룩하게 하고

출 19:22 וְגַם הַכֹּהֲנִים הַנִּגָּשִׁים אֶל-יְהוָה **יִתְקַדָּשׁוּ** פֶּן-יִפְרֹץ בָּהֶם יְהוָה

붸감 학코하님 한닉가쉼 엘-아도나이 이트캇다슈 펜-이프로쯔 바헴 아도나이

And let the priests also, that come near to the LORD, sanctify themselves, lest the LORD break forth upon them

또 여호와께 가까이 하는 제사장들로 그 몸을 성결히 하게 하라

나 여호와가 그들을 돌격할까 하노라

수 3:5 וַיֹּאמֶר יְהוֹשֻׁעַ אֶל-הָעָם **הִתְקַדָּשׁוּ** כִּי מָחָר יַעֲשֶׂה יְהוָה בְּקִרְבְּכֶם נִפְלָאוֹת

봐요메르 예호슈아 엘-하암 히트캇다슈 키 마하르 야아세 아도나이 베키르베켐 니플라옷

And Joshua said to the people, Sanctify yourselves;

for tomorrow the LORD will do wonders among you

여호수아가 또 백성에게 이르되 너희는 스스로 성결케 하라 여호와께서

내일 너희 가운데 기사를 행하시리라

삼하 11:4 וַיִּשְׁלַח דָּוִד מַלְאָכִים וַיִּקָּחֶהָ וַתָּבוֹא אֵלָיו וַיִּשְׁכַּב עִמָּהּ וְהִיא **מִתְקַדֶּשֶׁת** מִטֻּמְאָתָהּ

봐이쉴라흐 다뷔드 말아킴 봐익카헤하 봐타보 엘라브 봐이쉬카브 임마흐 붸히 미트캇데쉩 밋툼아타흐

And David sent messengers, and took her; and she came in unto him, and he lay with her; for she was purified from her uncleanness

다윗이 사자를 보내어 저를 자기에게로 데려오게 하고

저가 그 부정함을 깨끗케 하였으므로 더불어 동침하매

대하 29:34 כִּי הַלְוִיִּם יִשְׁרֵי לֵבָב **לְהִתְקַדֵּשׁ** מֵהַכֹּהֲנִים

키 할레빔 이쉬레 레바브 레히트캇데쉬 메학코하님

for the Levites were more upright in heart than the priests in sanctifying themselves

이는 레위 사람의 성결케 함이 제사장들보다 성심이 있었음이라

<어휘 모음>

אֵלָיו　전 to + 인칭 접미(3남단) 그

אָנִי　인칭대(1공단) 나 I

בְּקִרְבְּכֶם　전 in + 명(남단연) 속, 내부 + 인칭 접미(2남복) 당신들

וְהִיא　접 and, for + 인칭대(3여단) 그녀 she

וְהִתְקַדִּשְׁתֶּם　동(קדשׁ hitp. 연속완2남복) 자신을 성결케하다

וַיִּקָּחֶהָ　동(לקח pa. 연속미3남단) 취하다 + 인칭 접미(3여단) 그녀를

וַיִּשְׁכַּב　동(שׁכב pa. 연속미3남단) 눕다, 자다

וַיִּשְׁלַח　동(שׁלח pa.연속미3남단) 보내다

וַתָּבוֹא　동(בוא pa.연속미3여단) 오다

יְהוֹשֻׁעַ　명(고유) 여호수아

יַעֲשֶׂה　동(עשׂה pa.미3남단) 하다, 만들다

מָחָר　부 내일

מִטֻּמְאָתָהּ　전 from + 명(여단연) 부정함 + 인칭 접미(3여단) 그녀의

מַלְאָכִים　명(남복) 천사, 사자

מִתְקַדֶּשֶׁת　동(קדשׁ hitp.분여단) 자신을 성결케하다

קָדוֹשׁ　형(남단) 거룩한

קְדֹשִׁים　형(남복) 거룩한

▸ 히트파엘의 경우 페 어근 자리에 파찰음 자음이 오면 약간의 변화가 생긴다. 예를 들면:

הת+צדק > התצדק > הִצְטַדֵּק [히쯔타데크] (스스로) 의롭게 되다

הת+שׁלם > התשׁלם > הִשְׁתַּלֵּם [히쉬탈렘] 온전하게 되어지다

[창 3:9] וַיִּקְרָא יְהוָה אֱלֹהִים אֶל-הָאָדָם וַיֹּאמֶר לוֹ אַיֶּכָּה

봐이크라 아도나이 엘로힘 엘-하아담 봐요메르 로 아엑카

The LORD God called out to the man and said to him, Where are you?

여호와 하나님이 아담을 부르시며 그에게 이르시되 네가 어디 있느냐

<어휘 분해>

▸ וַיִּקְרָא

접속사 (연속바브)

√קרא 기본형 파알 call 연속바브미완료 3.남.단.

▸ יְהוָה אֱלֹהִים

고유명사 여호와, the Lord

명사 남.복. 하나님

▸ אֶל-הָאָדָם (אל + ה + אדם)

전치사 to

정관사 the

명사 남.단. 사람

▸ וַיֹּאמֶר

접속사 (연속바브)

√אמר 기본형 파알 say 연속바브미완료 3.남.단.

▸ לוֹ (ל + הוא)

전치사 for, to

인칭대명사 접미 3.남.단.

▸ אַיֶּכָּה (אי + אתה)

의문부사 where

인칭대명사 접미 2.남.단.

<문법 정리>

56. 부사와 인칭대명사 접미가 결합된 관용구

일부 히브리어 부사는 끝에 인칭대명사 접미와 결합하면서 한 문장의 역할을 하는 경우들이 있다:

(יֵשׁ + אַתָּה) יֶשְׁךָ [예쉬카] are you there? (יֵשׁ 는 there is 의미의 부사)

(אֵין + אַתָּה) אֵינְךָ [엔카] you are not (אֵין 은 there is not 의미의 부사)

(אֵי + אַתָּה) אַיֶּכָּה [아옉카] where are you? (אֵי 는 where 의미의 부사)

(הִנֵּה + אֲנִי) הִנְנִי [힌네니] here I am (이 경우 הִנֵּה는 here 의미의 부사)

<원문 읽기>

창 20:7 וְאִם-**אֵינְךָ** מֵשִׁיב דַּע כִּי-מוֹת תָּמוּת אַתָּה וְכָל-אֲשֶׁר-לָךְ

뷔임-엔카 메쉬브 다아 키-모트 타무트 앗타 붸콜-아쉐르-라크

But if you do not restore her, know that you shall surely die, you, and all that are yours

네가 돌려 보내지 않으면 너와 네게 속한 자가 다 정녕 죽을 줄 알지니라

창 3:9 וַיִּקְרָא יְהוָה אֱלֹהִים אֶל-הָאָדָם וַיֹּאמֶר לוֹ **אַיֶּכָּה**

봐이크라 아도나이 엘로힘 엘-하아담 봐요메르 로 아옉카

But the LORD God called to the man, and said to him, Where are you?

여호와 하나님이 아담을 부르시며 그에게 이르시되 네가 어디 있느냐

<어휘 모음>

דַּע 동(ידע pa.명령남단) 알다

וְכָל 접 and + 명(남단연) 모두all

מֵשִׁיב 동(שׁוב hif.분남단) 돌려보내다

תָּמוּת 동(מות pa.미2남단) 죽다

[창 3:10] וַיֹּאמֶר אֶת-קֹלְךָ שָׁמַעְתִּי בַּגָּן וָאִירָא כִּי-עֵירֹם אָנֹכִי וָאֵחָבֵא

봐요메르 엣-콜카 샤마으티 바간 봐이라 키-에롬 아노키 봐에하베

He replied, I heard the sound of You in the garden, and I was afraid because I was naked, so I hid

가로되 내가 동산에서 하나님의 소리를 듣고 내가 벗었으므로 두려워하여 숨었나이다

<어휘 분해>

▸ וַיֹּאמֶר 접속사 (연속바브)
√אמר 기본형 파알 say 연속바브미완료 3.남.단.

▸ אֶת-קֹלְךָ (אֶת + קוֹל + אַתָּה)
한정목적어 표시어
명사 남.단. 목소리, 소리
인칭대명사 접미 2.남.단.

▸ שָׁמַעְתִּי √שמע 기본형 파알 hear 완료 1.공.단.

▸ בַּגָּן (בְּ + הַ + גַּן) 전치사 in, by, with
정관사 the
명사 남/여.단. 정원

▸ וָאִירָא 접속사 (연속바브)
√ירא 기본형 파알 fear 연속바브미완료 1.공.단.

▸ כִּי-עֵירֹם 접속사 because
형용사 남.단. 벗은

▸ אָנֹכִי 독립 인칭대명사 1.공.단. 나

▸ וָאֵחָבֵא 접속사 (연속바브)
√חבא 기본 수동형 니프알 hide 연속바브미완료 1.공.단.

유대인 교육

유대인들의 지적인 탁월성은 널리 인정받는다. 그것은 유대인 교육에서 시작된다. 유대교 신앙고백 쉐마의 핵심은 "가르치라"는 것이다. 유대인 교육을 특별하게 만드는 것은 교육의 주체와 객체가 되는 인간에 대한 그들의 이해에 있다. 하나님의 형상을 따라 창조된 인간은 가장 고귀한 존재이며, 인간은 서로 다르다는 것이 유대인 교육의 전제이다. 개성과 재능의 차이가 인정되고 존중받는다. 인간의 자유의지를 중시하는 유대인들의 가치관도 그들의 교육에 그대로 반영된다.

배움은 벌꿀과 같이 달다고 표현하며, 남보다 뛰어나게 보다 남보다 다르게, 그리고 평생을 가르치려면 어릴 때 마음껏 놀게 하라고 제안한다. 인간은 평생 배워야 한다고 생각하며, 실수를 통하여 배우는 것을 중요하게 여긴다. 시험을 위한 공부가 아니라 실생활을 위한 배움에 무게를 둔다. 유대인 교육은 자신들의 하나님에 대한 신앙을 전수하고, 가정 중심의 가족공동체, 회당 중심의 마을 공동체, 성전 중심의 민족공동체를 결속하고 역사 의식을 고취하는 분명한 목표를 가지면서 오랜 기간 이어져왔다.

유대인 교육은 학교교육 이전에 가정교육을 중시한다. 가정에서 아버지는 늘 공부하는 모습을 보이며 자녀들을 친히 가르친다. 지식 교육보다는 바르고 현명한 삶을 위한 지혜 교육이 우선시 된다. 유대인들은 이미 이천 년 전에 초등교육을 의무화했다. 탈무드는 성전 공사도 수업을 방해해서는 안된다고 가르친다. 예루살렘 성전이 파괴되었을 때 유대인 지도자들이 자신들의 정복자들에게 먼저 요청한 것은 아이들을 가르칠 학교였다.

1948년, 유대인들은 유랑 이천 년 만에 국가 재건의 꿈을 이루어 낸다. 그러나 그들은 이미 한 세대 전에 훗날 국가가 세워졌을 때 나라를 이끌어갈 지도자를 양성할 대학부터 먼저 세운 민족이었다 (히브리대학교, 1918).

유대인 교육은 질문을 중시하는 교육이다. 아이가 귀가하면 엄마는 아이가 학교에서 무엇을 배웠는지 묻기 보다 무슨 질문을 했는지 묻고, 심지어는 오늘 선생님께 몇 번 질문했는지 묻는다. 그리고 일방적인 지식 전달 교육이 아니라 토론하는 교육이다. 한 사람보다는 두 사람이 낫고, 두 사람보다는 세 사람이 낫다고 생각하며 끝없는 토론 가운데 서로를 통해서 배운다. 호기심을 존중하며 자율적으로 학습한다. 공부를 강요하지 않는다. 두뇌를 사용하고 개발하는 교육으로 긍정적 의미에서의 비판적 사고를 기른다. 지식을 소비만 하는 교육이 아니라 지식을 재생산하고 확장시키는 훈련을 하는 교육이다.

유대인 교육이 유대식 비판적 사고를 계발해왔고 그것이 정체성이 선명하고 탁월한 유대인들을 있게 해온 것이다. 유대인들은 세계 인구의 0.2%에 지나지 않는다. 그러나 지난 역사에서 그리고 오늘 현대 사회에서 유대인들의 활약과 영향력은 알려진 그 이상이다. 유대인들의 교육과 삶과 사상을 담아내는 핵심적인 도구가 되어온 것은 다름아닌 그들의 언어 곧 히브리어였다. 히브리어는 배울만한 가치를 가진 언어이다.

[창 3:11] וַיֹּאמֶר מִי הִגִּיד לְךָ כִּי עֵירֹם אָתָּה
הֲמִן-הָעֵץ אֲשֶׁר צִוִּיתִיךָ לְבִלְתִּי אֲכָל-מִמֶּנּוּ אָכָלְתָּ

봐요메르 미 힉기드 레카 키 에롬 앗타
하민-하에쯔 아쉐르 찌뷔티카 레빌티 아콜-밈멤누 아칼타

Then He asked, Who told you that you were naked? Did you eat of the tree from which I had forbidden you to eat?

가라사대 누가 너의 벗었음을 네게 고하였느냐 내가 너더러 먹지 말라 명한 그 나무 실과를 네가 먹었느냐

<어휘 분해>

▸ וַיֹּאמֶר	접속사 (연속바브)
	√אמר 기본형 파알 say 연속바브미완료 3.남.단.
▸ מִי	의문사 who
▸ הִגִּיד	√נגד 사역형 히프일 tell 완료 3.남.단.
▸ לְךָ (לְ + אַתָּה)	전치사 to, for
	인칭대명사 접미 2.남.단.
▸ כִּי	접속사 that
▸ עֵירֹם	형용사 남.단. 벗은
▸ אָתָּה	독립 인칭대명사 2.남.단.
▸ הֲמִן-הָעֵץ (הֲ + מִן + הַ + עֵץ)	의문사 הֲ (문장 앞에 붙음)
	전치사 from
	정관사 the
	명사 남.단. 나무
▸ אֲשֶׁר	관계대명사 that, which
▸ צִוִּיתִיךָ (צִוִּיתִי + אתה)	√צוה 강세형 피엘 command 완료 1.공.단.

인칭대명사 접미 2.남.단.

▶ לְבִלְתִּי (לְ + בִּלְתִּי) 전치사 to, for

전치사 except

(연계형 부정사 앞에서 부사적으로 not to)

▶ אֲכָל-מִמֶּנּוּ (אֱכֹל + מִן + הוּא) √אכל 기본형 파알 eat 연계형 부정사

전치사 from

인칭대명사 접미 3.남.단.

▶ אָכָלְתָּ √אכל 기본형 파알 eat 완료 2.남.단.

57. 히브리어의 의문사 הֲ [하]

히브리어 문장 맨 앞에 의문사 הֲ [하]를 붙이면 그 문장은 의문문이 된다.

창 4:9 וַיֹּאמֶר לֹא יָדַעְתִּי הֲשֹׁמֵר אָחִי אָנֹכִי

봐요메르 로 야다으티 하쇼메르 아히 아노키

And he said, "I do not know. Am I my brother's keeper?"

가로되 내가 알지 못하나이다 내가 내 아우 지키는 자이니까

왕상 18:7 וַיֹּאמֶר הַאַתָּה זֶה אֲדֹנִי אֵלִיָּהוּ

봐요메르 하앗타 제 아도니 엘리야후

And he said, "Is it really you, my lord Elijah?"

그가 말하되 내 주 엘리야여 당신이시니이까

▶ 명사 앞에 오는 정관사 הַ [하]와는 구분 할 것.

<어휘 모음>

אֲדֹנִי	명(남단연) 주인 + 인칭 접미(1공단) 나의
אָחִי	명(남단연) 형제 + 인칭 접미(1공단) 나의
אֵלִיָּהוּ	명(고유) 엘리야후(엘리야)
זֶה	지시대(남단) this
יָדַעְתִּי	동(ידע pa.완1공단) 알다
שֹׁמֵר	동(שמר pa.분남단) 지키다 (명사적으로 지키는 자)

[창 3:12] וַיֹּאמֶר הָאָדָם
הָאִשָּׁה אֲשֶׁר נָתַתָּה עִמָּדִי הִוא נָתְנָה-לִּי מִן-הָעֵץ וָאֹכֵל

봐요메르 하아담 하잇샤 아쉐르 나탓타 임마디 히 나트나-리 민-하에쯔 봐오켈

The man said, The woman whom thou gavest to be with me, she gave me fruit of the tree, and I ate

아담이 가로되 하나님이 주셔서 나와 함께 하게 하신 여자 그가 그 나무 실과를 내게 주므로 내가 먹었나이다

<어휘 분해>

▸ וַיֹּאמֶר	접속사 (연속봐브)
	√אמר 기본형 파알 say 연속봐브미완료 3.남.단.
▸ הָאָדָם	정관사 the
	명사 남.단. 사람
▸ הָאִשָּׁה	정관사 the
	명사 여.단. 여자
▸ אֲשֶׁר	관계대명사 that, which
▸ נָתַתָּה	√נתן 기본형 파알 give 완료 2.남.단. (=נָתַתָּ)
▸ עִמָּדִי (עִמָּד + אֲנִי)	전치사 with
	인칭대명사 접미 1.공.단.
	(1인칭 단수와 함께 사용된 경우만 나타남)
▸ הִוא	독립 인칭대명사 3.여.단.
▸ נָתְנָה-לִּי	√נתן 기본형 파알 give 완료 3.여.단.
	전치사 to
	인칭대명사 접미 1.공.단.
▸ מִן-הָעֵץ	전치사 from
	정관사the
	명사 남.단. 나무

▸ וָאֹכֵל　　접속사 (연속봐브)

√אכל 기본형 파알 eat 연속봐브미완료 1.공.단.

<문법 정리>

58. 히브리어 불규칙 동사 נָתַן give

히브리어 기본형 동사 נָתַן은 פ"נ 약동사에 속하지만 세 번째 어근 נ [눈] 때문에 좀더 불규칙적으로 활용한다 (전치사 מִן from의 [눈]이 다음의 자음으로 동화하는 현상과 비교해보라. p. 56).

인칭	완료	미완료직설법 Indicative	의지표현법 Cohortative	명령법 Imperative	간접명령법 Jussive
הוּא	נָתַן	יִתֵּן			יִתֵּן
הִיא	נָתְנָה	תִּתֵּן			תִּתֵּן
הֵם	נָתְנוּ	יִתְּנוּ			יִתְּנוּ
הֵן	נָתְנוּ	תִּתֵּנָּה			תִּתֵּנָּה
אַתָּה	נָתַתָּ	תִּתֵּן		תֵּן	
אַתְּ	נָתַתְּ	תִּתְּנִי		תְּנִי	
אַתֶּם	נְתַתֶּם	תִּתְּנוּ		תְּנוּ	
אַתֵּן	נְתַתֶּן	תִּתֵּנָּה		תֵּנָּה	
אֲנִי	נָתַתִּי	אֶתֵּן	אֶתְּנָה		
אֲנַחְנוּ	נָתַנּוּ	נִתֵּן	נִתְּנָה		

분사	נֹתֵן	[노텐]	m.s. 주는
	נֹתֶנֶת	[노테넷]	f.s.
	נֹתְנִים	[노트님]	m.pl.
	נֹתְנוֹת	[노트놋]	f.pl.

부정사	נָתוֹן	[나톤]	절대형
	לָתֵת	[라테트]	연계형(**ל**와 사용 될 경우)

<원문 읽기>

창 17:8 **וְנָתַתִּי** לְךָ וּלְזַרְעֲךָ אַחֲרֶיךָ אֵת אֶרֶץ מְגֻרֶיךָ אֵת כָּל-אֶרֶץ כְּנַעַן לַאֲחֻזַּת עוֹלָם

뷔나탓티 레카 울자르아카 아하레카 엣 에레쯔 메구레카 엣 콜-에레쯔 케나안 라아훗자트 올람

And I will give to you, and to your descendants after you, the land of your sojournings, all the land of Canaan, for an everlasting possession

내가 너와 네 후손에게 너의 우거하는 이 땅 곧 가나안 일경으로 주어 영원한 기업이 되게 하고

창 12:7 וַיֵּרָא יְהוָה אֶל-אַבְרָם וַיֹּאמֶר לְזַרְעֲךָ **אֶתֵּן** אֶת-הָאָרֶץ הַזֹּאת

봐예라 아도나이 엘-아브람 봐요메르 레자르아카 엣텐 엣 하아레쯔 핫조트

Then the LORD appeared to Abram, and said, To your descendants I will give this land

여호와께서 아브람에게 나타나 가라사대 내가 이 땅을 네 자손에게 주리라 하신지라

창 23:4 גֵּר-וְתוֹשָׁב אָנֹכִי עִמָּכֶם **תְּנוּ** לִי אֲחֻזַּת-קֶבֶר עִמָּכֶם וְאֶקְבְּרָה מֵתִי מִלְּפָנָי

게르-붸토샤브 아노키 임마켐 테누 리 아훗자트-케베르 임마켐 붸에크베라 메티 밀레파나이

I am a stranger and a sojourner among you; give me property among you for a burying place, that I may bury my dead out of my sight

나는 당신들 중에 나그네요 우거한 자니 청컨대 당신들 중에서 내게 매장지를 주어 소유를 삼아 나로 내 죽은 자를 내어 장사하게 하시오

창 9:12 **וַיֹּאמֶר** אֱלֹהִים זֹאת אוֹת-הַבְּרִית אֲשֶׁר-אֲנִי **נֹתֵן** בֵּינִי וּבֵינֵיכֶם

봐요메르 엘로힘 조트 오트-합브리트 아쉐르-아니 노텐 베니 우베네켐

And God said, This is the sign of the covenant which I make between me and you[…]

하나님이 가라사대 내가 나와 너희와 […] 사이에 영세까지 세우는 언약의 증거는 이것이라

신 15:10 **נָתוֹן** תִּתֵּן לוֹ וְלֹא-יֵרַע לְבָבְךָ **בְּתִתְּךָ** לוֹ

나톤 팃텐 로 붸로-예라아 레바브카 베티트카 로

You shall give to him freely, and your heart shall not be grudging when you give to him

너는 반드시 그에게 구제할 것이요 구제할 때에는 아끼는 마음을 품지 말 것이니라

<어휘 모음>

אוֹת	명(남/여단연) 표시, 증거
אֲחֻזַּת	명(여단연) 소유, 소유지 possession
אַחֲרֶיךָ	전 after + 인칭 접미(2남단) 당신
אֶתֵּן	동(נתן pa.미1공단) 주다
בֵּינִי	전 between + 인칭 접미(1공단) 나
בְּתִתְּךָ	전 in + 동(נתן pa.부정연계) + 인칭 접미(2남단) 당신
גֵּר	명(남단) 나그네
הַבְּרִית	정 the + 명(여단) 언약
וְאֶקְבְּרָה	접 and + 동(קבר pa.미1공단-의지표현) 묻다
וּבֵינֵיכֶם	접 and + 전 between + 인칭 접미(2남복) 당신들
וַיֵּרָא	동(ראה nif.연속미3남단) 보이다
וְתוֹשָׁב	접 and + 명(남단) 거주자
יֵרַע	동(רעע pa.미3남단-간접명령) 아까워하다, 나쁘다
כְּנַעַן	명(고유) 가나안
לַאֲחֻזַּת	전 to, for + 명(여단연) 소유
לְבָבְךָ	명(남단연) 마음 + 인칭 접미(2남단) 당신의
לְזַרְעֲךָ	전 to + 명(남단연) 씨, 후손 + 인칭 접미(2남단) 당신의
מְגֻרֶיךָ	명(남복연) 거처 + 인칭 접미(2남단) 당신의
מִלְּפָנָי	전 from + 전 to + 명(남/여복연) 앞 + 인칭 접미(1공단) 나
מֵתִי	동(מות pa.분남단연) 죽다 + 인칭 접미(1공단) 나의
עִמָּכֶם	전 with + 인칭 접미(2남복) 당신들
קֶבֶר	명(남단) 무덤
תְּנוּ	동(נתן pa.명령남복) 주다
תִּתֵּן	동(נתן pa.미2남단) 주다

59. 케티브 (כְּתִיב)와 케레 (קְרֵי)

케티브와 케레는 아람어 기본 동사의 수동분사형으로서 각각 '기록된', '읽히는' 의 뜻을 가진다. 크게 케티브는 기록된 본문을 의미하며 케레는 그것을 읽는 방식을 표현한다고 할 수 있다. 천 수백 년을 거치면서 구약성서 사본이 필사되고 전수되는 가운데 인간적인 실수들이 발생하게 되었는데 케티브와 케레는 이 부분을 보충하는 기능을 감당하게 된다.

완전하게 필사된 것으로 여겨진 구약성서 사본의 어느 부분에서 스펠링에 실수가 있었던 것으로 확인되면 서기관은 오기된 그 단어를 본문 안에서 고치는 대신 그 단어를 담고 있는 문장의 가장자리 여백에 본래의 바른 단어를 기록하게 된다. 곧 본문 자체를 건드리지 않고 일종의 주를 첨가하는 것이다. 이 사본을 출전으로 새로운 사본이 필사될 경우 그 다음의 서기관은 오류 난 본문의 어휘는 오류난대로 그대로 필사하고 옆의 수정을 제안하는 주도 그대로 필사하게 된다. 이렇게 함으로써 본문을 훼손함 없이 대대로 전수한 것이다.

이런 사본을 읽을 경우 본문의 오기된 단어(케티브)는 읽지 않고 대신에 여백에 표시한 단어(케레)로 읽게 된다. 예를 들면:

시 100:3 **ולו** דְּעוּ כִּי יְהוָה הוּא אֱלֹהִים הוּא-עָשָׂנוּ **ולא** אֲנַחְנוּ עַמּוֹ וְצֹאן מַרְעִיתוֹ **ק׳**

데우 키-아도나이 후 엘로힘 후-아사누 붸로 아나흐누 암모 붸쫀 마르이토

Know that the LORD is God! It is he that made us, and we are his; we are his people, and the sheep of his pasture

여호와가 하나님이신 것을 알라 그가 우리를 지으셨고 우리는 그에게 그의 백성이며 그의 목초장의 양이다

이 본문에서 케티브인 ולא는 잘못 표기 된 것이다. 만일 기록 그대로 이해하면 '우리는 그의 백성과 목초장의 양이 아니다'라는 의미가 된다. 이 케티브 ולא 대신 ולו가 여백에 케레로 제시되고 있다. 위에 제시된 영어역 (RSV)과 한글역은 케레에 근거한 것이다.

<어휘 모음>

דְּעוּ	동(ידע pa.명령남복) 알다
וְצֹאן	접 and + 명(남/여단) 양떼
מַרְעִיתוֹ	명(여단연) 목초장 + 인칭 접미(3남단) 그의
עַמּוֹ	명(남단연) 백성 + 인칭 접미(3남단) 그의
עָשָׂנוּ	동(עשׂה pa.완3남단) 하다, 만들다 + 인칭 접미(1공복) 우리를

▶ 창 3:12 에 나오는 הִוא도 같은 문맥에서 이해해야 한다. 본문에서는 문맥에 맞게 독립 인칭대명사 3인칭 여성 단수 הִיא가 와야 하지만 3인칭 남성 단수 הוא로 기록되었고 이것에 대해서 후대의 마소라 학자들은 [우]모음이 아니라 [이]모음을 찍음으로써 3인칭 여성 단수로 읽도록 유도했다. 모양새가 비슷한 히브리어 알파벳 [봐브]와 [요드]의 혼선 현상은 쿰란의 히브리어 사본들에서 특히 두드러지게 나타난다.

[창 3:13] וַיֹּאמֶר יְהוָה אֱלֹהִים לָאִשָּׁה מַה-זֹּאת עָשִׂית
וַתֹּאמֶר הָאִשָּׁה הַנָּחָשׁ הִשִּׁיאַנִי וָאֹכֵל

봐요메르 아도나이 엘로힘 라잇샤 마-조트 아시트
봐토메르 하잇샤 한나하쉬 힛쉬아니 봐오켈

And the LORD God said to the woman, What is this you have done!
The woman replied, The serpent duped me, and I ate

여호와 하나님이 여자에게 이르시되 네가 어찌하여 이렇게 하였느냐 여자가
가로되 뱀이 나를 꾀므로 내가 먹었나이다

<어휘 분해>

▸ וַיֹּאמֶר — 접속사 (연속바브)
√אמר 기본형 파알 say 연속바브미완료 3.남.단.

▸ יְהוָה אֱלֹהִים — 고유명사 여호와, the Lord
명사 남.복. 하나님

▸ לָאִשָּׁה (לְ + הַ + אִשָּׁה) — 전치사 to
정관사 the
명사 여.단. 여자

▸ מַה-זֹּאת — 의문대명사 what
지시대명사 여.단. this

▸ עָשִׂית — √עשה 기본형 파알 do 완료 2.여.단.

▸ וַתֹּאמֶר — 접속사 (연속바브)
√אמר 기본형 파알 say 연속바브미완료 3.여.단.

▸ הָאִשָּׁה — 정관사 the
명사 여.단. 여자

▸ הַנָּחָשׁ — 정관사 the

	명사 남.단. 뱀
▸ הִשִּׁיאַנִי (הִשִּׁיא + אֲנִי)	√נשׁא 사역형 히프일 deceive 완료 3.남.단.
	인칭대명사 접미 1.공.단.
▸ וָאֹכֵל	접속사 (연속바브)
	√אכל 기본형 파알 eat 연속바브미완료 1.공.단.

<문법 정리>

60. 동사와 결합하는 인칭대명사 접미

앞에서 언급한대로(p. 156) 인칭대명사 접미는 그 용법을 따라서 크게 두 가지 경우의 배열로 나타난다. 보통 소유격 인칭대명사 접미가 명사에 붙어서 소유를 표현하거나 전치사의 목적어 역할을 하는 반면, 목적격 인칭대명사 접미는 동사에 붙어서 그 동사의 목적어 역할을 한다.

▸ 목적격 인칭대명사 접미의 용법

1) 완료 미완료 동사에 붙어서 목적어 표시

창16:2 עֲצָרַנִי [아짜라니] 그가 나를 막았다

창 4:14 יַהַרְגֵנִי [야하르게니] 그가 나를 죽일 것이다.

2) 부정사에 붙어서 목적어 표시

출 5:21 לְהָרְגֵנוּ [레호르게누] to kill us

3) 일부 전치사에 붙어서 목적어 표시

창 22:12 מִמֶּנִּי [밈멘니] from me

4) 일부 불변사에 와서 관용구로 사용

창 6:13 הִנְנִי [히네니] behold (I…)

완료동사 שמר watch	미완료동사 שמר watch	전치사 מִן from	전치사 כמו like
שְׁמָרוֹ (שָׁמַר+הוּא)	יִשְׁמְרֵהוּ (יִשְׁמְרֶנּוּ)	מִמֶּנּוּ	כָּמוֹהוּ
שְׁמָרָהּ (שָׁמַר+הִיא)	יִשְׁמְרֶהָ (יִשְׁמְרֶנָּה)	מִמֶּנָּה	כָּמוֹהָ
שְׁמָרָם (שָׁמַר+הֵם)	יִשְׁמְרֵם	מֵהֶם	כְּמוֹהֶם
שְׁמָרָן (שָׁמַר+הֵן)	יִשְׁמְרֵן	מֵהֶן (מֵהֵנָּה)	כְּמוֹהֶן
שְׁמָרְךָ (שָׁמַר+אַתָּה)	יִשְׁמָרְךָ (יִשְׁמְרֶךָּ)	מִמְּךָ	כָּמוֹךָ
שְׁמָרֵךְ (שָׁמַר+אַתְּ)	יִשְׁמְרֵךְ	מִמֵּךְ	כָּמוֹךְ
שְׁמָרְכֶם (שָׁמַר+אַתֶּם)	יִשְׁמָרְכֶם	מִכֶּם	כְּמוֹכֶם
שְׁמָרְכֶן (שָׁמַר+אַתֶּן)	יִשְׁמָרְכֶן	מִכֶּן	כְּמוֹכֶן
שְׁמָרַנִי (שָׁמַר+אֲנִי)	יִשְׁמְרֵנִי (יִשְׁמְרֶנִּי)	מִמֶּנִּי	כָּמוֹנִי
שְׁמָרָנוּ (שָׁמַר+אֲנַחְנוּ)	יִשְׁמְרֵנוּ	מִמֶּנּוּ	כָּמוֹנוּ

1) 완료동사가 3.m.s. 목적격 인칭대명사 접미를 취하는 경우 שְׁמָרָהוּ = שְׁמָרוֹ
2) 미완료동사와 인칭대명사 접미 사이에는 강조를 표현하는 נ (energic nun) 이 오는 경우가 있음(괄호 속에 나오는 용례들을 보라).
3) 전치사 מִן이 인칭대명사 접미와 결합할 때 그 사이에 מ이 추가 됨(추가 되지 않는 인칭도 있음).
4) כְּמוֹ는 독립전치사로서 접두전치사 כְּ와 같은 의미임.

▶ 소유격과 목적격의 사용구분이 정확하지 않은 예외 경우들도 있다.

<어휘 모음>

הִנְנִי	감 보라, 여기 + 인칭 접미(1공단) 나
יַהַרְגֵנִי	동(הרג pa.미3남단) 죽이다 + 인칭 접미(1공단) 나를
לְהָרְגֵנוּ	전 to + 동(הרג pa.부정연계) 죽이다 + 인칭 접미(1공복) 우리를
מִמֶּנִּי	선 from + 인칭 접미(1공단) 나
עֲצָרַנִי	동(עצר pa.완3남단) 제지하다, 막다 + 인칭 접미(1공단) 나를

61. 한정목적어 표시어와 결합된 목적격 인칭대명사

독립 인칭대명사	한정목적어 표시어 결합 인칭대명사		
הוּא	(אֵת + הוּא)	אֹתוֹ	[오토] 그를
הִיא	(אֵת + הִיא)	אֹתָהּ	[오타] 그녀를
הֵם	(אֵת + הֵם)	אֹתָם/אֶתְהֶם	[오탐/에트헴] 그들을
הֵן	(אֵת + הֵן)	אֹתָן/אֶתְהֶן	[오탄/에트헨] 그녀들을
אַתָּה	(אֵת + אַתָּה)	אֹתְךָ	[오트카] 당신을
אַתְּ	(אֵת + אַתְּ)	אֹתָךְ	[오타크] 당신을 (f)
אַתֶּם	(אֵת + אַתֶּם)	אֶתְכֶם	[에트켐] 당신들을
אַתֶּן	(אֵת + אַתֶּן)	אֶתְכֶן	[에트켄] 당신들을 (f)
אֲנִי	(אֵת + אֲנִי)	אֹתִי	[오티] 나를
אֲנַחְנוּ	(אֵת + אֲנַחְנוּ)	אֹתָנוּ	[오타누] 우리를

* אֹתְךָ (2남단)가 문장 가운데 끊어 읽는 부분의 마지막 위치에 오거나 문장의 마지막에 오면 אֹתָךְ로도 나타날 수 있다(p. 115 창 27:8의 용례를 참고하라).

문장에서 타동사가 인칭대명사를 그 목적어로 취하는 경우 두 가지로 표현될 수 있다:

1) 동사 끝 부분에 목적격 인칭대명사 접미를 위치시킨다(p. 242):

삼하 4:12 וַיְצַו דָּוִד אֶת־הַנְּעָרִים וַיַּהַרְגוּם

봐예짜브 다뷔드 엣-한네아림 봐야하르굼

David commanded his young men, and they executed them

소년들을 명하매 곧 저희를 죽이고

2) 동사 다음에 한정목적어 표시어와 결합된 목적격 인칭대명사를 위치시킨다:

삿 8:20 **וַיֹּאמֶר לְיֶתֶר בְּכוֹרוֹ קוּם הֲרֹג אוֹתָם**

봐요메르 레예테르 베코로 쿰 하로그 오탐

And he said to Jether his firstborn, Rise, kill them!

그 장자 여델에게 이르되 일어나 그들을 죽이라

<어휘 모음>

בְּכוֹרוֹ	명(남단연) 장자 + 인칭 접미(3남단) 그의
הַנְּעָרִים	정 the + 명(남복) 청소년
הֲרֹג	동(הרג pa.명령남단) 죽이다
וַיַּהַרְגוּם	동(הרג pa.연속미3남복) 죽이다 + 인칭 접미(3남복) 그들을
וַיְצַו	동(צוה pi.연속미3남단) 명령하다
לְיֶתֶר	전 to + 명(고유) 예델

[창 3:14] וַיֹּאמֶר יְהוָה אֱלֹהִים אֶל-הַנָּחָשׁ
כִּי עָשִׂיתָ זֹּאת אָרוּר אַתָּה מִכָּל-הַבְּהֵמָה וּמִכֹּל חַיַּת הַשָּׂדֶה
עַל-גְּחֹנְךָ תֵלֵךְ וְעָפָר תֹּאכַל כָּל-יְמֵי חַיֶּיךָ

봐요메르 아도나이 엘로힘 엘-한나하쉬
키 아시타 조트 아루르 앗타 미콜-합베헴마 우미콜 하야트 핫사데
알-게혼카 텔레크 붸 아파르 토칼 콜-예메 하예카

The LORD God said to the serpent, Because you have done this, cursed are you above all cattle, and above all wild animals; upon your belly you shall go, and dust you shall eat all the days of your life

여호와 하나님이 뱀에게 이르시되 네가 이렇게 하였으니 네가 모든 육축과 들의 모든 짐승보다 더욱 저주를 받아 배로 다니고 종신토록 흙을 먹을지니라

<어휘 분해>

▸ וַיֹּאמֶר	접속사 (연속봐브)
	√אמר 기본형 파알 say 연속봐브미완료 3.남.단.
▸ יְהוָה אֱלֹהִים	고유명사 여호와, the Lord
	명사 남.복. 하나님
▸ אֶל-הַנָּחָשׁ (אֶל + הַ + נָחָשׁ)	전치사 to
	전치사 the
	명사 남.단. 뱀
▸ כִּי	접속사 because
▸ עָשִׂיתָ	√עשה 기본형 파알 do 완료 2.남.단.
▸ זֹּאת	지시대명사 여.단. this
▸ אָרוּר	√ארר 기본형 파알 curse 수동분사 남.단.

▶ אַתָּה 독립 인칭대명사 2.남.단.

▶ מִכָּל־הַבְּהֵמָה (מִן + כֹּל + הַ + בְּהֵמָה)

전치사 from

명사 남.단. entirety

정관사 the

명사 여.단. 육축 cattle

(두 명사의 명사 결합)

▶ וּמִכֹּל חַיַּת הַשָּׂדֶה (וְ + מִן + כֹּל + חַיָּה + הַ + שָׂדֶה)

접속사 and

전치사 from

명사 남.단. entirety

명사 여.단. 연계형 짐승 animal

정관사 the

명사 남.단. 들

(세 명사의 명사 결합)

▶ עַל־גְּחֹנְךָ (עַל + גָּחוֹן + אַתָּה) 전치사 upon

명사 남.단. 배

인칭대명사 접미 2.남.단.

▶ תֵלֵךְ √הלך 기본형 파알 walk 미완료 2.남.단.

▶ וְעָפָר 접속사 and

명사 남.단. 먼지

▶ תֹּאכַל √אכל 기본형 파알 eat 미완료 2.남.단.

▶ כָּל־יְמֵי חַיֶּיךָ (כֹּל + יָמִים + חַיִּים + אַתָּה)

명사 남.단. entirety

명사 남.복. 연계형 날

명사 남.복. 연계형 생명, 삶

인칭대명사 접미 2.남.단.

<문법 정리>

62. 히브리어 불규칙 동사 הָלַךְ walk

히브리어 기본형 동사 הָלַךְ는 형태상 정동사에 속하지만 미완료에서 불규칙적으로 활용한다. 미완료에서는 첫 어근 ה가 사라진다(정관사를 가진 한정명사 앞에 접두전치사가 올 때 정관사 ה가 그 모음을 남기고 숨는 경우와 비교해 볼 수 있다: לְ+הָאִשָּׁה > לָאִשָּׁה p. 68).

인칭	완료	미완료직설법 Indicative	의지표현법 Cohortative	명령법 Imperative	간접명령법 Jussive
הוּא הִיא הֵם הֵן	הָלַךְ הָלְכָה הָלְכוּ הָלְכוּ	יֵלֵךְ תֵּלֵךְ יֵלְכוּ תֵּלַכְנָה			יֵלֶךְ תֵּלֶךְ יֵלְכוּ תֵּלַכְנָה
אַתָּה אַתְּ אַתֶּם אַתֶּן	הָלַכְתָּ הָלַכְתְּ הֲלַכְתֶּם הֲלַכְתֶּן	תֵּלֵךְ תֵּלְכִי תֵּלְכוּ תֵּלַכְנָה		לֵךְ לְכִי לְכוּ לֵכְנָה	
אֲנִי אֲנַחְנוּ	הָלַכְתִּי הָלַכְנוּ	אֵלֵךְ נֵלֵךְ	אֵלְכָה נֵלְכָה		

분사	הֹלֵךְ	[홀레크]	m.s. 걸어가는
	הֹלֶכֶת	[홀레켓]	f.s.
	הֹלְכִים	[홀킴]	m.pl.
	הֹלְכוֹת	[홀콧]	f.pl.
부정사	הָלוֹךְ	[할로크]	절대형
	לָלֶכֶת	[랄레케트]	연계형(ל와 사용될 경우)

<원문 읽기>

창 26:26 וַאֲבִימֶלֶךְ **הָלַךְ** אֵלָיו מִגְּרָר וַאֲחֻזַּת מֵרֵעֵהוּ וּפִיכֹל שַׂר-צְבָאוֹ

봐아비멜레크 할라크 엘라브 믹게라르 봐아훗자트 메레에후 우피콜 사르-쩨바오

Then Abim'elech went to him from Gerar with Ahuz'zath his adviser and Phicol the commander of his army

아비멜렉이 그 친구 아훗삿과 군대장관 비골로 더불어 그랄에서부터 이삭에게로 온지라

창 24:4 כִּי אֶל-אַרְצִי וְאֶל-מוֹלַדְתִּי **תֵּלֵךְ** וְלָקַחְתָּ אִשָּׁה לִבְנִי לְיִצְחָק

키 엘-아르찌 붸엘-몰라드티 텔레크 붸 라카흐타 잇샤 리브니 레이쯔하크

but [you] will go to my country and to my kindred, and take a wife for my son Isaac

내 고향 내 족속에게로 가서 내 아들 이삭을 위하여 아내를 택하라

창 24:51 הִנֵּה-רִבְקָה לְפָנֶיךָ קַח **וָלֵךְ** וּתְהִי אִשָּׁה לְבֶן-אֲדֹנֶיךָ כַּאֲשֶׁר דִּבֶּר יְהוָה

힌네-리브카 레파네카 카흐 봐레크 우테히 잇샤 레벤-아도네카 카아쉐르 딥베르 아도나이

Behold, Rebekah is before you, take her and go, and let her be the wife of your master's son, as the LORD has spoken

리브가가 그대 앞에 있으니 데리고 가서 여호와의 명대로 그로 그대의 주인의 아들의 아내가 되게 하라

창 25:32 וַיֹּאמֶר עֵשָׂו הִנֵּה אָנֹכִי **הוֹלֵךְ** לָמוּת וְלָמָּה-זֶּה לִי בְּכֹרָה

봐요메르 에사브 힌네 아노키 홀레크 라무트 붸람마-제 리 베코라

Esau said, I am about to die; of what use is a birthright to me?

에서가 가로되 내가 죽게 되었으니 이 장자의 명분이 내게 무엇이 유익하리요

레 18:4 אֶת-מִשְׁפָּטַי תַּעֲשׂוּ וְאֶת-חֻקֹּתַי תִּשְׁמְרוּ **לָלֶכֶת** בָּהֶם אֲנִי יְהוָה אֱלֹהֵיכֶם

엣-미쉬파타이 타아수 붸엣-훅코타이 티쉬메루 랄레케트 바헴 아니 아도나이 엘로헤켐

You shall do my ordinances and keep my statutes and walk in them. I am the LORD your God

너희는 나의 법도를 좇으며 나의 규례를 지켜 그대로 행하라 나는 너희의 하나님 여호와니라

<어휘 모음>

אֲדֹנֶיךָ	명(남복연) 주인 + 인칭 접미(2남단) 당신의
אַרְצִי	명(여단연) 땅, 나라 + 인칭 접미(1공단) 나의
אִשָּׁה	명(여단) 여자, 아내
בְּכֹרָה	명(여단) 장자권 birthright
דִּבֶּר	동(דבר pi.완3남단) 말하다
הוֹלֵךְ	동(הלך pa.분남단) 걸어가다, 가다
וַאֲחֻזַּת	접 and + 명(고유) 아훗삿
וָלֵךְ	접 and + 동(הלך pa.명령남단) 걸어가다, 걷다
וְלָקַחְתָּ	동(לקח pa. 연속완2남단) 취하다
וּפִיכֹל	접 and + 명(고유) 비골
וּתְהִי	접 and + 동(היה pa.미3여단-간접명령) ~이다, 되다
זֶה	지시대(남단) this
חֻקֹּתַי	명(여복연) 규례 + 인칭 접미(1공단) 나의
לְבֶן	전 to + 명(남단연) 아들
לִבְנִי	전 to + 명(남단연) 아들 + 인칭 접미(1공단) 나의
לְיִצְחָק	전 to + 명(고유) 이삭
לָמוּת	전 to + 동(מות pa.부정연계) 죽다
מִגְּרָר	전 from + 명(고유) 그랄
מוֹלַדְתִּי	명(여단연) 친족 + 인칭 접미(1공단) 나의
מֵרֵעֵהוּ	명(남단연) 친구 + 인칭 접미(3남단) 그의

מִשְׁפָּטַי	명(남복연) 법도 + 인칭 접미(1공단) 나의
עֵשָׂו	명(고유) 에서
צְבָאוֹ	명(남/여단연) 군대 + 인칭 접미(3남단) 그의
רִבְקָה	명(고유) 리브가
תַּעֲשׂוּ	동(עשׂה pa.미2남복) 하다, 만들다
תִּשְׁמְרוּ	동(שׁמר pa.미2남복) 지키다

[창 3:15] וְאֵיבָה אָשִׁית בֵּינְךָ וּבֵין הָאִשָּׁה וּבֵין זַרְעֲךָ וּבֵין זַרְעָהּ
הוּא יְשׁוּפְךָ רֹאשׁ וְאַתָּה תְּשׁוּפֶנּוּ עָקֵב

뷔에바 아쉬트 벤카 우벤 하잇샤 우벤 자르아카 우벤 자르아흐
후 예슈프카 로쉬 붸앗타 테슈펜누 아케브

I will put enmity between you and the woman, and between your seed and her seed; he shall bruise your head, and you shall bruise his heel

내가 너로 여자와 원수가 되게 하고 너의 후손도 여자의 후손과 원수가 되게 하리니 여자의 후손은 네 머리를 상하게 할 것이요 너는 그의 발꿈치를 상하게 할 것이니라 하시고

<어휘 분해>

▸ וְאֵיבָה
접속사 and
명사 여.단. 적대감

▸ אָשִׁית
√שִׁית 기본형 파알 put 미완료 1.공.단.

▸ בֵּינְךָ וּבֵין הָאִשָּׁה (בֵּין + אַתָּה + וְ + בֵּין + הַ + אִשָּׁה)
전치사 ...וּבֵין ...בֵּין between ⋯ and between ⋯
인칭대명사 접미 2.남.단.
정관사 the
명사 여.단. 여자

▸ וּבֵין זַרְעֲךָ וּבֵין זַרְעָהּ (וְ + בֵּין + זֶרַע + אתה + + וְ + בֵּין + זֶרַע + הִיא)
접속사 and
전치사 ...וּבֵין ...בֵּין between ⋯ and between ⋯
명사 남.단. seed
인칭대명사 접미 2.남.단.
명사 남.단. seed

인칭대명사 접미 3.여.단.

▸ הוּא — 독립 인칭대명사 3.남.단.

▸ (יָשׁוּף + אַתָּה) יְשׁוּפְךָ — √שׁוּף 기본형 파알 찌부러뜨리다 미완료 3.남.단.
인칭대명사 접미 2.남.단.

▸ רֹאשׁ — 명사 남.단. 머리

▸ וְאַתָּה — 접속사 and
독립 인칭대명사 2.남.단.

▸ (תָּשׁוּף + נ + הוּא) תְּשׁוּפֶנּוּ — √שׁוּף 기본형 파알 찌부러뜨리다 미완료 2.남.단.
강조를 표현하는 נ (energic nun)
인칭대명사 접미 3.남.단.

▸ עָקֵב — 명사 남.단. 발꿈치

미쉬나와 탈무드

유대인들이 인식하는 자신들의 과거 역사 가운데 가장 의미 있는 사건은 מַעֲמַד הַר סִינַי [마아마드 하르 시나이]이다. 이스라엘 백성이 이집트에서 탈출한 후 시내산에서 모세가 하나님의 율법을 받고, 이스라엘 자손들이 하나님의 백성이 되는 언약이 맺어진 사건을 지칭한다.

모세가 받은 율법은 보통 תּוֹרָה [토라]라고 불리는데 유대인들은 이 토라가 두 가지였다고 믿는다:

1) 기록으로 받은 תּוֹרָה שֶׁבִּכְתָב [토라 쉐비크타브] 성문율법
2) 구두로 전달받은 תּוֹרָה שֶׁבְּעַל-פֶּה [토라 쉐베알-페] 구전율법

성문율법은 구약성서의 첫 다섯 권의 책들(창세기, 출애굽기, 레위기, 민수기, 신명기) 안에 기록되었지만 구전율법은 모세가 여호수아에게, 여호수아가 그

다음 세대 장로들에게 그리고 그들이 그 다음 세대에 구술로 전수했다고 믿는다. 무엇을 하고 하지 말아야 하는 지는 성문율법으로 받았지만(해야 할 것 248가지, 하지 말아야 할 것 365가지, 모두 613 조항), 각각의 율법조항이 각각 어떻게 지켜져야 하는 지는 구전으로 전수되었다는 것이다. 예를 들어 새끼염소를 어미 젖에 삶지 말라는 것은 성문율법이지만(출 23:19, 신 14:21) 이것에 근거하여 육류와 유제품을 같이 먹지 않는 유대 음식법은 구전율법의 전통에 근거하는 것이다.

오랜 기간 구전되던 이 율법이 마침내 기록으로 옮겨진다. AD 200년경에 나사렛 북쪽에 위치한 찌포리에서 구전율법이 기록으로 옮겨지는데 이것이 바로 히브리어로 된 **מִשְׁנָה** [미쉬나]이다. 농사, 명절, 여자, 배상, 성물, 정결 이 여섯 가지의 큰 주제 아래 63개의 소항목들이 각 주제 아래 배열되어 있다. 63개 소항목들은 전부 524장으로 구성되고 소항목의 각 장은 여러 개의 구절로 이루어진다.

미쉬나가 기록된 후 유대 랍비들은 이 미쉬나의 각 구절을 두고 다시 해석하고 설명하고 토론하면서 약 300년에 걸쳐서 아람어로 된 주석을 남기게 되는데 이것을 **גְּמָרָא** [그마라]라고 부른다. 이 미쉬나와 그마라를 합친 것이 바로 처음 **תַּלְמוּד** [탈무드]이다. 지금부터 약 1500년 전에 이스라엘 땅과 바벨론에서 각각 미쉬나와 그마라가 함께 정리되는데 이스라엘 지역에서 만들어진 것은 **תַּלְמוּד יְרוּשַׁלְמִי** [탈무드 예루샬미] 예루살렘 탈무드, 바벨론 지역에서 만들어진 것은 **תַּלְמוּד בָּבְלִי** [탈무드 바블리] 바벨론 탈무드라고 불린다.

그렇지만 오늘날의 유대인들이 가지고 공부하는 탈무드는 본래의 미쉬나와 그마라 외에 추가적인 자료들이 더해진 것이다. 처음 탈무드가 완성된 그 이후 약 천년에 걸쳐서 후대 랍비들이 미쉬나와 그마라 구절들을 두고 설명하고 토론하고 해석했던 다양한 자료들이 추가된 것이다. 미쉬나는 작은 한 권의 책이었지만 현재 탈무드는 상당히 크고 무거운 수십 권 책으로 이루어져 있다. 미쉬나 속의 63개의 소항목들이 각각 한 권의 큰 책으로 확장된 것으로 이해할 수 있다.

[창 3:16] אֶל-הָאִשָּׁה אָמַר הַרְבָּה אַרְבֶּה עִצְּבוֹנֵךְ וְהֵרֹנֵךְ
בְּעֶצֶב תֵּלְדִי בָנִים וְאֶל-אִישֵׁךְ תְּשׁוּקָתֵךְ וְהוּא יִמְשָׁל-בָּךְ

엘-하잇샤 아마르 하르바 아르베 잇쩨보네크 붸헤로네크
베에쩨브 텔디 반님 붸엘-이쉐크 테슈카테크 붸후 임솔-바크

To the woman he said, I will greatly multiply your pain in childbearing; in pain you shall bring forth children, yet your desire shall be for your husband, and he shall rule over you

또 여자에게 이르시되 내가 네게 잉태하는 고통을 크게 더하리니 네가 수고하고 자식을 낳을 것이며 너는 남편을 사모하고 남편은 너를 다스릴 것이니라 하시고

<어휘 분해>

▸ אֶל-הָאִשָּׁה	전치사 to
	정관사 the
	명사 여.단. 여자
▸ אָמַר	√אמר 기본형 파알 say 완료 3.남.단.
▸ הַרְבָּה אַרְבֶּה	√רבה 사역형 히프일 multiply 절대형 부정사
	√רבה 사역형 히프일 multiply 미완료 1.공.단.
▸ עִצְּבוֹנֵךְ (עִצָּבוֹן + אַתְּ)	명사 남.단. 수고, 고통
	인칭대명사 접미 2.여.단.
▸ וְהֵרֹנֵךְ (וְ + הֵרוֹן + אַתְּ)	접속사 and
	명사 남.단. conception
	인칭대명사 접미 2.여.단.
▸ בְּעֶצֶב (בְּ + עֶצֶב)	전치사 in
	명사 남.단. 고통
▸ תֵּלְדִי	√ילד 기본형 파알 bear 미완료 2.여.단.

▶ בָּנִים 명사 남.복. 아들

▶ וְאֶל־אִישֵׁךְ (אַתְּ + אִישׁ + אֶל + וְ)

접속사 and

전치사 to

명사 남.단. 남자, 남편

인칭대명사 접미 2.여.단.

▶ תְּשׁוּקָתֵךְ (אַתְּ + תְּשׁוּקָה) 명사 여.단. 연계형 desire

인칭대명사 접미 2.여.단.

▶ וְהוּא (הוּא + וְ) 접속사 and

독립 인칭대명사 3.남.단.

▶ יִמְשָׁל־בָּךְ (אַתְּ + בְּ + יִמְשֹׁל) √משל 기본형 파알 rule 미완료 3.남.단.

전치사 in

인칭대명사 접미 2.여.단.

<문법 정리>

63. 전치사를 통해서 목적어를 취하는 동사

히브리어 동사들 가운데는 타동사 다음에 바로 목적어를 취하지 않고 전치사를 사용하여 동작의 목적어를 표현하는 동사들이 있다. 예를 들면:

מָשַׁל ב ... [마샬 베] ~을 다스리다

אָחַז ב ... [아하즈 베] ~을 붙잡다

הֶאֱמִין ב ... [헤에민 베] ~을 믿다

<원문 읽기>

창 25:26 וְאַחֲרֵי-כֵן יָצָא אָחִיו וְיָדוֹ **אֹחֶזֶת** **בַּ**עֲקֵב עֵשָׂו וַיִּקְרָא שְׁמוֹ יַעֲקֹב

뷔아하레-켄 야짜 아히브 뷔야도 오헤젯 바에케브 에사브 봐익크라 쉐모 야아코브

Afterward his brother came forth, and his hand had taken hold of Esau's heel; so his name was called Jacob

후에 나온 아우는 손으로 에서의 발꿈치를 잡았으므로 그 이름을 야곱이라 하였으며

창 15:6 **וְהֶאֱמִן** **בַּ**יהוָה וַיַּחְשְׁבֶהָ לּוֹ צְדָקָה

뷔헤에민 바아도나이 봐야흐쉐베하 로 쩨다카

And he believed the LORD; and he reckoned it to him as righteousness

아브람이 여호와를 믿으니 여호와께서 이를 그의 의로 여기시고

<어휘 모음>

אָחַז	동(אחז pa.완3남단) 붙잡다
אֹחֶזֶת	동(אחז pa.분여단) 붙잡다
אָחִיו	명(남단연) 형제 + 인칭 접미(3남단) 그의
בַּיהוָה	전 in + 명(고유) 여호와
בַּעֲקֵב	전 in + 정 the + 명(남단) 발꿈치
הֶאֱמִין	동(אמן hif.완3남단) 믿다
וְאַחֲרֵי	접 and + 전 after
וְהֶאֱמִן	접 and + 동(אמן hif.완3남단) 믿다
וְיָדוֹ	접 and + 명(여단연) 손 + 인칭 접미(3남단) 그의
וַיַּחְשְׁבֶהָ	동(חשב pa.연속미3남단) 여기다 + 인칭 접미(3여단) 그녀/그것을
מָשַׁל	동(משל pa.완3남단) 다스리다
צְדָקָה	명(여단) 의

[창 3:17] וּלְאָדָם אָמַר כִּי-שָׁמַעְתָּ לְקוֹל אִשְׁתֶּךָ וַתֹּאכַל מִן-הָעֵץ
אֲשֶׁר צִוִּיתִיךָ לֵאמֹר לֹא תֹאכַל מִמֶּנּוּ
אֲרוּרָה הָאֲדָמָה בַּעֲבוּרֶךָ בְּעִצָּבוֹן תֹּאכְלֶנָּה כֹּל יְמֵי חַיֶּיךָ

울아담 아마르 키-샤마으타 레콜 이쉬테카 봐토칼 민-하에쯔
아쉐르 찌뷔티카 레모르 로 토칼 밈멘누
아루라 하아다마 바아부레카 베잇짜본 토클렌나 콜 예메 하예카

And to Adam he said, Because you have listened to the voice of your wife, and have eaten of the tree of which I commanded you, `You shall not eat of it,' cursed is the ground because of you; in toil you shall eat of it all the days of your life

아담에게 이르시되 네가 네 아내의 말을 듣고 내가 너더러 먹지 말라 한 나무 실과를 먹었은 즉 땅은 너로 인하여 저주를 받고 너는 종신토록 수고하여야 그 소산을 먹으리라

<어휘 분해>

▸ וּלְאָדָם (וְ + לְ + אָדָם) 접속사 and
전치사 to
고유명사 아담

▸ אָמַר √אמר 기본형 파알 say 완료 3.남.단.

▸ כִּי-שָׁמַעְתָּ 접속사 because
√שמע 기본형 파알 hear 완료 2.남.단.

▸ לְקוֹל אִשְׁתֶּךָ (לְ + קוֹל + אִשָּׁה + אַתָּה)
전치사 to
명사 남.단. 목소리, 소리
명사 여.단. 연계형 여자, 아내
인칭대명사 접미 2.남.단.
(명사결합)

▸ וַתֹּאכַל	접속사 (연속바브)
	√אכל 기본형 파알 eat 연속바브미완료 2.남.단.
▸ מִן-הָעֵץ	전치사 from
	정관사 the
	명사 남.단. 나무
▸ אֲשֶׁר	관계대명사 that, which
▸ צִוִּיתִיךָ (צִוִּיתִי + אַתָּה)	√צוה 강세형 피엘 command 완료 1.공.단.
	인칭대명사 접미 2.남.단.
▸ לֵאמֹר (לְ + אֱמֹר)	전치사 to
	√אמר 기본형 파알 say 연계형 부정사
▸ לֹא תֹאכַל	부사 not
	√אכל 기본형 파알 eat 미완료 2.남.단.
▸ מִמֶּנּוּ (מִן + הוּא)	전치사 from
	인칭대명사 접미 3.남.단.
▸ אֲרוּרָה	√ארר 기본형 파알 curse 수동분사 여.단. 저주받은
▸ הָאֲדָמָה	정관사 the
	명사 여.단. ground, earth, land
▸ בַּעֲבוּרֶךָ (בַּעֲבוּר + אַתָּה)	복합전치사(전치사+전치사) because of
	인칭대명사 접미 2.남.단.
▸ בְּעִצָּבוֹן (בְּ + עִצָּבוֹן)	전치사 in, by, with
	명사 남.단. toil, pain
▸ תֹּאכְלֶנָּה (תֹּאכַל + נ + הִיא)	
	√אכל 기본형 파알 eat 미완료 2.남.단.
	강조를 표현하는 נ (energic nun)
	인칭대명사 접미 3.여.단.
▸ כֹּל יְמֵי חַיֶּיךָ (כֹּל + יָמִים + חַיִּים + אַתָּה)	
	명사 남.단. the whole
	명사 남.복. 연계형 day
	명사 남.복. 연계형 life
	인칭대명사 접미 2.남.단. (세 단어 명사 결합)

유대 디아스포라

유대적 문맥에서 디아스포라라는 용어가 처음 언급되는 곳은 히브리어 구약성서를 헬라어로 번역한 칠십인역(Septuagint)이다. 칠십인역 신명기 28장 25절에 디아스포라(διασπορά)가 처음 등장한다. 그러나 구절의 히브리어 원문에는 디아스포라에 상응하는 정확한 히브리어 용어가 나타나 있지 않다. 디아스포라와 연관되는 히브리어 어휘를 제시하는 구약성서 본문은 신명기 28장 64절이다. 이스라엘 자손들을 만민 중에 '흩어버리다'라는 의미로 사용된 히브리어 동사 הֵפִיץ [헤피쯔]를 칠십인역은 디아스페이로(διασπείρω)로 옮기고 있다. 이 본문에 근거하면 디아스포라에 해당하는 히브리어 어휘는 헤피쯔에서 파생된 명사 תְּפוּצָה [테푸자]다. 테푸짜는 유대인들이 자신들의 이산을 표현하는 두 개의 히브리 어휘 중 하나이다. 테푸짜는 디아스포라의 어원적 의미처럼 말 그대로 흩어져 있는 상황을 묘사한다. 그러나 유대인들의 입장에서 그들의 흩어짐은 단순한 이산 상태 이상을 의미한다. 유대인들의 흩어짐은 자신들이 원했던 바가 아니라 외부 세력에 의해서 야기된 것으로, 유대인들이 자신들의 땅에서 쫓겨나 타국으로 끌려갔었던 것에서 발생했다. 이런 문맥에서 유대인들이 주로 사용하는 디아스포라에 상응하는 히브리어 어휘는 '사로잡아 가다'라는 히브리어 동사 הִגְלָה [히글라]에서 파생된 명사 גָּלוּת [갈룻]이다. 테푸짜가 어원적으로 유대인들의 지정학적인 흩어짐을 의미한다면 갈룻은 본래 삶의 터전에서 뿌리가 뽑힌 상태를 의미한다. 갈룻은 단순하게 유대민족의 이산을 의미하는 것이 아니라 유대민족 전부 내지 상당수가 유대인들의 영원한 모국인 이스라엘 땅에서 내쫓겨 있는 상태를 의미했다. 그것은 유대교에서 하나님을 반역한 이스라엘 민족에게 주어지는 최고의 형벌로 여겨졌다.

유대 디아스포라는 긴 역사를 가지고 있다. 최초의 유대 디아스포라는 기원전 722년 10 지파로 구성되었던 북이스라엘 왕국이 멸망하면서 시작된다. 아시리아 제국(Neo-Assyrian)의 사르곤 2세는 북이스라엘을 붕괴시키고 그 백성들을 아시리아 제국의 여러 지역으로 강제 이주시켰다. 그러나 엄격한 의미에서의 유대 디아스포라는 기원전 6세기 초반에 본격화되었다. 바빌론 제국(Neo-Babylonian)의 네부카드네짜르 2세는 세 차례에 걸쳐 남유다 왕국의 포로들을 메소포타미아로 끌고 갔다. 기원전 605년 제1차 포로 이송에는 남유다의 왕족과 귀족들이 바빌론으로 잡혀갔고, 기원전 597년 제2차 포로 이송에는 여호야긴 왕과 약 11,000명의 군인, 관리, 기술자들이 끌려갔다. 약 30개월간의 포위 끝에 예루살렘 성이 함락되었던 기원전 586년에는 약 4,600명의 유대인이 바빌론으로 끌려간 것으로 예레미야가 기록한다.

메소포타미아에서 약 70년간 포로 생활을 했던 유대인들은 바빌론이 붕괴한 후 유대 땅으로 되돌아올 수 있었다. 바빌론 제국을 멸망시킨 페르시아 제국이 새로운 유민 정책을 실시했기 때문이었다. 그러나 메소포타미아에 정착했던 모든 유대인들이 고향 땅으로 돌아간 것은 아니다. 이때부터 유대인들에게는 이스라엘 땅과 바빌론 지역, 두 개의 문화적 중심지가 생기게 된다. 유대인들의 대표적인 기록문화유산 탈무드도 이스라엘 땅과 바빌론 지역 이 두 군데에서 편찬되었다.

메소포타미아 지역의 유대 디아스포라는 이후 수천 년 간 이 지역을 지배했던 다양한 정권 아래서 특별한 존재감을 드러내지 못하고 그 명맥을 이어왔다. 영국 신탁 통치하에서 1920년에 실시된 인구조사에 따르면 이라크에는 87,488명의 유대인이 살고 있었다. 1948년 이스라엘 건국 후 약 120,000명의 유대인이 자신들의 시민권과 현지 재산에 대한 모든 권리를 포기하고 이스라엘로 귀환했다. 계속 남아 있었던 유대인들은 1991년 걸프전쟁이 끝난 후에 대부분 이라크를 떠났고, 2008년 이라크에는 대략 8명의 유대인이 남아 있는 것으로 보고되었다.

유대 디아스포라는 근본적으로 이스라엘 땅을 전제하고 나타난 현상이다. 유대인들은 "우리에게 다른 땅은 없다"라고 말한다(אֵין לָנוּ אֶרֶץ אַחֶרֶת [엔 라누 에레쯔 아헤렛]). 한때 유대인 문제로 고민하던 국제사회가 이스라엘 땅이 아닌 다른 곳에 유대인 국가 건설의 아이디어를 제시했지만 유대인들은 받아들이지 않았다. 수천 년의 디아스포라 생활을 마치고 고토로 돌아왔던 유대인들이 개척 초기에 했던 일은 오히려 상징적이었다. 지중해 해변의 모래땅에 새로운 도시를 세운 것이다. 바로 텔아비브(תֵּל אָבִיב)이다. 텔아비브는 2,600년 전 바빌론으로 끌려갔던 유대인들이 정착했던 메소포타미아의 지명이었다. 텔아비브는 바빌론의 언어였던 아카드어로 '홍수의 언덕'이라는 뜻이다. 바빌론 제국이 유다 포로들을 정착시켰던 그곳은 사람이 살기에 평온한 지역이 아니었다. 자주 홍수가 나는 척박하고 암울한 지역이었다. 유대인들은 디아스포라의 텔아비브를 이스라엘 땅에 다시 세웠다. 히브리어로 '봄의 언덕'을 의미하는 텔아비브는 오늘날 경제 중심지로서 실질적이고 국제법적인 이스라엘의 수도이다. 이스라엘 인구의 절반이 텔아비브를 중심으로 살고 있다. 텔아비브는 유대 디아스포라와 이스라엘 땅을 시간적으로 공간적으로 연결하는 상징이다. 2,600년 전 메소포타미아에서 시작되었던 유대 디아스포라는 오늘날 이스라엘 땅으로 여전히 이어지고 있는 것이다.

[창 3:18] וְקוֹץ וְדַרְדַּר תַּצְמִיחַ לָךְ וְאָכַלְתָּ אֶת-עֵשֶׂב הַשָּׂדֶה

뷔코쯔 붸다르다르 타쯔미아흐 레카 붸아칼타 엣-에세브 핫사데

thorns and thistles it shall bring forth to you; and you shall eat the plants of the field

땅이 네게 가시덤불과 엉겅퀴를 낼 것이라 너의 먹을 것은 밭의 채소인즉

<어휘 분해>

▸ וְקוֹץ וְדַרְדַּר	접속사 and
	명사 남.단. 가시
	접속사 and
	명사 남.단. 엉겅퀴
▸ תַּצְמִיחַ	√צמח 사역형 히프일 sprout 미완료 3.여.단.
▸ לָךְ (לְ + אַתָּה)	전치사 to, for
	인칭대명사 접미 2.남.단.
▸ וְאָכַלְתָּ	접속사 (연속봐브)
	√אכל 기본형 파알 eat 연속봐브완료 2.남.단.
▸ אֶת-עֵשֶׂב הַשָּׂדֶה	한정목적어 표시어
	명사 남.단. herb, herbage
	정관사 the
	명사 남.단. field
	(명사 결합)

이스라엘 고대 역사 논쟁

구약성서는 이스라엘의 고대 왕국과 초대 왕들에 대해서 기록한다. 북이스라엘과 남유다로 나누어지기 전에 통치했던 왕정 초기의 세 왕은 사울과 다윗과 솔로몬이었다. 성경 기록에 나오는 역사를 연구했던 초기 보수적인 서구학자들은 대략 BC 1050년에서 BC 930년 기간에 사울과 다윗과 솔로몬이 각각 40년씩 나라를 통치했던 것으로 파악하고 이스라엘 고대역사를 정리했다. 그러나 20세기 후반에 들면서 성경에 기록된 이스라엘의 고대 역사를 의문시하는 견해들이 대두되기 시작했다. 그들의 핵심적인 논점은 고고학적인 발굴 결과물들이 성서 기록을 입증해 주지 못한다는 것이었다. 성서 미니멀리즘 학파로 불리는 이들의 결론은 다윗과 솔로몬의 왕국의 실존은 역사성이 없는 지어낸 이야기라는 것이었다. 고고학적인 물증의 부족과 더불어 모든 구약성서가 바벨론 귀환 이후에 기록되었다는 것이 그들 주장의 근거였다. 즉 다윗과 솔로몬 시대로부터 몇 백년 이후에 기록한 옛날의 다윗과 솔로몬에 관한 기사가 역사일 수 없다는 것이었다.

이들의 학문적인 주장이 옳다면 구약성서에 상당한 문제들이 발생하게 된다. 아브라함과 이삭과 야곱의 기사들, 모세와 여호수아의 기사들, 이사야와 다른 많은 이스라엘 선지자들의 예언들이 전혀 역사적 근거가 없는 이야기가 되어버리는 것이다. 신약성서 사도행전에 나오는 베드로의 설교(2장)와 스데반의 설교(7장)와 바울의 강론(28장)도 역사성이 없어지는 것이다. 더 나아가면 코란이 인용하는 구약성서 인물들의 실존도 허구가 되는 셈이다.

성서 미니멀리즘 학파 주장에 대한 첫 반박은 성서 히브리어를 연구했던 학자들에게서 시작되었다. 그들 주장대로 모든 구약성서의 책들이 지금부터 2500~2300 년경 전에 한꺼번에 다 기록되었다면 왜 구약성서를 기록한 히브리어에 시대적인 층이 생기는가 하는 반론을 제시한 것이다. 대표적인 실례가 되는 것은 다윗 이름의 스펠링이다. 미니말리즘 학파의 주장에 따르자면 후대에 한꺼번에 기록된 구약성서에 나오는 다윗의 이름은 동일한 형태의 스펠링이어야만 한다. 그러나 다윗의 이름은 사무엘하와 열왕기에서는 늘 דָּוִד [다뷔드]로 나오다가 역대기에 들어가면서 두 번째 알파벳 봐브 다음에 요드가 추가된 דָּוִיד [다뷔드] 형태로 나온다. 전통적으로 사무엘하와 열왕기는 바벨론 포로기 이전에 기록된 문헌이고 역대기는 포로기 이후의 기록물로 알려진다. 스펠링의 차이는 이 두 시기, 곧 유대인들이 바벨론으로 끌려 가기 전이었던 제1성전시대와 바벨론에서 돌아온 이후인 제2성전시대 간의 시대적인 차이인 것이다. 이것은 성서 기록에서만 그런 것이 아니라 성서 외적인 자료에서도 나타난다. 제 1성전시대의 것으로 알려지는 발굴물에 나타나는 다윗은 דָּוִד로, 제 2성전시대 및 그 이후 시대의 발굴물에 나오는 다윗은 דָּוִיד로 나타나는 것이다.

근년에 이스라엘에서 진행되고 있는 고고학 발굴은 구약성서 기록에 나타난 다윗 및 유다 왕국의 역사적 실존을 충분히 고증하는 것으로 보인다. 대표적으로 히브리대학교 Yosef Garfinkel 교수와 강후구 교수의 최근 발굴 리포트들을 참고하라.

[창 3:19] בְּזֵעַת אַפֶּיךָ תֹּאכַל לֶחֶם עַד שׁוּבְךָ אֶל-הָאֲדָמָה
כִּי מִמֶּנָּה לֻקָּחְתָּ כִּי-עָפָר אַתָּה וְאֶל-עָפָר תָּשׁוּב

베제아트 압페카 토칼 레헴 아드 슈브카 엘-하아다마
키 밈멘나 룩카흐타 키-아파르 앗타 붸엘-아파르 타슈브

In the sweat of your face you shall eat bread till you return to the ground, for out of it you were taken; you are dust, and to dust you shall return

네가 얼굴에 땀이 흘러야 식물을 먹고 필경은 흙으로 돌아가리니 그 속에서 네가 취함을 입었음이라 너는 흙이니 흙으로 돌아갈 것이니라 하시니라

<어휘 분해>

▸ בְּזֵעַת אַפֶּיךָ (בְּ + זֵעָה + אַפַּיִם + אַתָּה)

전치사 in, by, with

명사 여.단. 연계형 땀

명사 남.쌍. 연계형 얼굴

인칭대명사 접미 2.남.단.

▸ תֹּאכַל — √אכל 기본형 파알 eat 미완료 2.남.

▸ לֶחֶם — 명사 남.단. 음식, 빵

▸ עַד שׁוּבְךָ (עַד + שׁוּב + אַתָּה)

전치사 until

√שׁוּב 기본형 파알 return 연계형 부정사

인칭대명사 접미 2.남.단.

▸ אֶל-הָאֲדָמָה (אֶל + הַ + אֲדָמָה)

전치사 to

정관사 the

명사 여.단. 땅, 흙

▸ כִּי	접속사 for, because
▸ מִמֶּנָּה (מִן + הִיא)	전치사 from
	인칭대명사 접미 3.여.단.
▸ לֻקָּחְתָּ	√לקח 기본 수동형 푸알 be taken 완료 2.남.단.
▸ כִּי-עָפָר	접속사 for
	명사 남.단. dust
▸ אַתָּה	독립 인칭대명사 2.남.단.
▸ וְאֶל-עָפָר (וְ + אֶל + עָפָר)	접속사 and
	전치사 to
	명사 남.단. dust
▸ תָּשׁוּב	√שׁוב 기본형 파알 return 미완료 2.남.단.

<문법 정리>

64. 기본 수동형 동사 푸알

앞에서 본 대로 성서 히브리어 기본형 동사 파알(פָּעַל)의 수동형으로는 보통 기본 수동형 동사인 니프알(נִפְעַל)이 사용된다 (p. 180). 그러나 파알(פָּעַל)의 본래 수동형 동사는 푸알(פֻּעַל)이었던 것으로 추정된다.

기본 수동형 푸알은 강세형 피엘 동사의 수동인 강세 수동형 푸알 (p. 269)과 그 형태와 모음에서 유사해지는데 이것이 문제가 된 것으로 보인다. 두 번째 동사 어근이 중복되지 않는 기본 수동형 푸알과 두번 째 동사 어근이 중복되는 강세 수동형 푸알은 두 번째 동사 어근의 중복에서 차이를 가지고 있었다. 그러나 두 번째 동사 어근의 중복 차이는 이 두 동사 패턴 간에 충분한 차별을 드러내지 못했다. 여기에서 발생하는 혼선을 피하기 위하여 히브리어는 스스로 기본형 파알의 본래 수동형이었던 푸알 대신에 구분이 선명한 니프알을 채택하여 사용하기 시작한 것으로 볼 수 있다. 히브리어의 역사적 발전 과정 중 성서 히브리어 단계에서 기본 수동형 푸알은 이미 도태되는 상황이었던 것으로 파악된다.

이런 추정을 가능케 하는 것은 아랍어나 아람어 같은 다른 셈어의 동사 체계이다. 아랍어와 아람어는 기본형 동사(곧 기본 능동동사) فَعَلَ [파알라]와 פְּעַל [페알]의 수동동사로 فُعِلَ [푸일라]와 פְּעִל [페일]을 사용한다. 곧 동사에 어떤 접두요소 없이 모음에 변화만 주어 능동형에서 수동형을 만들어 사용하는 것이다.

기본 수동형 동사 푸알의 사용이 성서 히브리어에서 대규모로 축소되었지만 푸알의 분사인 파울(פָּעוּל)은 도태되지 않고 그 사용이 광범위하게 남게 되는데 이것은 형용사가 많이 부족한 언어적 상황에 기인한 것으로 보인다.

본래 기본 수동형 푸알의 분사였던 파울은 지금의 성서 히브리어 문법에서 보통 기본형 동사 파알의 수동분사로 분류되어 설명된다 (pp. 246, 259 אָרוּר와 אֲרוּרָה의 경우 참조)

▸ לֻקְּחָה의 경우 형태적으로는 강세 수동형 푸알로 강세형 피엘의 수동형 동사같이 보이지만 동사어근 לקח의 경우 강세형 피엘은 사용되지 않는다. 강세형 피엘의 사용이 나타나지 않을 경우 강세 수동형 푸알의 사용을 추정하는 것은 무리가 있다. 이 경우에는 둘째 어근이 중복되어 있긴 하지만 강세 수동형이 아니라 본래의 기본 수동형으로 보는 것이 더 적합하다.

▸ 기본형 파알 לָקַח의 경우 수동형 동사로서 푸알과 니프알이 구약성서 안에서 함께 나타난다. 그러나 성서 히브리어 동사들 전반에서 보면 기본형 파알에 대한 수동으로서 니프알의 사용은 절대적이다 (니프알 - 4100 회 이상, 푸알 - 80 여회).

65. 히브리어 동사 - 강세 수동형 동사 푸알

히브리어 강세 수동형 동사인 푸알은 강세형 피엘의 수동에 해당되는 동사이다 (전체 동사의 0.5%). 예로 피엘 **בִּשֵּׁל** [빗쉘]은 '물에 끓이다' 의 의미지만 푸알 **בֻּשַּׁל** [붓샬]은 '물에 끓여지다' 의 의미가 된다.

인칭	완료	미완료직설법 Indicative	의지표현법 Cohortative	명령법 Imperative	간접명령법 Jussive
הוּא	בֻּשַּׁל	יְבֻשַּׁל			יְבֻשַּׁל
הִיא	בֻּשְּׁלָה	תְּבֻשַּׁל			תְּבֻשַּׁל
הֵם	בֻּשְּׁלוּ	יְבֻשְּׁלוּ			יְבֻשְּׁלוּ
הֵן	בֻּשְּׁלוּ	תְּבֻשַּׁלְנָה			תְּבֻשַּׁלְנָה
אַתָּה	בֻּשַּׁלְתָּ	תְּבֻשַּׁל		-	
אַתְּ	בֻּשַּׁלְתְּ	תְּבֻשְּׁלִי		-	
אַתֶּם	בֻּשַּׁלְתֶּם	תְּבֻשְּׁלוּ		-	
אַתֶּן	בֻּשַּׁלְתֶּן	תְּבֻשַּׁלְנָה		-	
אֲנִי	בֻּשַּׁלְתִּי	אֲבֻשַּׁל	-		
אֲנַחְנוּ	בֻּשַּׁלְנוּ	נְבֻשַּׁל	-		

분사는 "메푸알"이다:

מְבֻשָּׁל	[메붓샬]	m.s. 끓여지는
מְבֻשֶּׁלֶת	[메붓쉘렛]	f.s.
מְבֻשָּׁלִים	[메붓샬림]	m.pl.
מְבֻשָּׁלוֹת	[메붓샬롯]	f.pl.

부정사 בֻּשֹּׁל [붓숄] 절대형

▸ 강세 수동형 푸알의 미완료 의지표현법, 명령법, 부정사 연계형은 사용되지 않는다.

<원문 읽기>

레 6:21 וּכְלִי-חֶרֶשׂ אֲשֶׁר **תְּבֻשַּׁל**-בּוֹ יִשָּׁבֵר וְאִם-בִּכְלִי נְחֹשֶׁת **בֻּשָּׁלָה** וּמֹרַק וְשֻׁטַּף בַּמָּיִם

우클리-헤레스 아쉐르 테붓샬-보 잇샤베르 붸임-비클리 네호쉐트 붓샬라

우모라크 붸슛타프 밤마임

But the earthen vessel in which it is boiled shall be broken. And if it is boiled in a bronze pot, it shall be both scoured and rinsed in water

그 [고기]를 토기에 삶았으면 그 그릇을 깨뜨릴 것이요 유기에 삶았으면

그 그릇을 닦고 물에 씻을 것이며

출 12:9 אַל-תֹּאכְלוּ מִמֶּנּוּ נָא וּבָשֵׁל **מְבֻשָּׁל** בַּמָּיִם כִּי אִם-צְלִי-אֵשׁ רֹאשׁוֹ עַל-כְּרָעָיו וְעַל-קִרְבּוֹ

알-토클루 밈멘누 나 우바쉘 메붓샬 밤마임 키 임-첼리-에쉬 로쇼 알-케라아브 붸알-키르보

Do not eat it raw, nor boiled at all with water, but roasted in fire –

its head with its legs and its entrails

날로 먹거나 물에 삶아서 먹지 말고 그 머리와 정강이와 내장을 다 불에 구워 먹고

삼상 2:15 וְאָמַר לָאִישׁ הַזֹּבֵחַ תְּנָה בָשָׂר לִצְלוֹת לַכֹּהֵן וְלֹא-יִקַּח מִמְּךָ בָּשָׂר **מְבֻשָּׁל** כִּי אִם-חָי

붸아마르 라이쉬 핫조베아흐 테나 바사르 리츨로트 락코헨

붸로-익카흐 밈메카 바사르 메붓샬 키 임-하이

and said to the man that sacrificed: 'Give flesh to roast for the priest;

for he will not have sodden flesh of thee, but raw

제사드리는 사람에게 이르기를 제사장에게 구워 드릴 고기를 내라

그가 네게 삶은 고기를 원치 아니하고 날 것을 원하신다 하다가

<어휘 모음>

בּוֹ	전 in + 인칭 접미(3남단) 그, 그것
בִּכְלִי	전 in + 명(남단연) 그릇
בֻּשָּׁלָה	동(בשל pu.완3여단) 물에 끓여지다
הַזֹּבֵחַ	정 the + 동(זבח pa.분남단) 희생을 잡다
וּכְלִי	접 and + 명(남단연) 그릇
וּמֹרַק	동(מרק pu.연속완3남단) 닦여지다
וְשֻׁטַּף	동(שטף pu.연속완3남단) 씻어지다
חֶרֶשׂ	명(남단) 토기
יִקַּח	동(לקח pa.미3남단) 취하다
יִשָּׁבֵר	동(שבר nif.미3남단) 부서지다
לָאִישׁ	전 to + 정 the + 명(남단) 사람
לַכֹּהֵן	전 to + 정 the + 명(남단) 제사장
לִצְלוֹת	전 to + 동(צלה pa.부정연계) 굽다
מִמְּךָ	전 from + 인칭 접미(2남단) 당신
נְחֹשֶׁת	명(여단) 놋
תְּבֻשַּׁל	동(בשל pu.미3여단) 물에 끓여지다
תְּנָה	동(נתן pa.명령남단-어미음ה) 주다

66. 히브리어 동사 - 사역 수동형 동사 호프알

히브리어 사역 수동형 동사 호프알(또는 후프알)은 사역형 히프일의 수동형이다 (전체 동사의 0.5%). 때때로 단순한 수동의 의미도 있지만 주로 히프일의 수동적 의미를 가진다.

הָשְׁלַךְ [호쉴라크] 던져지다

인칭	완료	미완료직설법 Indicative	의지표현법 Cohortative	명령법 Imperative	간접명령법 Jussive
הוּא הִיא הֵם הֵן	הָשְׁלַךְ הָשְׁלְכָה הָשְׁלְכוּ הָשְׁלְכוּ	יָשְׁלַךְ תָּשְׁלַךְ יָשְׁלְכוּ תָּשְׁלַכְנָה			יָשְׁלַךְ תָּשְׁלַךְ יָשְׁלְכוּ תָּשְׁלַכְנָה
אַתָּה אַתְּ אַתֶּם אַתֶּן	הָשְׁלַכְתָּ הָשְׁלַכְתְּ הָשְׁלַכְתֶּם הָשְׁלַכְתֶּן	תָּשְׁלַךְ תָּשְׁלְכִי תָּשְׁלְכוּ תָּשְׁלַכְנָה		- - - -	
אֲנִי אֲנַחְנוּ	הָשְׁלַכְתִּי הָשְׁלַכְנוּ	אָשְׁלַךְ נָשְׁלַךְ	- -		

분사는 "모프알 (or 무프알)"이다:

מָשְׁלָךְ	[모쉴라크]	m.s. 던져지는
מָשְׁלֶכֶת	[모쉴레켓]	f.s.
מָשְׁלָכִים	[모쉴라킴]	m.pl.
מָשְׁלָכוֹת	[모쉴라콧]	f.pl.

부정사 הָשְׁלֵךְ [호쉴레크] 절대형

▸ 사역 수동형 호프알의 미완료 의지표현법, 명령법, 부정사 연계형은 사용되지 않는다.

<원문 읽기>

시 22:11 עָלֶיךָ **הָשְׁלַכְתִּי** מֵרָחֶם מִבֶּטֶן אִמִּי אֵלִי אָתָּה

알레카 호쉴라크티 메레헴 밉베텐 임미 엘리 앗타

I was cast upon You from birth. From My mother's womb You have been My God

내가 날 때부터 주께 맡긴 바 되었고 모태에서 나올 때부터 주는 내 하나님이 되셨사오니

사 14:19 וְאַתָּה **הָשְׁלַכְתָּ** מִקִּבְרְךָ כְּנֵצֶר נִתְעָב לְבוּשׁ הֲרֻגִים מְטֹעֲנֵי חָרֶב

붸앗타 호쉴라크타 믹키브레카 케네쩨르 니트아브 레부쉬 하루김 메토아네 하레브

But you are cast out of your grave Like an abominable branch,

Like the garment of those who are slain

오직 너는 자기 무덤에서 내어쫓겼으니 가증한 나뭇가지 같고

칼에 찔려 돌구덩이에 빠진 주검에 둘려싸였으니

사 34:3 וְחַלְלֵיהֶם **יֻשְׁלָכוּ** וּפִגְרֵיהֶם יַעֲלֶה בָאְשָׁם וְנָמַסּוּ הָרִים מִדָּמָם

붸할를레헴 유쉴라쿠 우피그레헴 야알레 보으샴 붸나맛수 하림 밋담맘

Also their slain shall be thrown out; Their stench shall rise from their corpses, And the mountains shall be melted with their blood

그 살육당한 자는 내어던진 바 되며 그 사체의 악취가 솟아오르고 그 피에 산들이 녹을 것이며

렘 14:16 וְהָעָם אֲשֶׁר־הֵמָּה נִבְּאִים לָהֶם יִהְיוּ **מֻשְׁלָכִים** בְּחֻצוֹת יְרוּשָׁלַם מִפְּנֵי הָרָעָב וְהַחֶרֶב

붸하암 아쉐르-헴마 닙바임 라헴 이히유 무쉴라킴 베후쫏 예루샬라임

밉페네 하라아브 붸하헤레브

And the people to whom they prophesy shall be cast out in the streets of Jerusalem because of the famine and the sword

그들의 예언을 받은 백성은 기근과 칼로 인하여 예루살렘 거리에 던짐을 입을 것인즉

<어휘 모음>

אֵלִי 명(남단연) 하나님 + 인칭 접미(1공단) 나의

אִמִּי 명(여단연) 엄마 + 인칭 접미(1공단) 나의

בָאְשָׁם 명(남단연) 썩는 냄새 stench + 인칭 접미(3남복) 그들의

בְּחֻצוֹת 전 in + 명(남복연) 거리

הֲרֻגִים 동(הרג pa.수동분남복) 죽다

הָרִים 명(남복) 산

הָשְׁלַכְתָּ 동(שׁלך hof.완2남단) 던져지다

הָשְׁלַכְתִּי 동(שׁלך hof.완1공단) 던져지다

וְהַחֶרֶב 접 and + 정 the + 명(여단) 칼, 검

וְהָעָם 접 and + 정 the + 명(남단) 백성

וְחַלְלֵיהֶם 접 and + 명(남복연) 살육당한 자 + 인칭 접미(3남복) 그들의

וְנָמַסּוּ 동(מסס nif.연속완3공복) 녹다

וּפִגְרֵיהֶם 접 and + 명(남복연) 사체 + 인칭 접미(3남복) 그들의

חָרֶב 명(여단) 칼, 검

יִהְיוּ 동(היה pa.미3공복) ~이다. 되다

יְרוּשָׁלַם 명(고유) 예루살렘

יֻשְׁלָכוּ 동(שׁלך hof.미3남복) 던져지다

כְּנֵצֶר 전 like + 명(남단) 나뭇가지

לְבוּשׁ 동(לבשׁ pa.수동분남단연) 입다

מִבֶּטֶן 전 from + 명(여단연) 배

מִדָּמָם 전 from + 명(남단연) 피 + 인칭 접미(3남복) 그들의

מְטֹעֲנֵי 동(טען pu.분남복연) 찔리다

מִקִּבְרְךָ 전 from + 명(남단연) 무덤 + 인칭 접미(2남단) 당신의

מֵרָחֶם 전 from + 명(남단) 태, 자궁

מֻשְׁלָכִים 동(שׁלח hof.분남복) 던져지다

נִבְּאִים 동(נבא nif.분남복) 예언하다

נִתְעָב 동(תעב nif.분남단) 혐오시되다 be abhorred

V

원문4 시편 23

הוה זנב לאריות ואל תהי ראש לשועלים

헤붸 자나브 라아라욧 붸알 테히 로쉬 라슈알림

사자들의 꼬리가 되더라도 여우들의 머리는 되지 말라

훌륭한 사람들 가운데 꼴찌가 되는 것이 나쁜 무리들 가운데 첫째가 되는 것 보다 낫다는 표현이다. 좋은 사람들이나 현자들 가운데 있으면 자연스레 좋은 것을 배우게 되고 결국에는 그 스스로 훌륭하게 된다.

[시 23:1] [מִזְמוֹר לְדָוִד] יְהוָה רֹעִי לֹא אֶחְסָר

[미즈모르 레다뷔드] 아도나이 로이 로 에흐사르

[A Psalm of David] The LORD is my shepherd, I shall not want

[다윗의 시] 여호와는 나의 목자시니 내가 부족함이 없으리로다

<어휘 분해>

▸ מִזְמוֹר	명사 남.단. 시 psalm, melody
▸ לְדָוִד (לְ + דָוִד)	전치사 to, for
	고유명사 다윗
▸ יְהוָה	고유명사 여호와, the Lord
▸ רֹעִי (רֹעֶה + אֲנִי)	√רעה 기본형 파알 shepherd, feed 분사 남.단.
	인칭대명사 접미 1.공.단.
▸ לֹא אֶחְסָר	부사 not
	√חסר 기본형 파알 lack 미완료 1.공.단.

히브리어가 속한 셈어의 다른 대표적인 언어로 아람어와 아랍어를 들 수 있다. 히브리어와 아람어는 서북 셈어에 속하고 아랍어는 중부 또는 서남 셈어에 속한다.

	히브리어	아람어	아랍어
Peace	שָׁלוֹם [샬롬]	שְׁלָם [쉴람]	سَلاَمٌ [쌀람]
The peace	הַשָּׁלוֹם [하샬롬]	שְׁלָמָא [쉴라마]	اَلسَّلاَمُ [앗쌀람]
Gold	זָהָב [자하브]	דְהַב [데하브]	ذَهَبٌ [다하브/자하브]
Three	שְׁלוֹשָׁה [쉴로샤]	תְלָתָה [틀라타]	ثَلاَثَةٌ [쌀라싸]
Write!	כְּתוֹב [크토브]	כְּתֻב [크투브]	اُكْتُبْ [우크투브]

위 용례로 제시된 어휘를 통하여 히브리어와 아람어와 아랍어를 간략히 비교해 보면 아래와 같다:

1) 평화를 의미하는 히브리어의 샬롬은 아람어와 아랍어에서 쉴람과 쌀람으로 나타난다. 여기서 보게되는 히브리어의 한 특징은 아람어와 아랍어의 장모음 [아]가 히브리어에서는 장모음 [오]로 나타난다는 것이다. 다른 어휘들에서도 이 현상은 동일하게 나타난다.

2) 히브리어의 정관사는 단어에 접두되는 הַ [하]이지만 아람어에서는 같은 요소가 단어에 접미되는 א [아]임을 보게된다. 아랍어에서는 접두되는 ال [알]

이다. 여기에서는 이어 나오는 알파벳 때문에 [앗]으로 발음된다.

3) 황금을 뜻하는 단어가 히브리어에서는 [자하브]로, 아람어에서는 [데하브]로, 아랍어에서는 [다하브/자하브] (ㄷ과 ㅈ의 중간 정도의 음가임)로 나타난다. 곧 여기서 사용되는 히브리어 자음 ז [자인]과 아람어의 ד [달랏] 그리고 아랍어의 ذ [달/잘]는 음가가 다르지만 본래 같은 자음임을 알 수 있다.

4) 셋 (three)을 의미하는 단어는 히브리어에서 [쉘로샤] 아람어에서 [틀라타] 아랍어에서 [딸라따]로 나타난다. 여기서도 마찬가지로 히브리어의 שׁ [쉰]과 아람어의 ת [타우]와 아랍어의 ث [싸/thaa]는 본래 같은 알파벳에 속하는 것으로 파악된다.

5) 마지막 단어들은 동사의 명령형으로 "기록하라"라는 뜻이다. 히브리어에서 [크토브] (또는 [케토브]), 아람어에서는 [크투브]이다. 그러나 아랍어에서는 앞에 히브리어/아람어의 א [알레프/알라프]에 해당하는 ا [알리프]가 추가적으로 동원되었다. 이것은 아랍어의 한 특성으로 단어의 첫 자음에 모음이 없을 경우 발음이 되지 않기 때문에 알리프가 동원된다. 반면에 아람어는 위에서 보듯이 첫 알파벳에 모음이 없는 어휘들을 많이 가진다.

[시 23:2] בִּנְאוֹת דֶּשֶׁא יַרְבִּיצֵנִי עַל-מֵי מְנֻחוֹת יְנַהֲלֵנִי

빈옷 데쉐 야르비쩨니 알-메 메누훗 예나할레니

he makes me lie down in green pastures. He leads me beside still waters

그가 나를 푸른 목초장에 누이시며 쉴 만한 물가으로 인도하시는도다

<어휘 분해>

▸ בִּנְאוֹת דֶּשֶׁא (בְּ + נְאוֹת + דֶּשֶׁא)

전치사 in, by, with

명사 여.복. 목초장

명사 남.단. 풀, 잔디

(명사 결합)

▸ יַרְבִּיצֵנִי (יַרְבִּיץ + אֲנִי) √רבץ 사역형 히프일 눕게하다 미완료 3.남.단.

인칭대명사 접미 1.공.단.

▸ עַל-מֵי מְנֻחוֹת (עַל + מַיִם + מְנֻחוֹת)

전치사 upon

명사 남.복. 연계형 물

명사 여.복. 휴식

(명사 결합)

▸ יְנַהֲלֵנִי (יְנַהֵל + אֲנִי) √נהל 강세형 피엘 lead, guide 미완료 3.남.단.

인칭대명사 접미 1.공.단.

코셔: 유대교 음식법

코셔는 '음식으로 먹기에 적합하다'라는 뜻의 히브리어 형용사 כָּשֵׁר [카쉐르]가 아쉬케나지 유대인 방식으로 발음된 것이다. 유대교 음식법을 뜻하는 כַּשְׁרוּת [카슈룻]과 같은 의미로 사용된다. 코셔는 유대인의 성문 율법과 구전 율법에 근거하는데 성문 율법에 나오지 않는 사항들은 구전 율법에 따라 행하게 된다.

성문 율법 레위기 11장과 신명기 4장은 먹을 수 있는 것과 먹을 수 없는 것을 명시한다. 동물의 경우 새김질을 하고 발굽이 갈라진 짐승은 코셔다. 소와 양과 염소 같은 가축과 엘크나 버팔로 같은 동물이 코셔에 해당한다. 하지만 돼지의 경우 발굽이 갈라져 있지만 새김질을 하지 않기 때문에 부정하고, 토끼의 경우 새김질을 하지만 발굽이 갈라져 있지 않아서 코셔가 아니다. 하지만 먹을 수 있는 동물의 경우에도 생식기 부분과 힘줄 부분은 코셔가 아니다. 동물의 피를 먹는 것은 철저히 금기시된다. 새들의 경우 맹금류에 속하는 모든 조류는 코셔가 아니다. 닭과 칠면조와 메추라기 등은 코셔로 여겨진다. 땅의 곤충류 경우 특정 종류의 메뚜기만이 코셔이다. 물고기의 경우 지느러미와 비늘이 있는 생선만이 코셔에 해당한다. 고등어의 경우 지느러미는 있지만 비늘이 없어서 코셔가 아니다. 문어와 낙지, 새우와 조개 및 우리가 아는 대부분의 해산물은 코셔가 아니다. 그리고 지느러미가 있고 비늘이 있는 생선이라도 조리하지 않고 회로 먹는 것은 코셔에 어긋난다.

먹을 수 있는 동물도 그 모든 가공 절차가 율법적으로 적합해야 코셔가 될 수 있다. 적법하게 훈련된 도축자가 정결한 도구를 사용하여 정해진 순서를 따라 짐승을 잡아야 한다. 그렇게 잡은 후에는 30분 이내에 소금물에 담가 두어 고기에서 피를 빼 주어야 한다.

유대교 음식법은 육류 외에 다른 식재료에도 적용된다. 율법적으로 적합한 식재료라도 이방인이 요리하면 그 음식은 코셔가 아니다. 이방인이 마개를 열거나 따르거나 만진 포도주, 유대인의 관리 없이 이방인이 짠 우유, 이방인이 구운 빵 모두 코셔가 되지 못한다. 이방인이 생산한 올리브유의 경우에는 특정 단계까지는 코셔가 아니지만 그 후에는 코셔로 여겨진다. 그리고 유대인이 불을 피우고 요리 기구를 불에 올려놓는 등 요리에 참여하는 경우에는 이방인의 손이 탄 요리라도 코셔로 여겨진다.

유대교 음식법에 가장 큰 영향을 미치는 율법 조항은 '새끼 염소를 어미젖에 삶지 말라'는 명령이다(출애굽기 23:19, 신명기 14:21). 육류를 요리하면서 우유에서 가공된 소스나 재료를 사용하면 코셔가 아니다. 같이 섞어 요리해서도 안 될 뿐만 아니라 육류와 유제품을 같이 먹어서도 안 된다. 한 식탁 위에 고기 요리와 요구르트, 아이스크림 같은 유제품이 같이 올려져도 코셔가 아니다. 심지어는 고기 요리를 담는 접시와 생선 요리를 담는 접시를 혼용하는 것도 코셔에 어긋난다. 그것은 유대인들의 생선 요리에는 보통 우유에서 만들어진 소스가 들어가기 때문이다. 코셔를 지키려면 아이스크림을 먹거나 우유를 마신 후에는 한 시간 정도를 기다린 후에 고기를 먹어야 한다. 고기를 먹은 후에는 몇 시간 후에 유제품을 먹을 수 있다. 유대인들이 이용하는 식당은 스테이크 종류 등의 고기 요리를 파는 '브사리'식당과 유제품이나 그 소스가 들어가는 생선 메뉴를 중심으로 파는 '할라비'식당으로 나누어진다. 브사리식당의 디저트에는 아이스크림이나 카페 라테가 제공되지 않는다. 코셔를 지키는 맥도날드의 메뉴에는 치즈버거 종류가 빠져 있다.

[시 23:3] נַפְשִׁי יְשׁוֹבֵב יַנְחֵנִי בְמַעְגְּלֵי-צֶדֶק לְמַעַן שְׁמוֹ

나프쉬 예쇼베브 얀헤니 베마으겔레-쩨데크 레마안 쉐모

he restores my soul. He leads me in paths of righteousness for his name's sake

내 영혼을 소생시키시고 자기 이름을 위하여 의의 길로 인도하시는 도다

<어휘 분해>

▸ נַפְשִׁי (נֶפֶשׁ + אֲנִי) — 명사 남/여.단. 영혼 soul
인칭대명사 접미 1.공.단.

▸ יְשׁוֹבֵב — √שׁוּב 강세형 폴렐 restore 미완료 3.남.단.

▸ יַנְחֵנִי (יַנְחֶה + אֲנִי) — √נחה 사역형 히프일 lead 미완료 3.남.단.
인칭대명사 접미 1.공.단.

▸ בְּמַעְגְּלֵי-צֶדֶק (בְּ + מַעְגָּלִים + צֶדֶק)
전치사 in
명사 남.복. 연계형 길
명사 남.단. 의, 의로움
(명사 결합)

▸ לְמַעַן שְׁמוֹ (לְמַעַן + שֵׁם + הוּא) — 전치사 ~위하여
명사 남.단. 이름
인칭대명사 접미 3.남.단.

<문법 정리>

67. 히브리어 동사 - 강세형 동사 폴렐

히브리어 동사 יְשׁוֹבֵב [예쇼베브]는 강세형 동사 피엘에 속한다. 아인-봐브(ע"ו) 약동사 שׁוּב가 피엘형이 되면 폴렐 형태로 나타나게 된다.

강세형 동사 피엘의 변형 폴렐 (פּוֹלֵל) רוֹמֵם [로멤] 높이다

인칭	완료	미완료직설법 Indicative	의지표현법 Cohortative	명령법 Imperative	간접명령법 Jussive
הוּא הִיא הֵם הֵן	רוֹמֵם רוֹמֲמָה רוֹמֲמוּ רוֹמֲמוּ	יְרוֹמֵם תְּרוֹמֵם יְרוֹמְמוּ תְּרוֹמֵמְנָה			יְרוֹמֵם תְּרוֹמֵם יְרוֹמְמוּ תְּרוֹמֵמְנָה
אַתָּה אַתְּ אַתֶּם אַתֶּן	רוֹמַמְתָּ רוֹמַמְתְּ רוֹמַמְתֶּם רוֹמַמְתֶּן	תְּרוֹמֵם תְּרוֹמְמִי תְּרוֹמְמוּ תְּרוֹמֵמְנָה		רוֹמֵם רוֹמְמִי רוֹמְמוּ רוֹמֵמְנָה	
אֲנִי אֲנַחְנוּ	רוֹמַמְתִּי רוֹמַמְנוּ	אֲרוֹמֵם נְרוֹמֵם	אֲרוֹמְמָה נְרוֹמְמָה		

분사	מְרוֹמֵם	[메로멤]	m.s. 높이는, 높이는 자
	מְרוֹמֶמֶת	[메로메멧]	f.s.
	מְרוֹמְמִים	[메로메밈]	m.pl.
	מְרוֹמְמוֹת	[메로메못]	f.pl.

부정사	רוֹמֵם	[로멤]	절대형
	לְרוֹמֵם	[레로멤]	연계형(ל와 사용될 경우)

<원문 읽기>

사 25:1 יְהוָה אֱלֹהַי אַתָּה **אֲרוֹמִמְךָ** אוֹדֶה שִׁמְךָ כִּי עָשִׂיתָ פֶּלֶא

아도나이 엘로하이 앗타 아로밈카 오데 쉼카 키 아시타 펠레

You are my God. I will exalt You, I will praise Your name, For You have done wonderful things

여호와여 주는 나의 하나님이시라 내가 주를 높이고 주의 이름을 찬송하오리니 주는 기사를 … 행하셨음이라

시 18:49 מְפַלְּטִי מֵאֹיְבָי אַף מִן־קָמַי **תְּרוֹמְמֵנִי** מֵאִישׁ חָמָס תַּצִּילֵנִי

메팔레티 메오예바이 아프 민-카마이 테로메메니 메이쉬 하마스 탓찔레니

He delivers me from my enemies. You also lift me up above those who rise against me; You have delivered me from the violent man

주께서 나를 내 원수들에게서 구조하시니 주께서 실로 나를 대적하는 자의 위에 나를 드시고 나를 강포한 자에게서 건지시나이다

시 37:34 קַוֵּה אֶל־יְהוָה וּשְׁמֹר דַּרְכּוֹ **וִירוֹמִמְךָ** לָרֶשֶׁת אָרֶץ

카붸 엘-아도나이 우쉐모르 다르코 뷔로밈카 라레쉐트 아레쯔

Wait on the LORD, And keep His way, And He shall exalt you to inherit the land

여호와를 바라고 그 도를 지키라 그리하면 너를 들어 땅을 차지하게 하실 것이라

삼상 2:7 יְהוָה מוֹרִישׁ וּמַעֲשִׁיר מַשְׁפִּיל אַף־**מְרוֹמֵם**

아도나이 모리쉬 우마아쉬르 마쉬필 아프-메로멤

The LORD makes poor and makes rich; He brings low and lifts up

여호와는 가난하게도 하시고 부하게도 하시며 낮추기도 하시고 높이기도 하시는도다

스 9:9 וַיַּט-עָלֵינוּ חֶסֶד לִפְנֵי מַלְכֵי פָרַס לָתֶת-לָנוּ מִחְיָה **לְרוֹמֵם** אֶת-בֵּית אֱלֹהֵינוּ

봐야트-알레누 헤세드 리프네 말케 파라스 라테트-라누 미흐야 레로멤 엣-베트 엘로헤누

but has extended to us his steadfast love before the kings of Persia,

to grant us some reviving to set up the house of our God

[그러나] 바사 열왕 앞에서 우리로 긍휼히 여김을 입고 소성하여 우리 하나님의 전을 세우게 하시며

<어휘 모음>

אוֹדֶה	동(ידה hif.미1공단) 찬송하다
אֱלֹהֵינוּ	명(남복연) 하나님 + 인칭 접미(1공복) 우리의
אֲרוֹמִמְךָ	동(רום pi.(폴렐)미1공단) 높이다 + 인칭 접미(2남단) 당신을
דַּרְכּוֹ	명(남/여단연) 길 + 인칭 접미(3남단) 그의
וַיַּט	동(נטה hif.연속미3남단) 기울이다, 베풀다
וִירוֹמִמְךָ	접 + 동(רום pi.(폴렐)미3남단) 높이다 + 인칭 접미(2남단) 당신을
וּמַעֲשִׁיר	접 and + 동(עשׁר hif.분남단) 부유하게 하다
וּשְׁמֹר	접 and + 동(שׁמר pa.명령남단) 지키다
לָנוּ	전 to + 인칭 접미(1공복) 우리
לָרֶשֶׁת	전 to + 동(ירשׁ pa.부정연계) 얻다, 상속하다
מֵאֹיְבָי	전 from + 명(남복연) 원수 + 인칭 접미(1공단) 나의
מֵאִישׁ	전 from + 명(남단연) 사람
מוֹרִישׁ	동(ירשׁ hif.분남단) 가난하게 하다; 상속하게 하다
מִחְיָה	명(여단) 소생함
מַלְכֵי	명(남복연) 왕
מְפַלְטִי	동(פלט pi.분남단연) 구조하다 + 인칭 접미(1공단) 나를
מַשְׁפִּיל	동(שׁפל hif.분남단) 낮아지게 하다
פֶּלֶא	명(남단) 기사, 이적

פָּרַס	명(고유) 바사, 페르시아
קַוֵּה	동(קוה pi.명령남단) 바라다
קָמַי	동(קום pa.분남복연) 서다, 대적하다 + 인칭 접미(1공단) 나의
תַּצִּילֵנִי	동(נצל hif.미2남단) 건지다 + 인칭 접미(1공단) 나를
תְּרוֹמְמֵנִי	동(רום pi.(폴렐)미2남단) 높이다 + 인칭 접미(1공단) 나를

[시 23:4] גַּם כִּי-אֵלֵךְ בְּגֵיא צַלְמָוֶת לֹא-אִירָא רָע כִּי-אַתָּה עִמָּדִי
שִׁבְטְךָ וּמִשְׁעַנְתֶּךָ הֵמָּה יְנַחֲמֻנִי

감 키-엘레크 베게 짤마웨트 로-이라 라아 키-앗타 임마디
쉬브테카 우미쉬안테카 헴마 예나하무니

Even though I walk through the valley of the shadow of death, I fear no evil; for thou art with me; thy rod and thy staff, they comfort me

내가 사망의 음침한 골짜기로 다닐지라도 해를 두려워하지 않을 것은 주께서 나와 함께 하심이라. 주의 지팡이와 막대기가 나를 안위하시나이다

<어휘 분해>

▸ גַּם כִּי-אֵלֵךְ	부사 also, moreover
	접속사 that
	(גַּם כִּי 가 같이 사용되면 though)
	√הלך 기본형 파알 walk, go 미완료 1.공.단.
▸ בְּגֵיא צַלְמָוֶת (בְּ + גַּיְא + צַלְמָוֶת)	
	전치사 in
	명사 남/여.단. 계곡
	명사 남.단. deep darkness
	(명사 결합)
▸ לֹא-אִירָא	부사 not
	√ירא 기본형 파알 fear 미완료 1.공.단.
▸ רָע	명사 남.단. 악
▸ כִּי-אַתָּה	접속사 because
	독립 인칭대명사 2.남.단.
▸ עִמָּדִי (עִמָּד + אֲנִי)	전치사 with
	인칭대명사 접미 1.공.단.

▶ שִׁבְטְךָ (שֵׁבֶט + אַתָּה) — 명사 남.단. scepter
인칭대명사 접미 2.남.단.

▶ וּמִשְׁעַנְתֶּךָ (וְ + מִשְׁעֶנֶת + אַתָּה)
접속사 and
명사 여.단. staff
인칭대명사 접미 2.남.단.

▶ הֵמָּה — 독립 인칭대명사 3.남.복.

▶ יְנַחֲמֻנִי (יְנַחֲמוּ + אֲנִי) — √נחם 강세형 피엘 comfort 미완료 3.남.복.
인칭대명사 접미 1.공.단.

성서 히브리어와 현대 히브리어

성서 히브리어와 현대 히브리어 사이에는 언어적 차이가 존재한다. 그러나 성서 히브리어와 현대 히브리어는 두 개의 다른 언어가 아니다. 성서 히브리어를 알면 현대 히브리어를 이해할 수 있다. 현대 히브리어를 익히면 구약성서를 읽는데 어려움이 없다. 이천 년 전에 두 번째로 예루살렘이 함락당하면서 유대인들은 전 세계로 흩어졌다. 그들의 생활언어였던 히브리어는 오래 지속되지 못했다. 한 이백 년이 지나면서 구어로서의 히브리어는 사라지고 아람어와 아랍어 및 다른 유럽 언어들이 유대인들이 생활언어가 되었다. 그럼에도 불구하고 주중에는 가정에서 안식일에는 회당에서 계속 히브리어 구약성서와 미쉬나를 읽었다. 구약성서는 약 420,000 단어로 되어 있다. 같은 어근의 단어들을 묶어도 약 8,700 개이다. 거기에 다양한 생활 히브리어 어휘를 담고 있는 미쉬나도 늘 읽고 공부한 것이다. 구약성서에 나오는 히브리어를 성서 히브리어, 미쉬나에 나오는 히브리어를 미쉬나 히브리어라고 칭한다.

현대 히브리어는 성서 히브리어와 미쉬나 히브리어에 근거하여 되살아난 언어이다. 물론 성서 히브리어 통사론의 복잡한 부분은 현대 히브리어에서 잘 수용되지 못했다. 성서 히브리어와 미쉬나 히브리어에는 사용되었을리 없는 새로운 어휘들과 현대적 표현들은 외래어에서 차용되어 현대 히브리어 안으로 들어왔다. 현재 사용하고 있는 어휘의 약 10%가 차용어로 추정된다. 문법적인 구조도 흩어졌다가 돌아온 유대인들이 가지고 들어온 슬라브어 독일어 영어 등의 영향을 피할 수 없었다. 그러나 그럼에도 불구하고 히브리어는 여전히 셈어 형태로 남아 있다. 약 천년의 기간에 걸쳐 기록되었던 구약성서는 지난 이천 년의 유랑 기간뿐만 아니라 지금도 여전히 유대인들의 성서로 매일 매일 읽어지고 있다. 이것은 이스라엘리 히브리어라고 불리는 현대 히브리어와 성서 히브리어가 결코 멀어질 수 없음을 의미한다.

תַּעֲרֹךְ לְפָנַי שֻׁלְחָן נֶגֶד צֹרְרָי דִּשַּׁנְתָּ בַשֶּׁמֶן רֹאשִׁי כּוֹסִי רְוָיָה [시 23:5]

타아로크 레파나이 슐한 네게드 쪼르라이 디샨타 바쉐멘 로쉬 코시 레봐야

Thou preparest a table before me in the presence of my enemies; thou anointest my head with oil, my cup overflows

주께서 내 원수의 목전에서 내게 상을 베푸시고 기름으로 내 머리에 바르셨으니 내 잔이 넘치나이다

<어휘 분해>

▸ תַּעֲרֹךְ — √ערך 기본형 파알 arrange 미완료 2.남.단.

▸ לְפָנַי (לְ + פָּנִים + אֲנִי) — 전치사 to, for
명사 남/여.복. face
→ 복합전치사 before
인칭대명사 접미 1.공.단.

▸ שֻׁלְחָן — 명사 남.단. table

▸ נֶגֶד — 전치사 in front of, opposite

▸ צֹרְרָי (צֹרְרִים + אֲנִי) — √צרר 기본형 파알 be hostile 분사 남.복. 연계형
인칭대명사 접미 1.공.단.

▸ דִּשַּׁנְתָּ — √דשן 강세형 피엘 anoint 완료 2.남.단.

▸ בַשֶּׁמֶן (בְּ + הַ + שֶׁמֶן) — 전치사 with
정관사 the
명사 남.단. 기름

▸ רֹאשִׁי (רֹאשׁ + אֲנִי) — 명사 남.단. 머리
인칭대명사 접미 1.공.단.

▸ כּוֹסִי (כּוֹס + אֲנִי) — 명사 여.단. 컵
인칭대명사 접미 1.공.단.

▸ רְוָיָה — 명사 여.단. 포화상태, 넘침

히브리어 구약성서와 헬라어 신약성서

구약성서는 구약성서대로, 신약성서는 신약성서대로 접근하고 이해하려는 학문적인 분위기가 강한 것은 사실이다. 구약성서에 정통한 유대인 학자들은 종교적인 입장에서 그리고 개인적인 입장에서 구약성서를 가지고 신약성서를 논하는 작업을 선호하지 않는다. 전통적인 신약학자들은 유대인들의 경전인 구약성서와 유대 전통을 통하여 기독교의 뿌리와 신학이 설명되고 조명되기를 꺼려한다. 그러나 구약성서와 신약성서를 통합적으로 보고 접근하지 않으면 텍스트의 많은 부분들이 제대로 조명되지 못할 것으로 보인다.

히브리어는 구약성서 원문이해의 문을 열어준다. 흥미로운 것은 히브리어가 신약성서 이해에도 상당한 유익을 주는 부분이다. 헬라어로 기록된 신약성서도 히브리어로 접근하면 훨씬 선명해지는 부분들이 있다. 열 세권의 신약성서 서신을 남긴 사도 바울은 뼛속까지 유대인이었다. 그의 사고와 논리와 메시지의 기저를 형성하고 있었던 것은 그 자신의 모국어이면서 구약성서의 언어였던 히브리어였다고 믿어진다. 즉, 히브리어로 신약성서를 읽으면 저자의 의도와 메시지를 더욱 깊이 느끼고 파악할 수 있다는 것이다.

헬라어 신약성서를 히브리어로 완역한 최초의 인물은 프란츠 델리취(1813-1890)이었다. 델리취의 히브리어 신약성서(1877)는 몇 차례의 개정 후 구스타프 달만(1855-1941)을 손을 거치면서 최종적으로 마무리 되었다. 이 히브리어 신약성서는 오늘날도 이스라엘의 여러 메시아닉 유대인 교회들에서 사용되고 있다. 아직 히브리어가 부활되기 전에 번역된 것이었지만 히브리어로 읽을 때 더 선명히 드러나는 신약의 메시지 때문에 많은 유대인들이 이 히브리어 신약성서를 통하여 자신들의 메시야를 찾는데 도움을 얻은 것으로 보인다.

이스라엘성서공회는 델리취의 히브리어 신약성서와는 별도로 현대 히브리어 신약성서를 새로이 발간했다. 이 신약성서도 널리 사용되고 있는 중이다. 이스라엘성서공회 사이트에 접속하면 여러 자료들을 볼 수 있고, 부속 사이트에 들어가면 히브리어 구약성서와 신약성서를 오디오로 들을 수 있다:

www.biblesocietyinisrael.com
www.haktuvim.co.il

[시 23:6]

אַךְ טוֹב וָחֶסֶד יִרְדְּפוּנִי כָּל־יְמֵי חַיָּי
וְשַׁבְתִּי בְּבֵית־יְהוָה לְאֹרֶךְ יָמִים

아크 토브 봐헤세드 이르데푸니 콜-예메 하야이
뷔샤브티 베베트-아도나이 레오레크 야밈

Surely goodness and mercy shall follow me all the days of my life;
and I shall dwell in the house of the LORD for ever

나의 평생에 선하심과 인자하심이 정녕 나를 따르리니
내가 여호와의 집에 영원히 거하리로다

<어휘 분해>

▶ אַךְ	부사 surely
▶ טוֹב וָחֶסֶד	명사 남.단. 선함
	접속사 and
	명사 남.단. 인자함
▶ יִרְדְּפוּנִי (יִרְדְּפוּ + אֲנִי)	√ רדף 기본형 파알 pursue 미완료 3.남.복.
	인칭대명사 접미 1.공.단.
▶ כָּל־יְמֵי חַיָּי (כֹּל + יָמִים + חַיִּים + אֲנִי)	
	명사 남.단. the whole
	명사 남.복. 연계형 날
	명사 남.복. 연계형 삶
	인칭대명사 접미 1.공.단.
	(명사 결합)
▶ וְשַׁבְתִּי	접속사 (연속봐브)
	√ שׁוּב 기본형 파알 return 연속봐브완료 1.공.단.
	(그러나 보통 וְיָשַׁבְתִּי 의 축약형으로 이해함:
	√ ישׁב 기본형 파알 sit 연속봐브완료 1.공.단.)

▸ בְּבֵית־יְהוָה (בְּ + בַּיִת + יְהוָה)

전치사 in

명사 남.단. 집

고유명사 여호와, the Lord

(명사 결합)

▸ לְאֹרֶךְ יָמִים (לְ + אֹרֶךְ + יָמִים)

전치사 for

명사 남.단. 길이

명사 남.복. day

(명사 결합)

→ 부사적으로 for ever, for a long time

68. 일곱 개 패턴 이외의 동사들

일곱 개의 동사 패턴에 속하지 않는 부가적인 형태의 히브리어 동사들이 존재한다(전체 동사의 1%). 이들은 크게 강세형 피엘이나 사역형 히프일의 변형으로 이해할 수 있다(예로 앞에서 배운 동사형 폴렐의 경우를 보라. p. 284).

몇 가지 예를 들면:

포엘	**יוֹדַעְתִּי**	[요다으티] I caused to know (삼상 21:3)
파을렐	**שַׁאֲנַן מוֹאָב**	[샤아난 모압] Moab has been at ease (렘 48:11)
페알알	**לִבִּי סְחַרְחַר**	[립비 세하르하르] My heart pounds (시 38:11)
필펠	**אֲכַלְכֵּל אֶתְכֶם**	[아칼켈 에트켐] I will provide for you (창 50:21)
티프엘	**תִּרְגַּלְתִּי**	[티르갈티] I taught (호 11:3)
히쉬타프엘	**הִשְׁתַּחֲווּ**	[히쉬타하부] they worshiped (렘 8:2)

이스라엘-팔레스타인 분쟁: יְרוּשָׁלַיִם [예루샬라임] 예루살렘은 누구의 수도인가?

약 85만명이 거주하는 예루살렘은 주로 아랍인들이 거주하는 הָעִיר הָעַתִּיקָה [하이르 하아티카] (= The Old City)라고 불리는 옛 성 및 그 동쪽 주변 지역들과 유대인들이 거주하는 서쪽 및 남쪽으로 넓게 펼쳐진 신시가지로 나누어진다. 옛 성 지역은 삼천 년 전에 고대 이스라엘 왕국이 수도를 삼은 곳이었지만 옛 성 서편 외부로 주거지가 건설되면서 오늘의 신시가지로 발전하기 시작한 것은 불과 150 여년 전이었다.

예루살렘은 한 세기 이상을 끌어오고 있는 이스라엘-팔레스타인 분쟁과 갈등의 핵심이다. 유대인들에게 예루살렘은 말 그대로 민족의 심장이다. 자신들을 선민으로 부르신 하나님이 그 이름을 두시려고 세웠던 성전이 있었던 곳이다. 옛 적에 바벨론으로 끌려가 있는 동안에도 유대인들이 결코 잊을 수 없었던 곳은 צִיּוֹן [찌욘] 시온이라 불리던 예루살렘이었다. 그래서 시편은 이렇게 노래한다: "우리가 바벨론의 여러 강변 거기에 앉아서 시온을 기억하며 울었도다", "예루살렘아 내가 너를 잊을진대 내 오른손이 그의 재주를 잊을지로다" (시편 137: 1, 5).

디아스포라라고 불리는 이스라엘 바깥 세계에 살아가고 있는 유대인들도 예루살렘을 잊지 않는다. 지금도 해마다 유월절 만찬을 마무리하면서 그들은 외친다. 내년에는 예루살렘에서 유월절을 지킬 수 있기를 소망하면서: הַשָּׁנָה הַבָּאָה בִּירוּשָׁלַיִם [하샤나 하바아 베예루샬라임] 내년에는 예루살렘에서!

예루살렘이 무슬림들에게 정복당한 것은 AD 638년이었다. 이후 돔 사원과 알악사 모스크가 완공되고 이슬람 칼리프의 통치가 항구화되면서 아랍어로 القُدْسُ [알꾿수]라고 불린 예루살렘은 이슬람교의 성지가 된다. 아랍 무슬림들에게도 예루살렘은 결코 양보할 수 없는 이슬람교의 한 부분이 된 것이다.

1990년대 초반 국제사회는 장기화된 이스라엘-팔레스타인 분쟁의 해결을 시도한다. 1993년 오슬로 협정이 체결되면서 평화의 길은 시작되는 듯 했다. 그 협정에 따르면 5년 후에는 팔레스타인 국가도 세워지도록 되어 있었다. 그러나 미국의 중재 하에 시도되었던 이스라엘 수상과 팔레스타인 수반 간의 마지막 담판은 결국 결렬되고 말았다. 핵심적인 걸림돌은 어느 측도 양보할 수 없었던 예루살렘 이슈였다.

예루살렘을 이스라엘 왕국의 수도로 삼았던 다윗 왕은 이미 그때부터 예루살렘의 문제를 내다 보았던 모양이다. 그는 이렇게 노래한다:

שַׁאֲלוּ שְׁלוֹם יְרוּשָׁלָם יִשְׁלָיוּ אֹהֲבָיִךְ

[샤알루 쉘롬 예루샬라임 이쉘라유 오하바이크]

"예루살렘을 위하여 평안을 구하라 예루살렘을 사랑하는 자는 형통하리로다"

(시편 122:6)

히브리어 동사활용표

▸ 참고

1. 소개되는 동사 각각의 활용 용례들은 성서 히브리어에 나타나는 경우를 중심으로 했지만 성서 히브리어 본문에 나타나지 않는 경우들도 활용규칙을 따라 제시했으며 악센트 표시 없이 다게쉬와 모음부호만 표시했음을 밝힌다. 성서 본문에 나타나는 특정 동사의 활용 모음형태가 하나 이상인 경우에는 대표적인 형태 하나만을 제시했다.
2. 동사활용표의 빈칸은 그 동사가 그 해당 형태에서 정동사처럼 활용함을 의미한다.
3. 동사활용표의 칸 속 "-"의 의미는 그 사용이 존재하지 않는다는 의미이다.
4. Perf.는 완료, Impf.는 미완료, Juss.는 미완료 단축형(연속봐브미완료; 간접명령), Imp.는 명령, Part.는 분사, Inf.Abs.와 Inf.Con.는 각각 절대형 부정사와 연계형 부정사를 뜻한다.
5. 연계형 부정사는 ל를 붙인 형태를 대표적으로 제시했다.

표 1. 정동사 (קדשׁ)

	파알	니프알	피엘	푸알	히트파엘	히프일	호프알
Perf.3.m.s.	קָדַשׁ	יִקָּדֵשׁ	קִדֵּשׁ	קֻדַּשׁ	הִתְקַדֵּשׁ	הִקְדִּישׁ	הָקְדַּשׁ
3.f.s.	קָדְשָׁה	תִּקָּדֵשׁ	קִדְּשָׁה	קֻדְּשָׁה	הִתְקַדְּשָׁה	הִקְדִּישָׁה	הָקְדְּשָׁה
3.c.pl.	קָדְשׁוּ	יִקָּדְשׁוּ	קִדְּשׁוּ	קֻדְּשׁוּ	הִתְקַדְּשׁוּ	הִקְדִּישׁוּ	הָקְדְּשׁוּ
2.m.s.	קָדַשְׁתָּ	נִקְדַּשְׁתָּ	קִדַּשְׁתָּ	קֻדַּשְׁתָּ	הִתְקַדַּשְׁתָּ	הִקְדַּשְׁתָּ	הָקְדַּשְׁתָּ
2.f.s.	קָדַשְׁתְּ	נִקְדַּשְׁתְּ	קִדַּשְׁתְּ	קֻדַּשְׁתְּ	הִתְקַדַּשְׁתְּ	הִקְדַּשְׁתְּ	הָקְדַּשְׁתְּ
2.m.pl.	קְדַשְׁתֶּם	נִקְדַּשְׁתֶּם	קִדַּשְׁתֶּם	קֻדַּשְׁתֶּם	הִתְקַדַּשְׁתֶּם	הִקְדַּשְׁתֶּם	הָקְדַּשְׁתֶּם
2.f.pl.	קְדַשְׁתֶּן	נִקְדַּשְׁתֶּן	קִדַּשְׁתֶּן	קֻדַּשְׁתֶּן	הִתְקַדַּשְׁתֶּן	הִקְדַּשְׁתֶּן	הָקְדַּשְׁתֶּן
1.c.s.	קָדַשְׁתִּי	נִקְדַּשְׁתִּי	קִדַּשְׁתִּי	קֻדַּשְׁתִּי	הִתְקַדַּשְׁתִּי	הִקְדַּשְׁתִּי	הָקְדַּשְׁתִּי
1.c.pl.	קָדַשְׁנוּ	נִקְדַּשְׁנוּ	קִדַּשְׁנוּ	קֻדַּשְׁנוּ	הִתְקַדַּשְׁנוּ	הִקְדַּשְׁנוּ	הָקְדַּשְׁנוּ
Impf.3.m.s.	יִקְדַּשׁ	אֶקָּדֵשׁ	יְקַדֵּשׁ	יְקֻדַּשׁ	יִתְקַדֵּשׁ	יַקְדִּישׁ	יָקְדַּשׁ
3.f.s.	תִּקְדַּשׁ	נִקָּדֵשׁ	תְּקַדֵּשׁ	תְּקֻדַּשׁ	תִּתְקַדֵּשׁ	תַּקְדִּישׁ	תָּקְדַּשׁ
3.m.pl.	יִקְדְּשׁוּ	תִּקָּדֵשׁ	יְקַדְּשׁוּ	יְקֻדְּשׁוּ	יִתְקַדְּשׁוּ	יַקְדִּישׁוּ	יָקְדְּשׁוּ
3/2.f.pl.	תִּקְדַּשְׁנָה	תִּקָּדַשְׁנָה	תְּקַדֵּשְׁנָה	תְּקֻדַּשְׁנָה	תִּתְקַדֵּשְׁנָה	תַּקְדֵּשְׁנָה	תָּקְדַּשְׁנָה
2.m.s.	תִּקְדַּשׁ	תִּקָּדֵשׁ	תְּקַדֵּשׁ	תְּקֻדַּשׁ	תִּתְקַדֵּשׁ	תַּקְדִּישׁ	תָּקְדַּשׁ
2.f.s.	תִּקְדְּשִׁי	תִּקָּדְשִׁי	תְּקַדְּשִׁי	תְּקֻדְּשִׁי	תִּתְקַדְּשִׁי	תַּקְדִּישִׁי	תָּקְדְּשִׁי
2.m.pl.	תִּקְדְּשׁוּ	תִּקָּדְשׁוּ	תְּקַדְּשׁוּ	תְּקֻדְּשׁוּ	תִּתְקַדְּשׁוּ	תַּקְדִּישׁוּ	תָּקְדְּשׁוּ
1.c.s.	אֶקְדַּשׁ	אֶקָּדֵשׁ	אֲקַדֵּשׁ	אֲקֻדַּשׁ	אֶתְקַדֵּשׁ	אַקְדִּישׁ	אָקְדַּשׁ
1.c.pl.	נִקְדַּשׁ	נִקָּדֵשׁ	נְקַדֵּשׁ	נְקֻדַּשׁ	נִתְקַדֵּשׁ	נַקְדִּישׁ	נָקְדַּשׁ
Juss.	יִקְדַּשׁ	יִקָּדֵשׁ	יְקַדֵּשׁ	יְקֻדַּשׁ	יִתְקַדֵּשׁ	יַקְדֵּשׁ	יָקְדַּשׁ
Imp.m.s.	קְדַשׁ	הִקָּדֵשׁ	קַדֵּשׁ	-	הִתְקַדֵּשׁ	הַקְדֵּשׁ	-
f.s.	קִדְשִׁי	הִקָּדְשִׁי	קַדְּשִׁי	-	הִתְקַדְּשִׁי	הַקְדִּישִׁי	-
m.pl.	קִדְשׁוּ	הִקָּדְשׁוּ	קַדְּשׁוּ	-	הִתְקַדְּשׁוּ	הַקְדִּישׁוּ	-
f.pl.	קְדַשְׁנָה	הִקָּדַשְׁנָה	קַדֵּשְׁנָה	-	הִתְקַדֵּשְׁנָה	הַקְדֵּשְׁנָה	-
Part.m.s.	קֹדֵשׁ	נִקְדָּשׁ	מְקַדֵּשׁ	מְקֻדָּשׁ	מִתְקַדֵּשׁ	מַקְדִּישׁ	מָקְדָּשׁ
f.s.	קֹדֶשֶׁת	נִקְדֶּשֶׁת	מְקַדֶּשֶׁת	מְקֻדֶּשֶׁת	מִתְקַדֶּשֶׁת	מַקְדֶּשֶׁת	מָקְדֶּשֶׁת
m.pl.	קֹדְשִׁים	נִקְדָּשִׁים	מְקַדְּשִׁים	מְקֻדָּשִׁים	מִתְקַדְּשִׁים	מַקְדִּישִׁים	מָקְדָּשִׁים
f.pl.	קֹדְשׁוֹת	נִקְדָּשׁוֹת	מְקַדְּשׁוֹת	מְקֻדָּשׁוֹת	מִתְקַדְּשׁוֹת	מַקְדִּישׁוֹת	מָקְדָּשׁוֹת
Inf. Abs.	קָד(וֹ)שׁ	נִקְדּוֹשׁ	קַדֵּשׁ	קֻדּוֹשׁ	הִתְקַדֵּשׁ	הַקְדֵּשׁ	הָקְדֵּשׁ
Inf. Con.	לִקְדֹּשׁ	לְהִקָּדֵשׁ	לְקַדֵּשׁ	-	לְהִתְקַדֵּשׁ	לְהַקְדִּישׁ	-

* 정동사 니프알의 절대형 부정사는 **נִקְדּוֹשׁ**와 **הִקָּדֵשׁ** 둘 다 사용된다. 연계형으로 사용될 때에는 후자가 쓰인다.

* 니프알과 히프일 분사 **נִקְדֶּשֶׁת**와 **מַקְדֶּשֶׁת**는 **נִקְדָּשָׁה**와 **מַקְדִּישָׁה** 형태로도 나타난다.

표 2. 페-알레프 약동사 (אכל)

	파알	니프알	피엘	푸알	히트파엘	히프일	호프알
Perf.3.m.s.	אָכַל	נֶאֱכַל				הֶאֱכִיל	הָאֳכַל
3.f.s.	אָכְלָה	נֶאֶכְלָה				הֶאֱכִילָה	הָאָכְלָה
3.c.pl.	אָכְלוּ	נֶאֶכְלוּ				הֶאֱכִילוּ	הָאָכְלוּ
2.m.s.	אָכַלְתָּ	נֶאֱכַלְתָּ				הֶאֱכַלְתָּ	הָאֳכַלְתָּ
2.f.s.	אָכַלְתְּ	נֶאֱכַלְתְּ				הֶאֱכַלְתְּ	הָאֳכַלְתְּ
2.m.pl.	אֲכַלְתֶּם	נֶאֱכַלְתֶּם				הֶאֱכַלְתֶּם	הָאֳכַלְתֶּם
2.f.pl.	אֲלַכְתֶּן	נֶאֱכַלְתֶּן				הֶאֱכַלְתֶּן	הָאֳכַלְתֶּן
1.c.s.	אָכַלְתִּי	נֶאֱכַלְתִּי				הֶאֱכַלְתִּי	הָאֳכַלְתִּי
1.c.pl.	אָכַלְנוּ	נֶאֱכַלְנוּ				הֶאֱכַלְנוּ	הָאֳכַלְנוּ
Impf.3.m.s.	יֹאכַל	יֵאָכֵל				יַאֲכִיל	יָאֳכַל
3.f.s.	תֹּאכַל	תֵּאָכֵל				תַּאֲכִיל	תָּאֳכַל
3.m.pl.	יֹאכְלוּ	יֵאָכְלוּ				יַאֲכִילוּ	יָאָכְלוּ
3/2.f.pl.	תֹּאכַלְנָה	תֵּאָכַלְנָה				תַּאֲכֵלְנָה	תָּאֳכַלְנָה
2.m.s.	תֹּאכַל	תֵּאָכֵל				תַּאֲכִיל	תָּאֳכַל
2.f.s.	תֹּאכְלִי	תֵּאָכְלִי				תַּאֲכִילִי	תָּאָכְלִי
2.m.pl.	תֹּאכְלוּ	תֵּאָכְלוּ				תַּאֲכִילוּ	תָּאָכְלוּ
1.c.s.	אֹכַל	אֵאָכֵל				אַאֲכִיל	אָאֳכַל
1.c.pl.	נֹאכַל	נֵאָכֵל				נַאֲכִיל	נָאֳכַל
Juss.	יֹאכֵל	יֵאָכֶל				יַאֲכֵל	יָאֳכַל
Imp.m.s.	אֱכֹל	-				הַאֲכֵל	-
f.s.	אִכְלִי	-				הַאֲכִילִי	-
m.pl.	אִכְלוּ	-				הַאֲכִילוּ	-
f.pl.	אֱכֹלְנָה	-				הַאֲכֵלְנָה	-
Part.m.s.	אֹכֵל	נֶאֱכָל				מַאֲכִיל	מָאֳכַל
f.s.	אֹכֶלֶת	נֶאֱכֶלֶת				מַאֲכֶלֶת	מָאֳכֶלֶת
m.pl.	אֹכְלִים	נֶאֱכָלִים				מַאֲכִילִים	מָאֳכָלִים
f.pl.	אֹכְלוֹת	נֶאֱכָלוֹת				מַאֲכִילוֹת	מָאֳכָלוֹת
Inf. Abs.	אָכוֹל	נֶאֱכוֹל				הַאֲכֵל	הָאֳכֵל
Inf. Con.	לֶאֱכֹל	לְהֵאָכֵל				לְהַאֲכִיל	-

표 3. 페-후음 약동사 a (עמד)

	파알	니프알	피엘	푸알	히트파엘	히프일	호프알
Perf.3.m.s.	עָמַד	נֶעֱמַד				הֶעֱמִיד	הָעֳמַד
3.f.s.	עָמְדָה	נֶעֶמְדָה				הֶעֱמִידָה	הָעָמְדָה
3.c.pl.	עָמְדוּ	נֶעֶמְדוּ				הֶעֱמִידוּ	הָעָמְדוּ
2.m.s.	עָמַדְתָּ	נֶעֱמַדְתָּ				הֶעֱמַדְתָּ	הָעֳמַדְתָּ
2.f.s.	עָמַדְתְּ	נֶעֱמַדְתְּ				הֶעֱמַדְתְּ	הָעֳמַדְתְּ
2.m.pl.	עֲמַדְתֶּם	נֶעֱמַדְתֶּם				הֶעֱמַדְתֶּם	הָעֳמַדְתֶּם
2.f.pl.	עֲמַדְתֶּן	נֶעֱמַדְתֶּן				הֶעֱמַדְתֶּן	הָעֳמַדְתֶּן
1.c.s.	עָמַדְתִּי	נֶעֱמַדְתִּי				הֶעֱמַדְתִּי	הָעֳמַדְתִּי
1.c.pl.	עָמַדְנוּ	נֶעֱמַדְנוּ				הֶעֱמַדְנוּ	הָעֳמַדְנוּ
Impf.3.m.s.	יַעֲמֹד	יֵעָמֵד				יַעֲמִיד	יָעֳמַד
3.f.s.	תַּעֲמֹד	תֵּעָמֵד				תַּעֲמִיד	תָּעֳמַד
3.m.pl.	יַעַמְדוּ	יֵעָמְדוּ				יַעֲמִידוּ	יָעָמְדוּ
3/2.f.pl.	תַּעֲמֹדְנָה	תֵּעָמַדְנָה				תַּעֲמֵדְנָה	תָּעֳמַדְנָה
2.m.s.	תַּעֲמֹד	תֵּעָמֵד				תַּעֲמִיד	תָּעֳמַד
2.f.s.	תַּעַמְדִי	תֵּעָמְדִי				תַּעֲמִידִי	תָּעָמְדִי
2.m.pl.	תַּעַמְדוּ	תֵּעָמְדוּ				תַּעֲמִידוּ	תָּעָמְדוּ
1.c.s.	אֶעֱמֹד	אֵעָמֵד				אַעֲמִיד	אָעֳמַד
1.c.pl.	נַעֲמֹד	נֵעָמֵד				נַעֲמִיד	נָעֳמַד
Juss.	יַעֲמֹד	יֵעָמֵד				יַעֲמֵד	יָעֳמַד
Imp.m.s.	עֲמֹד	-				הַעֲמֵד	-
f.s.	עִמְדִי	-				הַעֲמִידִי	-
m.pl.	עִמְדוּ	-				הַעֲמִידוּ	-
f.pl.	עֲמֹדְנָה	-				הַעֲמֵדְנָה	-
Part.m.s.	עֹמֵד	נֶעֱמָד				מַעֲמִיד	מָעֳמָד
f.s.	עֹמֶדֶת	נֶעֱמֶדֶת				מַעֲמֶדֶת	מָעֳמֶדֶת
m.pl.	עֹמְדִים	נֶעֱמָדִים				מַעֲמִידִים	מָעֳמָדִים
f.pl.	עֹמְדוֹת	נֵעֲמְדוֹת				מַעֲמִידוֹת	מָעֳמָדוֹת
Inf. Abs.	עָמוֹד	נַעֲמוֹד				הַעֲמֵד	הָעֳמֵד
Inf. Con.	לַעֲמֹד	לְהֵעָמֵד				לְהַעֲמִיד	-

표 4. 페-후음 약동사 b (חזק)

	파알	니프알	피엘	푸알	히트파엘	히프일	호프알
Perf.3.m.s.	חָזַק	נֶחֱזַק				הֶחֱזִיק	הָחְזַק
3.f.s.	חָזְקָה	נֶחֶזְקָה				הֶחֱזִיקָה	הָחְזְקָה
3.c.pl.	חָזְקוּ	נֶחֶזְקוּ				הֶחֱזִיקוּ	הָחְזְקוּ
2.m.s.	חָזַקְתָּ	נֶחֱזַקְתָּ				הֶחֱזַקְתָּ	הָחְזַקְתָּ
2.f.s.	חָזַקְתְּ	נֶחֱזַקְתְּ				הֶחֱזַקְתְּ	הָחְזַקְתְּ
2.m.pl.	חֲזַקְתֶּם	נֶחֱזַקְתֶּם				הֶחֱזַקְתֶּם	הָחְזַקְתֶּם
2.f.pl.	חֲזַקְתֶּן	נֶחֱזַקְתֶּן				הֶחֱזַקְתֶּן	הָחְזַקְתֶּן
1.c.s.	חָזַקְתִּי	נֶחֱזַקְתִּי				הֶחֱזַקְתִּי	הָחְזַקְתִּי
1.c.pl.	חָזַקְנוּ	נֶחֱזַקְנוּ				הֶחֱזַקְנוּ	הָחְזַקְנוּ
Impf.3.m.s.	יֶחֱזַק	יֵחָזֵק				יַחֲזִיק	יָחְזַק
3.f.s.	תֶּחֱזַק	תֵּחָזֵק				תַּחֲזִיק	תָּחְזַק
3.m.pl.	יֶחֶזְקוּ	יֵחָזְקוּ				יַחֲזִיקוּ	יָחְזְקוּ
3/2.f.pl.	תֶּחֱזַקְנָה	תֵּחָזַקְנָה				תַּחֲזֵקְנָה	תָּחְזַקְנָה
2.m.s.	תֶּחֱזַק	תֵּחָזֵק				תַּחֲזִיק	תָּחְזַק
2.f.s.	תֶּחֶזְקִי	תֵּחָזְקִי				תַּחֲזִיקִי	תָּחְזְקִי
2.m.pl.	תֶּחֶזְקוּ	תֵּחָזְקוּ				תַּחֲזִיקוּ	תָּחְזְקוּ
1.c.s.	אֶחֱזַק	אֵחָזֵק				אַחֲזִיק	אָחְזַק
1.c.pl.	נֶחֱזַק	נֵחָזֵק				נַחֲזִיק	נָחְזַק
Juss.	יֶחֱזַק	יֵחָזֵק				יַחֲזֵק	יָחְזַק
Imp.m.s.	חֲזַק	-				הַחֲזֵק	-
f.s.	חִזְקִי	-				הַחֲזִיקִי	-
m.pl.	חִזְקוּ	-				הַחֲזִיקוּ	-
f.pl.	חֲזַקְנָה	-				הַחֲזֵקְנָה	-
Part.m.s.	חָזָק	נֶחֱזָק				מַחֲזִיק	מָחְזָק
f.s.	חֲזָקָה	נֶחֱזֶקֶת				מַחֲזִיקָה	מָחְזֶקֶת
m.pl.	חֲזָקִים	נֶחֱזָקִים				מַחֲזִיקִים	מָחְזָקִים
f.pl.	חֲזָקוֹת	נֶחֱזָקוֹת				מַחֲזִיקוֹת	מָחְזָקוֹת
Inf. Abs.	חָזוֹק	נַחֲזוֹק				הַחֲזֵק	הָחְזֵק
Inf. Con.	לַחֲזֹק	לְהֵחָזֵק				לְהַחֲזִיק	-

표 5. 페-눈 약동사 (נפל)

	파알	니프알	피엘	푸알	히트파엘	히프일	호프알
Perf.3.m.s.	נָפַל	נִפַּל				הִפִּיל	הֻפַּל
3.f.s.	נָפְלָה	נִפְּלָה				הִפִּילָה	הֻפְּלָה
3.c.pl.	נָפְלוּ	נִפְּלוּ				הִפִּילוּ	הֻפְּלוּ
2.m.s.	נָפַלְתָּ	נִפַּלְתָּ				הִפַּלְתָּ	הֻפַּלְתָּ
2.f.s.	נָפַלְתְּ	נִפַּלְתְּ				הִפַּלְתְּ	הֻפַּלְתְּ
2.m.pl.	נְפַלְתֶּם	נִפַּלְתֶּם				הִפַּלְתֶּם	הֻפַּלְתֶּם
2.f.pl.	נְפַלְתֶּן	נִפַּלְתֶּן				הִפַּלְתֶּן	הֻפַּלְתֶּן
1.c.s.	נָפַלְתִּי	נִפַּלְתִּי				הִפַּלְתִּי	הֻפַּלְתִּי
1.c.pl.	נָפַלְנוּ	נִפַּלְנוּ				הִפַּלְנוּ	הֻפַּלְנוּ
Impf.3.m.s.	יִפֹּל	יִנָּפֵל				יַפִּיל	יֻפַּל
3.f.s.	תִּפֹּל	תִּנָּפֵל				תַּפִּיל	תֻּפַּל
3.m.pl.	יִפְּלוּ	יִנָּפְלוּ				יַפִּילוּ	יֻפְּלוּ
3/2.f.pl.	תִּפֹּלְנָה	תִּנָּפַלְנָה				תַּפֵּלְנָה	תֻּפַּלְנָה
2.m.s.	תִּפֹּל	תִּנָּפֵל				תַּפִּיל	תֻּפַּל
2.f.s.	תִּפְּלִי	תִּנָּפְלִי				תַּפִּילִי	תֻּפְּלִי
2.m.pl.	תִּפְּלוּ	תִּנָּפְלוּ				תַּפִּילוּ	תֻּפְּלוּ
1.c.s.	אֶפֹּל	אֶנָּפֵל				אַפִּיל	אֻפַּל
1.c.pl.	נִפֹּל	נִנָּפֵל				נַפִּיל	נֻפַּל
Juss.	יִפֹּל	יִנָּפֵל				יַפֵּל	יֻפַּל
Imp.m.s.	נְפֹל	הִנָּפֵל				הַפֵּל	-
f.s.	נִפְלִי	הִנָּפְלִי				הַפִּילִי	-
m.pl.	נִפְלוּ	הִנָּפְלוּ				הַפִּילוּ	-
f.pl.	נְפֹלְנָה	הִנָּפַלְנָה				הַפֵּלְנָה	-
Part.m.s.	נֹפֵל	נִפָּל				מַפִּיל	מֻפָּל
f.s.	נֹפֶלֶת	נִפֶּלֶת				מַפִּילָה	מֻפֶּלֶת
m.pl.	נֹפְלִים	נִפָּלִים				מַפִּילִים	מֻפָּלִים
f.pl.	נֹפְלוֹת	נִפָּלוֹת				מַפִּילוֹת	מֻפָּלוֹת
Inf. Abs.	נָפוֹל	נִפּוֹל				הַפֵּל	הֻפֵּל
Inf. Con.	לִנְפֹּל	לְהִנָּפֵל				לְהַפִּיל	-

표 6. 페-요드 약동사 a (ילד)

	파알	니프알	피엘	푸알	히트파엘	히프일	호프알
Perf.3.m.s.	יָלַד	נוֹלַד				הוֹלִיד	הוּלַד
3.f.s.	יָלְדָה	נוֹלְדָה				הוֹלִידָה	הוּלְדָה
3.c.pl.	יָלְדוּ	נוֹלְדוּ				הוֹלִידוּ	הוּלְדוּ
2.m.s.	יָלַדְתָּ	נוֹלַדְתָּ				הוֹלַדְתָּ	הוּלַדְתָּ
2.f.s.	יָלַדְתְּ	נוֹלַדְתְּ				הוֹלַדְתְּ	הוּלַדְתְּ
2.m.pl.	יְלַדְתֶּם	נוֹלַדְתֶּם				הוֹלַדְתֶּם	הוּלַדְתֶּם
2.f.pl.	יְלַדְתֶּן	נוֹלַדְתֶּן				הוֹלַדְתֶּן	הוּלַדְתֶּן
1.c.s.	יָלַדְתִּי	נוֹלַדְתִּי				הוֹלַדְתִּי	הוּלַדְתִּי
1.c.pl.	יָלַדְנוּ	נוֹלַדְנוּ				הוֹלַדְנוּ	הוּלַדְנוּ
Impf.3.m.s.	יֵלֵד	יִוָּלֵד				יוֹלִיד	יוּלַד
3.f.s.	תֵּלֵד	תִּוָּלֵד				תּוֹלִיד	תּוּלַד
3.m.pl.	יֵלְדוּ	יִוָּלְדוּ				יוֹלִידוּ	יוּלְדוּ
3/2.f.pl.	תֵּלַדְנָה	תִּוָּלַדְנָה				תּוֹלֵדְנָה	תּוּלַדְנָה
2.m.s.	תֵּלֵד	תִּוָּלֵד				תּוֹלִיד	תּוּלַד
2.f.s.	תֵּלְדִי	תִּוָּלְדִי				תּוֹלִידִי	תּוּלְדִי
2.m.pl.	תֵּלְדוּ	תִּוָּלְדוּ				תּוֹלִידוּ	תּוּלְדוּ
1.c.s.	אֵלֵד	אִוָּלֵד				אוֹלִיד	אוּלַד
1.c.pl.	נֵלֵד	נִוָּלֵד				נוֹלִיד	נוּלַד
Juss.	יֵלֵד	יִוָּלֵד				יוֹלֵד	יוּלַד
Imp.m.s.	לֵד	הִוָּלֵד				הוֹלֵד	-
f.s.	לְדִי	הִוָּלְדִי				הוֹלִידִי	-
m.pl.	לְדוּ	הִוָּלְדוּ				הוֹלִידוּ	-
f.pl.	לֵדְנָה	הִוָּלַדְנָה				הוֹלֵדְנָה	-
Part.m.s.	יֹלֵד	נוֹלָד				מוֹלִיד	מוּלָד
f.s.	יֹלֶדֶת	נוֹלֶדֶת				מוֹלֶדֶת	מוּלֶדֶת
m.pl.	יֹלְדִים	נוֹלְדִים				מוֹלִידִים	מוּלְדִים
f.pl.	יֹלְדוֹת	נוֹלְדוֹת				מוֹלִידוֹת	מוּלְדוֹת
Inf. Abs.	יָלוֹד	נוֹלוֹד				הוֹלֵד	הוּלֵד
Inf. Con.	לָלֶדֶת	לְהִוָּלֵד				לְהוֹלִיד	-

표 7. 페-요드 약동사 b (יטב)

	파알	니프알	피엘	푸알	히트파엘	히프일	호프알
Perf.3.m.s.	יָטֹב					הֵיטִיב	הוּטַב
3.f.s.	יָטְבָה					הֵיטִיבָה	הוּטְבָה
3.c.pl.	יָטְבוּ					הֵיטִיבוּ	הוּטְבוּ
2.m.s.	יָטֹבְתָּ					הֵיטַבְתָּ	הוּטַבְתָּ
2.f.s.	יָטֹבְתְּ					הֵיטַבְתְּ	הוּטַבְתְּ
2.m.pl.	יְטָבְתֶּם					הֵיטַבְתֶּם	הוּטַבְתֶּם
2.f.pl.	יְטָבְתֶּן					הֵיטַבְתֶּן	הוּטַבְתֶּן
1.c.s.	יָטֹבְתִּי					הֵיטַבְתִּי	הוּטַבְתִּי
1.c.pl.	יָטֹבְנוּ					הֵיטַבְנוּ	הוּטַבְנוּ
Impf.3.m.s.	יִיטַב					יֵיטִיב	יוּטַב
3.f.s.	תִּיטַב					תֵּיטִיב	תּוּטַב
3.m.pl.	יִיטְבוּ					יֵיטִיבוּ	יוּטְבוּ
3/2.f.pl.	תִּיטַבְנָה					תֵּיטֵבְנָה	תּוּטַבְנָה
2.m.s.	תִּיטַב					תֵּיטִיב	תּוּטַב
2.f.s.	תִּיטְבִי					תֵּיטִיבִי	תּוּטְבִי
2.m.pl.	תִּיטְבוּ					תֵּיטִיבוּ	תּוּטְבוּ
1.c.s.	אִיטַב					אֵיטִיב	אוּטַב
1.c.pl.	נִיטַב					נֵיטִיב	נוּטַב
Juss.	יִיטַב					יֵיטֵב	יוּטַב
Imp.m.s.	-					הֵיטֵב	-
f.s.	-					הֵיטִיבִי	-
m.pl.	-					הֵיטִיבוּ	-
f.pl.	-					הֵיטֵבְנָה	-
Part.m.s.	יָטוֹב					מֵיטִיב	מוּטָב
f.s.	יְטוֹבָה					מֵיטִיבָה	מוּטֶבֶת
m.pl.	יְטוֹבִים					מֵיטִיבִים	מוּטָבִים
f.pl.	יְטוֹבוֹת					מֵיטִיבוֹת	מוּטָבוֹת
Inf. Abs.	יָטוֹב					הֵיטֵב	הוּטֵב
Inf. Con.	לָטוּב					לְהֵיטִיב	-

* **יטב** 동사의 니프알형은 사용되지 않음.

표 8. 페-요드 약동사 c (יצב)

	파알	니프알	피엘	푸알	히트파엘	히프일	호프알
Perf.3.m.s.		נִצַּב				הִצִּיב	הֻצַּב
3.f.s.		נִצְּבָה				הִצִּיבָה	הֻצְּבָה
3.c.pl.		נִצְּבוּ				הִצִּיבוּ	הֻצְּבוּ
2.m.s.		נִצַּבְתָּ				הִצָּבְתָּ	הֻצַּבְתָּ
2.f.s.		נִצַּבְתְּ				הִצָּבְתְּ	הֻצַּבְתְּ
2.m.pl.		נִצַּבְתֶּם				הִצָּבְתֶּם	הֻצַּבְתֶּם
2.f.pl.		נִצַּבְתֶּן				הִצָּבְתֶּן	הֻצַּבְתֶּן
1.c.s.		נִצַּבְתִּי				הִצָּבְתִּי	הֻצַּבְתִּי
1.c.pl.		נִצַּבְנוּ				הִצָּבְנוּ	הֻצַּבְנוּ
Impf.3.m.s.		יִוָּצֵב				יַצִּיב	יֻצַּב
3.f.s.		תִּוָּצֵב				תַּצִּיב	תֻּצַּב
3.m.pl.		יִוָּצְבוּ				יַצִּיבוּ	יֻצְּבוּ
3/2.f.pl.		תִּוָּצַבְנָה				תַּצֵּבְנָה	תֻּצַּבְנָה
2.m.s.		תִּוָּצֵב				תַּצִּיב	תֻּצַּב
2.f.s.		תִּוָּצְבִי				תַּצִּיבִי	תֻּצְּבִי
2.m.pl.		תִּוָּצְבוּ				תַּצִּיבוּ	תֻּצְּבוּ
1.c.s.		אִוָּצֵב				אַצִּיב	אֻצַּב
1.c.pl.		נִוָּצֵב				נַצִּיב	נֻצַּב
Juss.		יִוָּצֵב				יַצֵּב	יֻצַּב
Imp.m.s.		-				הַצֵּב	-
f.s.		-				הַצִּיבִי	-
m.pl.		-				הַצִּיבוּ	-
f.pl.		-				הַצֵּבְנָה	-
Part.m.s.		נִצָּב				מַצִּיב	מֻצָּב
f.s.		נִצֶּבֶת				מַצִּיבָה	מֻצֶּבֶת
m.pl.		נִצָּבִים				מַצִּיבִים	מֻצָּבִים
f.pl.		נִצָּבוֹת				מַצִּיבוֹת	מֻצָּבוֹת
Inf. Abs.		נוֹצוֹב				הַצֵּב	הֻצֵּב
Inf. Con.		לְהִוָּצֵב				לְהַצִּיב	-

* **יצב** 동사의 파알형은 사용되지 않음.

표 9. 아인-후음 약동사 (פעל)

	파알	니프알	피엘	푸알	히트파엘	히프일	호프알
Perf.3.m.s.	פָּעַל	נִפְעַל	פֵּעַל	פֹּעַל	הִתְפַּעֵל	הִפְעִיל	הָפְעַל
3.f.s.	פָּעֲלָה	נִפְעֲלָה	פֵּעֲלָה	פֹּעֲלָה	הִתְפַּעֲלָה	הִפְעִילָה	הָפְעֲלָה
3.c.pl.	פָּעֲלוּ	נִפְעֲלוּ	פֵּעֲלוּ	פֹּעֲלוּ	הִתְפַּעֲלוּ	הִפְעִילוּ	הָפְעֲלוּ
2.m.s.	פָּעַלְתָּ	נִפְעַלְתָּ	פֵּעַלְתָּ	פֹּעַלְתָּ	הִתְפַּעַלְתָּ	הִפְעַלְתָּ	הָפְעַלְתָּ
2.f.s.	פָּעַלְתְּ	נִפְעַלְתְּ	פֵּעַלְתְּ	פֹּעַלְתְּ	הִתְפַּעַלְתְּ	הִפְעַלְתְּ	הָפְעַלְתְּ
2.m.pl.	פְּעַלְתֶּם	נִפְעַלְתֶּם	פֵּעַלְתֶּם	פֹּעַלְתֶּם	הִתְפַּעַלְתֶּם	הִפְעַלְתֶּם	הָפְעַלְתֶּם
2.f.pl.	פְּלַעְתֶּן	נִפְעַלְתֶּן	פֵּעַלְתֶּן	פֹּעַלְתֶּן	הִתְפַּעַלְתֶּן	הִפְעַלְתֶּן	הָפְעַלְתֶּן
1.c.s.	פָּעַלְתִּי	נִפְעַלְתִּי	פֵּעַלְתִּי	פֹּעַלְתִּי	הִתְפַּעַלְתִּי	הִפְעַלְתִּי	הָפְעַלְתִּי
1.c.pl.	פָּעַלְנוּ	נִפְעַלְנוּ	פֵּעַלְנוּ	פֹּעַלְנוּ	הִתְפַּעַלְנוּ	הִפְעַלְנוּ	הָפְעַלְנוּ
Impf.3.m.s.	יִפְעַל	יִפָּעֵל	יְפַעֵל	יְפֹעַל	יִתְפַּעֵל	יַפְעִיל	יָפְעַל
3.f.s.	תִּפְעַל	תִּפָּעֵל	תְּפַעֵל	תְּפֹעַל	תִּתְפַּעֵל	תַּפְעִיל	תָּפְעַל
3.m.pl.	יִפְעֲלוּ	יִפָּעֲלוּ	יְפַעֲלוּ	יְפֹעֲלוּ	יִתְפַּעֲלוּ	יַפְעִילוּ	יָפְעֲלוּ
3/2.f.pl.	תִּפְעַלְנָה	תִּפָּעַלְנָה	תְּפַעֵלְנָה	תְּפֹעַלְנָה	תִּתְפַּעֵלְנָה	תַּפְעֵלְנָה	תָּפְעַלְנָה
2.m.s.	תִּפְעַל	תִּפָּעֵל	תְּפַעֵל	תְּפֹעַל	תִּתְפַּעֵל	תַּפְעִיל	תָּפְעַל
2.f.s.	תִּפְעֲלִי	תִּפָּעֲלִי	תְּפַעֲלִי	תְּפֹעֲלִי	תִּתְפַּעֲלִי	תַּפְעִילִי	תָּפְעֲלִי
2.m.pl.	תִּפְעֲלוּ	תִּפָּעֲלוּ	תְּפַעֲלוּ	תְּפֹעֲלוּ	תִּתְפַּעֲלוּ	תַּפְעִילוּ	תָּפְעֲלוּ
1.c.s.	אֶפְעַל	אֶפָּעֵל	אֲפַעֵל	אֲפֹעַל	אֶתְפַּעֵל	אַפְעִיל	אָפְעַל
1.c.pl.	נִפְעַל	נִפָּעֵל	נְפַעֵל	נְפֹעַל	נִתְפַּעֵל	נַפְעִיל	נָפְעַל
Juss.	יִפְעַל	יִפָּעֵל	יְפַעֵל	יְפֹעַל	יִתְפַּעֵל	יַפְעֵל	יָפְעַל
Imp.m.s.	פְּעַל	הִפָּעֵל	פַּעֵל	-	הִתְפַּעֵל	הַפְעֵל	-
f.s.	פַּעֲלִי	הִפָּעֲלִי	פַּעֲלִי	-	הִתְפַּעֲלִי	הַפְעִילִי	-
m.pl.	פַּעֲלוּ	הִפָּעֲלוּ	פַּעֲלוּ	-	הִתְפַּעֲלוּ	הַפְעִילוּ	-
f.pl.	פְּעַלְנָה	הִפָּעַלְנָה	פַּעֵלְנָה	-	הִתְפַּעֵלְנָה	הַפְעֵלְנָה	-
Part.m.s.	פֹּעֵל	נִפְעָל	מְפַעֵל	מְפֹעָל	מִתְפַּעֵל	מַפְעִיל	מָפְעָל
f.s.	פֹּעֶלֶת	נִפְעֶלֶת	מְפַעֶלֶת	מְפֹעֶלֶת	מִתְפַּעֶלֶת	מַפְעֶלֶת	מָפְעֶלֶת
m.pl.	פֹּעֲלִים	נִפְעָלִים	מְפַעֲלִים	מְפֹעָלִים	מִתְפַּעֲלִים	מַפְעִילִים	מָפְעָלִים
f.pl.	פֹּעֲלוֹת	נִפְעָלוֹת	מְפַעֲלוֹת	מְפֹעָלוֹת	מִתְפַּעֲלוֹת	מַפְעִילוֹת	מָפְעָלוֹת
Inf. Abs.	פָּעוֹל	נִפְעוֹל	פַּעֵל	פֹּעוֹל	הִתְפַּעֵל	הַפְעֵל	הָפְעֵל
Inf. Con.	לִפְעוֹל	לְהִפָּעֵל	לְפַעֵל	-	לְהִתְפַּעֵל	לְהַפְעִיל	-

표 10. 아인-봐브 약동사 (קוּם, סוּג)

	파알	니프알	폴렐	폴랄	히트폴렐	히프일	호프알
Perf.3.m.s.	קָם	נָסוֹג	קוֹמֵם	קוֹמַם	הִתְקוֹמֵם	הֵקִים	הוּקַם
3.f.s.	קָמָה	נָסוֹגָה	קוֹמְמָה	קוֹמְמָה	הִתְקוֹמְמָה	הֵקִימָה	הוּקְמָה
3.c.pl.	קָמוּ	נָסוֹגוּ	קוֹמְמוּ	קוֹמְמוּ	הִתְקוֹמְמוּ	הֵקִימוּ	הוּקְמוּ
2.m.s.	קַמְתָּ	נְסוּגוֹתָ	קוֹמַמְתָּ	קוֹמַמְתָּ	הִתְקוֹמַמְתָּ	הֲקִימוֹתָ	הוּקַמְתָּ
2.f.s.	קַמְתְּ	נְסוּגוֹת	קוֹמַמְתְּ	קוֹמַמְתְּ	הִתְקוֹמַמְתְּ	הֲקִימוֹתְ	הוּקַמְתְּ
2.m.pl.	קַמְתֶּם	נְסוּגוֹתֶם	קוֹמַמְתֶּם	קוֹמַמְתֶּם	הִתְקוֹמַמְתֶּם	הֲקִימוֹתֶם	הוּקַמְתֶּם
2.f.pl.	קַמְתֶּן	נְסוּגוֹתֶן	קוֹמַמְתֶּן	קוֹמַמְתֶּן	הִתְקוֹמַמְתֶּן	הֲקִימוֹתֶן	הוּקַמְתֶּן
1.c.s.	קַמְתִּי	נְסוּגוֹתִי	קוֹמַמְתִּי	קוֹמַמְתִּי	הִתְקוֹמַמְתִּי	הֲקִימוֹתִי	הוּקַמְתִּי
1.c.pl.	קַמְנוּ	נְסוּגוֹנוּ	קוֹמַמְנוּ	קוֹמַמְנוּ	הִתְקוֹמַמְנוּ	הֲקִימוֹנוּ	הוּקַמְנוּ
Impf.3.m..	יָקוּם	יִסּוֹג	יְקוֹמֵם	יְקוֹמַם	יִתְקוֹמֵם	יָקִים	יוּקַם
3.f.s.	תָּקוּם	תִּסּוֹג	תְּקוֹמֵם	תְּקוֹמַם	תִּתְקוֹמֵם	תָּקִים	תּוּקַם
3.m.pl.	יָקוּמוּ	יִסּוֹגוּ	יְקוֹמְמוּ	יְקוֹמְמוּ	יִתְקוֹמְמוּ	יָקִימוּ	יוּקְמוּ
3/2.f.pl.	תְּקֹמֶינָה	תִּסֹּגְנָה	תְּקוֹמֵמְנָה	תְּקוֹמַמְנָה	תִּתְקוֹמֵמְנָה	תָּקֵמְנָה	תּוּקַמְנָה
2.m.s.	תָּקוּם	תִּסּוֹג	תְּקוֹמֵם	תְּקוֹמַם	תִּתְקוֹמֵם	תָּקִים	תּוּקַם
2.f.s.	תָּקוּמִי	תִּסּוֹגִי	תְּקוֹמְמִי	תְּקוֹמְמִי	תִּתְקוֹמְמִי	תָּקִימִי	תּוּקְמִי
2.m.pl.	תָּקוּמוּ	תִּסּוֹגוּ	תְּקוֹמְמוּ	תְּקוֹמְמוּ	תִּתְקוֹמְמוּ	תָּקִימוּ	תּוּקְמוּ
1.c.s.	אָק`וּם	אֶסּוֹג	אֲקוֹמֵם	אֲקוֹמַם	אֶתְקוֹמֵם	אָקִים	אוּקַם
1.c.pl.	נָקוּם	נִסּוֹג	נְקוֹמֵם	נְקוֹמַם	נִתְקוֹמֵם	נָקִים	נוּקַם
Juss.	יָקָם	יִסֹּג	יְקוֹמֵם	יְקוֹמַם	יִתְקוֹמֵם	יָקֵם	יוּקַם
Imp.m.s.	קוּם	הִסּוֹג	קוֹמֵם	-	הִתְקוֹמֵם	הָקֵם	-
f.s.	קוּמִי	הִסּוֹגִי	קוֹמְמִי	-	הִתְקוֹמְמִי	הָקִימִי	-
m.pl.	קוּמוּ	הִסּוֹגוּ	קוֹמְמוּ	-	הִתְקוֹמְמוּ	הָקִימוּ	-
f.pl.	קֹמְנָה	הִסֹּגְנָה	קוֹמֵמְנָה	-	הִתְקוֹמֵמְנָה	הָקֵמְנָה	-
Part.m.s.	קָם	נָסוֹג	מְקוֹמֵם	מְקוֹמָם	מִתְקוֹמֵם	מֵקִים	מוּקָם
f.s.	קָמָה	נְסוֹגָה	מְקוֹמֶמֶת	מְקוֹמֶמֶת	מִתְקוֹמֶמֶת	מְקִימָה	מוּקֶמֶת
m.pl.	קָמִים	נְסוֹגִים	מְקוֹמְמִים	מְקוֹמָמִים	מִתְקוֹמְמִים	מְקִימִים	מוּקָמִים
f.pl.	קָמוֹת	נְסוֹגוֹת	מְקוֹמְמוֹת	מְקוֹמָמוֹת	מִתְקוֹמְמוֹת	מְקִימוֹת	מוּקָמוֹת
Inf. Abs.	קוֹם	נָסוֹג	קוֹמֵם	קוֹמוֹם	הִתְקוֹמֵם	הָקֵם	הוּקֵם
Inf. Con.	לָקוּם	לְהִסּוֹג	לְקוֹמֵם	-	לְהִתְקוֹמֵם	לְהָקִים	-

* 파알 יָקוּם의 Jussive는 יָקָם와 יָקֹם 두 형태 모두 나타난다. 다른 형의 동사들의 경우도 참고할 것.

표 11. 아인-요드 약동사 (בין, חיל)

	파알	니프알	폴렐	폴랄	히트폴렐	히프일	호프알
Perf.3.m.s.	בָּן	נָבוֹן	חוֹלֵל	חוֹלַל	הִתְבּוֹנֵן	הֵבִין	הוּבַן
3.f.s.	בָּנָה	נָבוֹנָה	חוֹלְלָה	חוֹלְלָה	הִתְבּוֹנְנָה	הֵבִינָה	הוּבְנָה
3.c.pl.	בָּנוּ	נָבוֹנוּ	חוֹלְלוּ	חוֹלְלוּ	הִתְבּוֹנְנוּ	הֵבִינוּ	הוּבְנוּ
2.m.s.	בַּנְתָּ	נְבוּנוֹתָ	חוֹלַלְתָּ	חוֹלַלְתָּ	הִתְבּוֹנַנְתָּ	הֲבִינוֹתָ	הוּבַנְתָּ
2.f.s.	בַּנְתְּ	נְבוּנוֹת	חוֹלַלְתְּ	חוֹלַלְתְּ	הִתְבּוֹנַנְתְּ	הֲבִינוֹתְ	הוּבַנְתְּ
2.m.pl.	בַּנְתֶּם	נְבוּנוֹתֶם	חוֹלַלְתֶּם	חוֹלַלְתֶּם	הִתְבּוֹנַנְתֶּם	הֲבִינוֹתֶם	הוּבַנְתֶּם
2.f.pl.	בַּנְתֶּן	נְבוּנוֹתֶן	חוֹלַלְתֶּן	חוֹלַלְתֶּן	הִתְבּוֹנַנְתֶּן	הֲבִינוֹתֶן	הוּבַנְתֶּן
1.c.s.	בַּנְתִּי	נְבוּנוֹתִי	חוֹלַלְתִּי	חוֹלַלְתִּי	הִתְבּוֹנַנְתִּי	הֲבִינוֹתִי	הוּבַנְתִּי
1.c.pl.	בַּנּוּ	נְבוּנוֹנוּ	חוֹלַלְנוּ	חוֹלַלְנוּ	הִתְבּוֹנַנּוּ	הֲבִינוֹנוּ	הוּבַנְנוּ
Impf.3.m.s.	יָבִין	יִבּוֹן	יְחוֹלֵל	יְחוֹלַל	יִתְבּוֹנֵן	יָבִין	יוּבַן
3.f.s.	תָּבִין	תִּבּוֹן	תְּחוֹלֵל	תְּחוֹלַל	תִּתְבּוֹנֵן	תָּבִין	תּוּבַן
3.m.pl.	יָבִינוּ	יִבּוֹנוּ	יְחוֹלְלוּ	יְחוֹלְלוּ	יִתְבּוֹנְנוּ	יָבִינוּ	יוּבְנוּ
3/2.f.pl.	תָּבֵנָּה	תִּבֹּנָּה	תְּחוֹלֵלְנָה	תְּחוֹלַלְנָה	תִּתְבּוֹנֵנָּה	תָּבֵנָּה	תּוּבַנָּה
2.m.s.	תָּבִין	תִּבּוֹן	תְּחוֹלֵל	תְּחוֹלַל	תִּתְבּוֹנֵן	תָּבִין	תּוּבַן
2.f.s.	תָּבִינִי	תִּבּוֹנִי	תְּחוֹלְלִי	תְּחוֹלְלִי	תִּתְבּוֹנְנִי	תָּבִינִי	תּוּבְנִי
2.m.pl.	תָּבִינוּ	תִּבּוֹנוּ	תְּחוֹלְלוּ	תְּחוֹלְלוּ	תִּתְבּוֹנְנוּ	תָּבִינוּ	תּוּבְנוּ
1.c.s.	אָבִין	אֶבּוֹן	אֲחוֹלֵל	אֲחוֹלַל	אֶתְבּוֹנֵן	אָבִין	אוּבַן
1.c.pl.	נָבִין	נִבּוֹן	נְחוֹלֵל	נְחוֹלַל	נִתְבּוֹנֵן	נָבִין	נוּבַן
Juss.	יָבֵן	יִבּוֹן	יְחוֹלֵל	יְחוֹלַל	יִתְבּוֹנֵן	יָבֵן	יוּבַן
Imp.m.s.	בִּין	הִבּוֹן	חוֹלֵל	-	הִתְבּוֹנֵן	הָבֵן	-
f.s.	בִּינִי	הִבּוֹנִי	חוֹלְלִי	-	הִתְבּוֹנְנִי	הָבִינִי	-
m.pl.	בִּינוּ	הִבּוֹנוּ	חוֹלְלוּ	-	הִתְבּוֹנְנוּ	הָבִינוּ	-
f.pl	בֵּנָּה	הִבֹּנָּה	חוֹלֵלְנָה	-	הִתְבּוֹנֵנָּה	הָבֵנָּה	-
Part.m.s.	בָּן	נָבוֹן	מְחוֹלֵל	מְחוֹלָל	מִתְבּוֹנֵן	מֵבִין	מוּבָן
f.s.	בָּנָה	נְבוֹנָה	מְחוֹלֶלֶת	מְחוֹלֶלֶת	מִתְבּוֹנֶנֶת	מְבִינָה	מוּבֶנֶת
m.pl.	בָּנִים	נְבוֹנִים	מְחוֹלְלִים	מְחוֹלָלִים	מִתְבּוֹנְנִים	מְבִינִים	מוּבָנִים
f.pl.	בָּנוֹת	נְבוֹנוֹת	מְחוֹלְלוֹת	מְחוֹלָלוֹת	מִתְבּוֹנְנוֹת	מְבִינוֹת	מוּבָנוֹת
Inf. Abs.	בּוֹן	נָבוֹן	חוֹלֵל	חוֹלוֹל	הִתְבּוֹנֵן	הָבֵן	הוּבֵן
Inf. Con.	לָבִין	לְהִבּוֹן	לְחוֹלֵל	-	לְהִתְבּוֹנֵן	לְהָבִין	-

표 12. 아인-아인 (이중 아인) 약동사 (סבב)

	파알	니프알	폴렐	폴랄	히트폴렐	히프일	호프알
Perf.3.m.s.	סָבַב	נָסַב	סוֹבֵב	סוֹבַב	הִסְתּוֹבֵב	הֵסֵב	הוּסַב
3.f.s.	סָבְבָה	נָסַבָּה	סוֹבְבָה	סוֹבְבָה	הִסְתּוֹבְבָה	הֵסֵבָּה	הוּסַבָּה
3.c.pl.	סָבְבוּ	נָסַבּוּ	סוֹבְבוּ	סוֹבְבוּ	הִסְתּוֹבְבוּ	הֵסֵבּוּ	הוּסַבּוּ
2.m.s.	סַבּוֹתָ	נְסַבּוֹתָ	סוֹבַבְתָּ	סוֹבַבְתָּ	הִסְתּוֹבַבְתָּ	הֲסִבּוֹתָ	הוּסַבּוֹתָ
2.f.s.	סַבּוֹת	נְסַבּוֹת	סוֹבַבְתְּ	סוֹבַבְתְּ	הִסְתּוֹבַבְתְּ	הֲסִבּוֹת	הוּסַבּוֹת
2.m.pl.	סַבּוֹתֶם	נְסַבּוֹתֶם	סוֹבַבְתֶּם	סוֹבַבְתֶּם	הִסְתּוֹבַבְתֶּם	הֲסִבּוֹתֶם	הוּסַבּוֹתֶם
2.f.pl.	סַבּוֹתֶן	נְסַבּוֹתֶן	סוֹבַבְתֶּן	סוֹבַבְתֶּן	הִסְתּוֹבַבְתֶּן	הֲסִבּוֹתֶן	הוּסַבּוֹתֶן
1.c.s.	סַבּוֹתִי	נְסַבּוֹתִי	סוֹבַבְתִּי	סוֹבַבְתִּי	הִסְתּוֹבַבְתִּי	הֲסִבּוֹתִי	הוּסַבּוֹתִי
1.c.pl.	סַבּוֹנוּ	נְסַבּוֹנוּ	סוֹבַבְנוּ	סוֹבַבְנוּ	הִסְתּוֹבַבְנוּ	הֲסִבּוֹנוּ	הוּסַבּוֹנוּ
Impf.3.m.s.	יִסֹּב	יִסַּב	יְסוֹבֵב	יְסוֹבַב	יִסְתּוֹבֵב	יָסֵב	יוּסַב
3.f.s.	תִּסֹּב	תִּסַּב	תְּסוֹבֵב	תְּסוֹבַב	תִּסְתּוֹבֵב	תָּסֵב	תּוּסַב
3.m.pl.	יִסֹּבּוּ	יִסַּבּוּ	יְסוֹבְבוּ	יְסוֹבְבוּ	יִסְתּוֹבְבוּ	יָסֵבּוּ	יוּסַבּוּ
3/2.f.pl.	תִּסֹּבְנָה	תִּסַּבְנָה	תְּסוֹבֵבְנָה	תְּסוֹבַבְנָה	תִּסְתּוֹבֵבְנָה	תָּסֵבְנָה	תּוּסַבְנָה
2.m.s.	תִּסֹּב	תִּסַּב	תְּסוֹבֵב	תְּסוֹבַב	תִּסְתּוֹבֵב	תָּסֵב	תּוּסַב
2.f.s.	תִּסֹּבִּי	תִּסַּבִּי	תְּסוֹבְבִי	תְּסוֹבְבִי	תִּסְתּוֹבְבִי	תָּסֵבִּי	תּוּסַבִּי
2.m.pl.	תִּסֹּבּוּ	תִּסַּבּוּ	תְּסוֹבְבוּ	תְּסוֹבְבוּ	תִּסְתּוֹבְבוּ	תָּסֵבּוּ	תּוּסַבּוּ
1.c.s.	אֶסֹּב	אֶסַּב	אֲסוֹבֵב	אֲסוֹבַב	אֶסְתּוֹבֵב	אָסֵב	אוּסַב
1.c.pl.	נִסֹּב	נִסַּב	נְסוֹבֵב	נְסוֹבַב	נִסְתּוֹבֵב	נָסֵב	נוּסַב
Juss.	יִסֹּב	יִסַּב	יְסוֹבֵב	יְסוֹבַב	יִסְתּוֹבֵב	יָסֵב	יוּסַב
Imp.m.s.	סֹב	הִסַּב	סוֹבֵב	-	הִסְתּוֹבֵב	הָסֵב	-
f.s.	סֹבִּי	הִסַּבִּי	סוֹבְבִי	-	הִסְתּוֹבְבִי	הָסֵבִּי	-
m.pl.	סֹבּוּ	הִסַּבּוּ	סוֹבְבוּ	-	הִסְתּוֹבְבוּ	הָסֵבּוּ	-
f.pl.	סֹבְנָה	הִסַּבְנָה	סוֹבֵבְנָה	-	הִסְתּוֹבֵבְנָה	הָסֵבְנָה	-
Part.m.s.	סוֹבֵב	נָסָב	מְסוֹבֵב	מְסוֹבָב	מִסְתּוֹבֵב	מֵסֵב	מוּסָב
f.s.	סוֹבֶבֶת	נְסַבָּה	מְסוֹבֶבֶת	מְסוֹבֶבֶת	מִסְתּוֹבֶבֶת	מְסִבָּה	מוּסַבָּה
m.pl.	סוֹבְבִים	נְסַבִּים	מְסוֹבְבִים	מְסוֹבָבִים	מִסְתּוֹבְבִים	מְסִבִּים	מוּסַבִּים
f.pl.	סוֹבְבוֹת	נְסַבּוֹת	מְסוֹבְבוֹת	מְסוֹבָבוֹת	מִסְתּוֹבְבוֹת	מְסִבּוֹת	מוּסַבּוֹת
Inf. Abs.	סָבוֹב	נָסוֹב	סוֹבֵב	סוֹבוֹב	הִסְתּוֹבֵב	הָסֵב	הוּסֵב
Inf. Con.	לִסְבֹּב	לְהִסֵּב	לְסוֹבֵב	-	לְהִסְתּוֹבֵב	לְהָסֵב	-

표 13. 라메드-알레프 약동사 (קפא)

	파알	니프알	피엘	푸알	히트파엘	히프일	호프알
Perf.3.m.s.	קָפָא	נִקְפָּא	קִפֵּא	קֻפָּא	הִתְקַפֵּא	הִקְפִּיא	הֻקְפָּא
3.f.s.	קָפְאָה	נִקְפְּאָה	קִפְּאָה	קֻפְּאָה	הִתְקַפְּאָה	הִקְפִּיאָה	הֻקְפְּאָה
3.c.pl.	קָפְאוּ	נִקְפְּאוּ	קִפְּאוּ	קֻפְּאוּ	הִתְקַפְּאוּ	הִקְפִּיאוּ	הֻקְפְּאוּ
2.m.s.	קָפָאתָ	נִקְפֵּאתָ	קִפֵּאתָ	קֻפֵּאתָ	הִתְקַפֵּאתָ	הִקְפֵּאתָ	הֻקְפֵּאתָ
2.f.s.	קָפָאת	נִקְפֵּאת	קִפֵּאת	קֻפֵּאת	הִתְקַפֵּאת	הִקְפֵּאת	הֻקְפֵּאת
2.m.pl.	קְפָאתֶם	נִקְפֵּאתֶם	קִפֵּאתֶם	קֻפֵּאתֶם	הִתְקַפֵּאתֶם	הִקְפֵּאתֶם	הֻקְפֵּאתֶם
2.f.pl.	קְפָאתֶן	נִקְפֵּאתֶן	קִפֵּאתֶן	קֻפֵּאתֶן	הִתְקַפֵּאתֶן	הִקְפֵּאתֶן	הֻקְפֵּאתֶן
1.c.s.	קָפָאתִי	נִקְפֵּאתִי	קִפֵּאתִי	קֻפֵּאתִי	הִתְקַפֵּאתִי	הִקְפֵּאתִי	הֻקְפֵּאתִי
1.c.pl.	קָפָאנוּ	נִקְפֵּאנוּ	קִפֵּאנוּ	קֻפֵּאנוּ	הִתְקַפֵּאנוּ	הִקְפֵּאנוּ	הֻקְפֵּאנוּ
Impf.3.m.s.	יִקְפָּא	יִקָּפֵא	יְקַפֵּא	יְקֻפָּא	יִתְקַפֵּא	יַקְפִּיא	יֻקְפָּא
3.f.s.	תִּקְפָּא	תִּקָּפֵא	תְּקַפֵּא	תְּקֻפָּא	תִּתְקַפֵּא	תַּקְפִּיא	תֻּקְפָּא
3.m.pl.	יִקְפְּאוּ	יִקָּפְאוּ	יְקַפְּאוּ	יְקֻפְּאוּ	יִתְקַפְּאוּ	יַקְפִּיאוּ	יֻקְפְּאוּ
3/2.f.pl.	תִּקְפֶּאנָה	תִּקָּפֶאנָה	תְּקַפֶּאנָה	תְּקֻפֶּאנָה	תִּתְקַפֶּאנָה	תַּקְפֶּאנה	תֻּקְפֶּאנה
2.m.s.	תִּקְפָּא	תִּקָּפֵא	תְּקַפֵּא	תְּקֻפָּא	תִּתְקַפֵּא	תַּקְפִּיא	תֻּקְפָּא
2.f.s.	תִּקְפְּאִי	תִּקָּפְאִי	תְּקַפְּאִי	תְּקֻפְּאִי	תִּתְקַפְּאִי	תַּקְפִּיאִי	תֻּקְפְּאִי
2.m.pl.	תִּקְפְּאוּ	תִּקָּפְאוּ	תְּקַפְּאוּ	תְּקֻפְּאוּ	תִּתְקַפְּאוּ	תַּקְפִּיאוּ	תֻּקְפְּאוּ
1.c.s.	אֶקְפָּא	אֶקָּפֵא	אֲקַפֵּא	אֲקֻפָּא	אֶתְקַפֵּא	אַקְפִּיא	אֻקְפָּא
1.c.pl.	נִקְפָּא	נִקָּפֵא	נְקַפֵּא	נְקֻפָּא	נִתְקַפֵּא	נַקְפִּיא	נֻקְפָּא
Juss.	יִקְפָּא	יִקָּפֵא	יְקַפֵּא	יְקֻפָּא	יִתְקַפֵּא	יַקְפֵּא	יֻקְפָּא
Imp.m.s.	קְפָא	הִקָּפֵא	קַפֵּא	-	הִתְקַפֵּא	הַקְפֵּא	-
f.s.	קִפְאִי	הִקָּפְאִי	קַפְּאִי	-	הִתְקַפְּאִי	הַקְפִּיאִי	-
m.pl.	קִפְאוּ	הִקָּפְאוּ	קַפְּאוּ	-	הִתְקַפְּאוּ	הַקְפִּיאוּ	-
f.pl.	קְפֶאנָה	הִקָּפֶאנה	קַפֶּאנָה	-	הִתְקַפֶּאנָה	הַקְפֶּאנָה	-
Part.m.s.	קֹפֵא	נִקְפָּא	מְקַפֵּא	מְקֻפָּא	מִתְקַפֵּא	מַקְפִּיא	מֻקְפָּא
f.s.	קֹפֵאת	נִקְפֵּאת	מְקַפֵּאת	מְקֻפֵּאת	מִתְקַפֵּאת	מַקְפִּיאָה	מֻקְפֵּאת
m.pl.	קֹפְאִים	נִקְפָּאִים	מְקַפְּאִים	מְקֻפָּאִים	מִתְקַפְּאִים	מַקְפִּיאִים	מֻקְפָּאִים
f.pl.	קֹפְאוֹת	נִקְפָּאוֹת	מְקַפְּאוֹת	מְקֻפָּאוֹת	מִתְקַפְּאוֹת	מַקְפִּיאוֹת	מֻקְפָּאוֹת
Inf. Abs.	קָפוֹא	נִקְפֹּא	קַפֵּא	קֻפֹּא	הִתְקַפֵּא	הַקְפֵּא	הֻקְפֵּא
Inf. Con.	לִקְפֹא	לְהִקָּפֵא	לְקַפֵּא	-	לְהִתְקַפֵּא	לְהַקְפִּיא	-

표 14. 라메드-후음 약동사 (שׁלח)

	파알	니프알	피엘	푸알	히트파엘	히프일	호프알
Perf.3.m.s.	שָׁלַח	נִשְׁלַח	שִׁלַּח	שֻׁלַּח	הִשְׁתַּלַּח	הִשְׁלִיחַ	הֻשְׁלַח
3.f.s.	שָׁלְחָה	נִשְׁלְחָה	שִׁלְּחָה	שֻׁלְּחָה	הִשְׁתַּלְּחָה	הִשְׁלִיחָה	הֻשְׁלְחָה
3.c.pl.	שָׁלְחוּ	נִשְׁלְחוּ	שִׁלְּחוּ	שֻׁלְּחוּ	הִשְׁתַּלְּחוּ	הִשְׁלִיחוּ	הֻשְׁלְחוּ
2.m.s.	שָׁלַחְתָּ	נִשְׁלַחְתָּ	שִׁלַּחְתָּ	שֻׁלַּחְתָּ	הִשְׁתַּלַּחְתָּ	הִשְׁלַחְתָּ	הֻשְׁלַחְתָּ
2.f.s.	שָׁלַחַתְּ	נִשְׁלַחַתְּ	שִׁלַּחַתְּ	שֻׁלַּחַתְּ	הִשְׁתַּלַּחַתְּ	הִשְׁלַחַתְּ	הֻשְׁלַחַתְּ
2.m.pl.	שְׁלַחְתֶּם	נִשְׁלַחְתֶּם	שִׁלַּחְתֶּם	שֻׁלַּחְתֶּם	הִשְׁתַּלַּחְתֶּם	הִשְׁלַחְתֶּם	הֻשְׁלַחְתֶּם
2.f.pl.	שְׁלַחְתֶּן	נִשְׁלַחְתֶּן	שִׁלַּחְתֶּן	שֻׁלַּחְתֶּן	הִשְׁתַּלַּחְתֶּן	הִשְׁלַחְתֶּן	הֻשְׁלַחְתֶּן
1.c.s.	שָׁלַחְתִּי	נִשְׁלַחְתִּי	שִׁלַּחְתִּי	שֻׁלַּחְתִּי	הִשְׁתַּלַּחְתִּי	הִשְׁלַחְתִּי	הֻשְׁלַחְתִּי
1.c.pl.	שָׁלַחְנוּ	נִשְׁלַחְנוּ	שִׁלַּחְנוּ	שֻׁלַּחְנוּ	הִשְׁתַּלַּחְנוּ	הִשְׁלַחְנוּ	הֻשְׁלַחְנוּ
Impf.3.m.s.	יִשְׁלַח	יִשָּׁלַח	יְשַׁלַּח	יְשֻׁלַּח	יִשְׁתַּלַּח	יַשְׁלִיחַ	יֻשְׁלַח
3.f.s.	תִּשְׁלַח	תִּשָּׁלַח	תְּשַׁלַּח	תְּשֻׁלַּח	תִּשְׁתַּלַּח	תַּשְׁלִיחַ	תֻּשְׁלַח
3.m.pl.	יִשְׁלְחוּ	יִשָּׁלְחוּ	יְשַׁלְּחוּ	יְשֻׁלְּחוּ	יִשְׁתַּלְּחוּ	יַשְׁלִיחוּ	יֻשְׁלְחוּ
3/2.f.pl.	תִּשְׁלַחְנָה	תִּשָּׁלַחְנָה	תְּשַׁלַּחְנָה	תְּשֻׁלַּחְנָה	תִּשְׁתַּלַּחְנָה	תַּשְׁלַחְנָה	תֻּשְׁלַחְנָה
2.m.s.	תִּשְׁלַח	תִּשָּׁלַח	תְּשַׁלַּח	תְּשֻׁלַּח	תִּשְׁתַּלַּח	תַּשְׁלִיחַ	תֻּשְׁלַח
2.f.s.	תִּשְׁלְחִי	תִּשָּׁלְחִי	תְּשַׁלְּחִי	תְּשֻׁלְּחִי	תִּשְׁתַּלְּחִי	תַּשְׁלִיחִי	תֻּשְׁלְחִי
2.m.pl.	תִּשְׁלְחוּ	תִּשָּׁלְחוּ	תְּשַׁלְּחוּ	תְּשֻׁלְּחוּ	תִּשְׁתַּלְּחוּ	תַּשְׁלִיחוּ	תֻּשְׁלְחוּ
1.c.s.	אֶשְׁלַח	אֶשָּׁלַח	אֲשַׁלַּח	אֲשֻׁלַּח	אֶשְׁתַּלַּח	אַשְׁלִיחַ	אֻשְׁלַח
1.c.pl.	נִשְׁלַח	נִשָּׁלַח	נְשַׁלַּח	נְשֻׁלַּח	נִשְׁתַּלַּח	נַשְׁלִיחַ	נֻשְׁלַח
Juss.	יִשְׁלַח	יִשָּׁלַח	יְשַׁלַּח	יְשֻׁלַּח	יִשְׁתַּלַּח	יַשְׁלַח	יֻשְׁלַח
Imp.m.s.	שְׁלַח	הִשָּׁלַח	שַׁלַּח	-	הִשְׁתַּלַּח	הַשְׁלַח	-
f.s.	שִׁלְחִי	הִשָּׁלְחִי	שַׁלְּחִי	-	הִשְׁתַּלְּחִי	הַשְׁלִיחִי	-
m.pl.	שִׁלְחוּ	הִשָּׁלְחוּ	שַׁלְּחוּ	-	הִשְׁתַּלְּחוּ	הַשְׁלִיחוּ	-
f.pl.	שְׁלַחְנָה	הִשָּׁלַחְנָה	שַׁלַּחְנָה	-	הִשְׁתַּלַּחְנָה	הַשְׁלַחְנָה	-
Part.m.s.	שֹׁלֵח	נִשְׁלָח	מְשַׁלֵּחַ	מְשֻׁלָּח	מִשְׁתַּלֵּחַ	מַשְׁלִיחַ	מֻשְׁלָח
f.s.	שֹׁלַחַת	נִשְׁלַחַת	מְשַׁלַּחַת	מְשֻׁלַּחַת	מִשְׁתַּלַּחַת	מַשְׁלִיחָה	מֻשְׁלַחַת
m.pl.	שֹׁלְחִים	נִשְׁלָחִים	מְשַׁלְּחִים	מְשֻׁלָּחִים	מִשְׁתַּלְּחִים	מַשְׁלִיחִים	מֻשְׁלָחִים
f.pl.	שֹׁלְחוֹת	נִשְׁלָחוֹת	מְשַׁלְּחוֹת	מְשֻׁלָּחוֹת	מִשְׁתַּלְּחוֹת	מַשְׁלִיחוֹת	מֻשְׁלָחוֹת
Inf. Abs.	שָׁלוֹחַ	נִשְׁלוֹחַ	שַׁלֵּחַ	שֻׁלּוֹחַ	הִשְׁתַּלֵּחַ	הַשְׁלֵחַ	הֻשְׁלֵחַ
Inf. Con.	לִשְׁלֹחַ	לְהִשָּׁלַח	לְשַׁלַּח	-	לְהִשְׁתַּלֵּחַ	לְהַשְׁלִיחַ	-

표 15. 라메드-헤 약동사 (גלה)

	파알	니프알	피엘	푸알	히트파엘	히프일	호프알
Perf.3.m.s.	גָּלָה	נִגְלָה	גִּלָּה	גֻּלָּה	הִתְגַּלָּה	הִגְלָה	הָגְלָה
3.f.s.	גָּלְתָה	נִגְלְתָה	גִּלְּתָה	גֻּלְּתָה	הִתְגַּלְּתָה	הִגְלְתָה	הָגְלְתה
3.c.pl.	גָּלוּ	נִגְלוּ	גִּלּוּ	גֻּלּוּ	הִתְגַּלּוּ	הִגְלוּ	הָגְלוּ
2.m.s.	גָּלִיתָ	נִגְלֵיתָ	גִּלִּיתָ	גֻּלֵּיתָ	הִתְגַּלֵּיתָ	הִגְלֵיתָ	הָגְלֵיתָ
2.f.s.	גָּלִית	נִגְלֵית	גִּלִּית	גֻּלֵּית	הִתְגַּלֵּית	הִגְלֵית	הָגְלֵית
2.m.pl.	גְּלִיתֶם	נִגְלֵיתֶם	גִּלִּיתֶם	גֻּלֵּיתֶם	הִתְגַּלֵּיתֶם	הִגְלֵיתֶם	הָגְלֵיתֶם
2.f.pl.	גְּלִיתֶן	נִגְלֵיתֶן	גִּלִּיתֶן	גֻּלֵּיתֶן	הִתְגַּלֵּיתֶן	הִגְלֵיתֶן	הָגְלֵיתֶן
1.c.s.	גָּלִיתִי	נִגְלֵיתִי	גִּלִּיתִי	גֻּלֵּיתִי	הִתְגַּלֵּיתִי	הִגְלֵיתִי	הָגְלֵיתִי
1.c.pl.	גָּלִינוּ	נִגְלֵינוּ	גִּלִּינוּ	גֻּלֵּינוּ	הִתְגַּלֵּינוּ	הִגְלֵינוּ	הָגְלֵינוּ
Impf.3.m.s.	יִגְלֶה	יִגָּלֶה	יְגַלֶּה	יְגֻלֶּה	יִתְגַּלֶּה	יַגְלֶה	יָגְלֶה
3.f.s.	תִּגְלֶה	תִּגָּלֶה	תְּגַלֶּה	תְּגֻלֶּה	תִּתְגַּלֶּה	תַּגְלֶה	תָּגְלֶה
3.m.pl.	יִגְלוּ	יִגָּלוּ	יְגַלּוּ	יְגֻלּוּ	יִתְגַּלּוּ	יַגְלוּ	יָגְלוּ
3/2.f.pl.	תִּגְלֶינָה	תִּגָּלֶינָה	תְּגַלֶּינָה	תְּגֻלֶּינָה	תִּתְגַּלֶּינָה	תַּגְלֶינָה	תָּגְלֶינָה
2.m.s.	תִּגְלֶה	תִּגָּלֶה	תְּגַלֶּה	תְּגֻלֶּה	תִּתְגַּלֶּה	תַּגְלֶה	תָּגְלֶה
2.f.s.	תִּגְלִי	תִּגָּלִי	תְּגַלִּי	תְּגֻלִּי	תִּתְגַּלִּי	תַּגְלִי	תָּגְלִי
2.m.pl.	תִּגְלוּ	תִּגָּלוּ	תְּגַלּוּ	תְּגֻלּוּ	תִּתְגַּלּוּ	תַּגְלוּ	תָּגְלוּ
1.c.s.	אֶגְלֶה	אֶגָּלֶה	אֲגַלֶּה	אֲגֻלֶּה	אֶתְגַּלֶּה	אַגְלֶה	אָגְלֶה
1.c.pl.	נִגְלֶה	נִגָּלֶה	נְגַלֶּה	נְגֻלֶּה	נִתְגַּלֶּה	נַגְלֶה	נָגְלֶה
Juss.	יִגֶל	יִגָּל	יְגַל	יְגֻל	יִתְגַּל	יַגֶל	?
Imp.m.s.	גְּלֵה	הִגָּלֵה	גַּלֵּה	-	הִתְגַּלֵּה	הַגְלֵה	-
f.s.	גְּלִי	הִגָּלִי	גַּלִּי	-	הִתְגַּלִּי	הַגְלִי	-
m.pl.	גְּלוּ	הִגָּלוּ	גַּלּוּ	-	הִתְגַּלּוּ	הַגְלוּ	-
f.pl.	גְּלֶינָח	הִגָּלֶינח	גַּלֶּינָח	-	הִתְגַּלֶּינָה	הַגְלֶינָה	-
Part.m.s.	גֹּלֶה	נִגְלֶה	מְגַלֶּה	מְגֻלֶּה	מִתְגַּלֶּה	מַגְלֶה	מָגְלֶה
f.s.	גֹּלָה	נִגְלָה	מְגַלָּה	מְגֻלָּה	מִתְגַּלָּה	מַגְלָה	מָגְלָה
m.pl.	גֹּלִים	נִגְלִים	מְגַלִּים	מְגֻלִּים	מִתְגַּלִּים	מַגְלִים	מָגְלִים
f.pl.	גֹּלוֹת	נִגְלוֹת	מְגַלּוֹת	מְגֻלּוֹת	מִתְגַּלּוֹת	מַגְלוֹת	מָגְלוֹת
Inf. Abs.	גָּלֹה	הִגָּלֵה	גַּלֵּה	גֻּלֹּה	הִתְגַּלֵּה	הַגְלֵה	הָגְלֵה
Inf. Con.	לִגְלוֹת	לְהִגָּלוֹת	לְגַלּוֹת	-	לְהִתְגַּלּוֹת	לְהַגְלוֹת	-

표 16. 사자근 동사 (כלכל)

	파알	니프알	피엘	푸알	히트파엘	히프일	호프알
Perf.3.m.s.			כִּלְכֵּל	כֻּלְכַּל	הִתְכַּלְכֵּל		
3.f.s.			כִּלְכְּלָה	כֻּלְכְּלָה	הִתְכַּלְכְּלָה		
3.c.pl.			כִּלְכְּלוּ	כֻּלְכְּלוּ	הִתְכַּלְכְּלוּ		
2.m.s.			כִּלְכַּלְתָּ	כֻּלְכַּלְתָּ	הִתְכַּלְכַּלְתָּ		
2.f.s.			כִּלְכַּלְתְּ	כֻּלְכַּלְתְּ	הִתְכַּלְכַּלְתְּ		
2.m.pl.			כִּלְכַּלְתֶּם	כֻּלְכַּלְתֶּם	הִתְכַּלְכַּלְתֶּם		
2.f.pl.			כִּלְכַּלְתֶּן	כֻּלְכַּלְתֶּן	הִתְכַּלְכַּלְתֶּן		
1.c.s.			כִּלְכַּלְתִּי	כֻּלְכַּלְתִּי	הִתְכַּלְכַּלְתִּי		
1.c.pl.			כִּלְכַּלְנוּ	כֻּלְכַּלְנוּ	הִתְכַּלְכַּלְנוּ		
Impf.3.m.s.			יְכַלְכֵּל	יְכֻלְכַּל	יִתְכַּלְכֵּל		
3.f.s.			תְּכַלְכֵּל	תְּכֻלְכַּל	תִּתְכַּלְכֵּל		
3.m.pl.			יְכַלְכְּלוּ	יְכֻלְכְּלוּ	יִתְכַּלְכְּלוּ		
3/2.f.pl.			תְּכַלְכֵּלְנָה	תְּכֻלְכַּלְנָה	תִּתְכַּלְכֵּלְנָה		
2.m.s.			תְּכַלְכֵּל	תְּכֻלְכַּל	תִּתְכַּלְכֵּל		
2.f.s.			תְּכַלְכְּלִי	תְּכֻלְכְּלִי	תִּתְכַּלְכְּלִי		
2.m.pl.			תְּכַלְכְּלוּ	תְּכֻלְכְּלוּ	תִּתְכַּלְכְּלוּ		
1.c.s.			אֲכַלְכֵּל	אֲכֻלְכַּל	אֶתְכַּלְכֵּל		
1.c.pl.			נְכַלְכֵּל	נְכֻלְכַּל	נִתְכַּלְכֵּל		
Juss.			יְכַלְכֵּל	יְכֻלְכַּל	יִתְכַּלְכֵּל		
Imp.m.s.			כַּלְכֵּל	-	הִתְכַּלְכֵּל		
f.s.			כַּלְכְּלִי	-	הִתְכַּלְכְּלִי		
m.pl.			כַּלְכְּלוּ	-	הִתְכַּלְכְּלוּ		
f.pl.			כַּלְכֵּלְנָה	-	הִתְכַּלְכֵּלְנָה		
Part.m.s.			מְכַלְכֵּל	מְכֻלְכָּל	מִתְכַּלְכֵּל		
f.s.			מְכַלְכֶּלֶת	מְכֻלְכֶּלֶת	מִתְכַּלְכֶּלֶת		
m.pl.			מְכַלְכְּלִים	מְכֻלְכָּלִים	מִתְכַּלְכְּלִים		
f.pl.			מְכַלְכְּלוֹת	מְכֻלְכָּלוֹת	מִתְכַּלְכְּלוֹת		
Inf. Abs.			כַּלְכֵּל	כֻּלְכּוֹל	הִתְכַּלְכֵּל		
Inf. Con.			לְכַלְכֵּל	-	לְהִתְכַּלְכֵּל		

표 17. 이중 약동사 및 다른 동사들 (ירה, זרה, שׁחה, נכה)

	파알	니프알	피엘	푸알	히쉬타프엘	히프일	호프알
Perf.3.m.s.	יָרָה	נוֹרָה	זֵרָה	זֹרָה	הִשְׁתַּחֲוָה	הִכָּה	הֻכָּה
3.f.s.	יָרְתָה	נוֹרְתָה	זֵרְתָה	זֹרְתָה	הִשְׁתַּחַוְתָה	הִכְּתָה	הֻכְּתָה
3.c.pl.	יָרוּ	נוֹרוּ	זֵרוּ	זֹרוּ	הִשְׁתַּחֲווּ	הִכּוּ	הֻכּוּ
2.m.s.	יָרִיתָ	נוֹרֵיתָ	זֵרִיתָ	זֹרֵיתָ	הִשְׁתַּחֲוִיתָ	הִכִּיתָ	הֻכֵּיתָ
2.f.s.	יָרִית	נוֹרֵית	זֵרִית	זֹרֵית	הִשְׁתַּחֲוִית	הִכִּית	הֻכֵּית
2.m.pl.	יְרִיתֶם	נוֹרֵיתֶם	זֵרִיתֶם	זֹרֵיתֶם	הִשְׁתַּחֲוִיתֶם	הִכִּיתֶם	הֻכֵּיתֶם
2.f.pl.	יְרִיתֶן	נוֹרֵיתֶן	זֵרִיתֶן	זֹרֵיתֶן	הִשְׁתַּחֲוִיתֶן	הִכִּיתֶן	הֻכֵּיתֶן
1.c.s.	יָרִיתִי	נוֹרֵיתִי	זֵרִיתִי	זֹרֵיתִי	הִשְׁתַּחֲוִיתִי	הִכִּיתִי	הֻכֵּיתִי
1.c.pl.	יָרִינוּ	נוֹרֵינוּ	זֵרִינוּ	זֹרֵינוּ	הִשְׁתַּחֲוִינוּ	הִכִּינוּ	הֻכֵּינוּ
Impf.3.m.s.	יִירֶה	יִיָּרֶה	יְזָרֶה	יְזֹרֶה	יִשְׁתַּחֲוֶה	יַכֶּה	יֻכֶּה
3.f.s.	תִּירֶה	תִּיָּרֶה	תְּזָרֶה	תְּזֹרֶה	תִּשְׁתַּחֲוֶה	תַּכֶּה	תֻּכֶּה
3.m.pl.	יִירוּ	יִיָּרוּ	יְזָרוּ	יְזֹרוּ	יִשְׁתַּחֲווּ	יַכּוּ	יֻכּוּ
3/2.f.pl.	תִּירֶינָה	תִּיָּרֶינָה	תְּזָרֶינָה	תְּזֹרֶינָה	תִּשְׁתַּחֲוֶינָה	תַּכֶּינָה	תֻּכֶּינָה
2.m.s.	תִּירֶה	תִּיָּרֶה	תְּזָרֶה	תְּזֹרֶה	תִּשְׁתַּחֲוֶה	תַּכֶּה	תֻּכֶּה
2.f.s.	תִּירִי	תִּיָּרִי	תְּזָרִי	תְּזֹרִי	תִּשְׁתַּחֲוִי	תַּכִּי	תֻּכִּי
2.m.pl.	תִּירוּ	תִּיָּרוּ	תְּזָרוּ	תְּזֹרוּ	תִּשְׁתַּחֲווּ	תַּכּוּ	תֻּכּוּ
1.c.s.	אִירֶה	אִיָּרֶה	אֲזָרֶה	אֲזֹרֶה	אֶשְׁתַּחֲוֶה	אַכֶּה	אֻכֶּה
1.c.pl.	נִירֶה	נִיָּרֶה	נְזָרֶה	נְזֹרֶה	נִשְׁתַּחֲוֶה	נַכֶּה	נֻכֶּה
Juss.	יִיר	יִיָּר	יְזָר	יְזֹר	יִשְׁתַּחוּ	יַךְ	יֻךְ
Imp.m.s.	יְרֵה	הִיָּרֵה	זָרֵה	-	הִשְׁתַּחֲוֵה	הַכֵּה	-
f.s.	יְרִי	הִיָּרִי	זָרִי	-	הִשְׁתַּחֲוִי	הַכִּי	-
m.pl.	יְרוּ	הִיָּרוּ	זָרוּ	-	הִשְׁתַּחֲווּ	הַכּוּ	-
f.pl.	יְרֶינָה	הִיָּרֶינָה	זָרֶינָה	-	הִשְׁתַּחֲוֶינָה	הַכֶּינָה	-
Part.m.s.	יֹרֶה	נוֹרֶה	מְזָרֶה	מְזֹרֶה	מִשְׁתַּחֲוֶה	מַכֶּה	מֻכֶּה
f.s.	יֹרָה	נוֹרָה	מְזָרָה	מְזֹרָה	מִשְׁתַּחֲוָה	מַכָּה	מֻכָּה
m.pl.	יֹרִים	נוֹרִים	מְזָרִים	מְזֹרִים	מִשְׁתַּחֲוִים	מַכִּים	מֻכִּים
f.pl.	יֹרוֹת	נוֹרוֹת	מְזָרוֹת	מְזֹרוֹת	מִשְׁתַּחֲווֹת	מַכּוֹת	מֻכּוֹת
Inf. Abs.	יָרֹה	הִיָּרֵה	זָרֵה	זֹרֹה	הִשְׁתַּחֲוֵה	הַכֵּה	הֻכֵּה
Inf. Con.	לִירוֹת	לְהִיָּרוֹת	לְזָרוֹת	-	לְהִשְׁתַּחֲווֹת	לְהַכּוֹת	-

* 이중 약동사 활용 - **יַעֲלֶה**의 경우 페-후음 약동사와 라메드-헤 약동사의 활용을 겹쳐서 볼 것.

어휘 모음집

א

אָבִיו	명(남단연) 아버지 + 인칭접미(3남단) 그의
אָבִיתִי	동(אבה pa.완1공단) 원하다
אַבְנֵר	명(고유) 아브넬
אַבְרָהָם	명(고유) 아브라함
אֲבָרֶכְךָ	동(ברך pi.미1공단) 축복하다 + 인칭접미(2남단) 당신을
אֲבָרֶכְךָ	동(ברך pi.미1공단) 축복하다 + 인칭접미(2남단) 당신을
אַבְרָם	명(고유) 아브람
אֶגְדַּל	동(גדל pa.미1공단) 자라다, 크다
אֲגַדֵּעַ	동(גדע pi.미1공단) 자르다
אֲדָמָה	명(여단) 땅
אֲדֹנִי	명(남단연) 주인 + 인칭접미(1공단) 나의
אֲדֹנָי	명(고유) 아도나이, 주
אֲדֹנָיו	명(남복연) 주인 + 인칭접미(3남단) 그의
אֲדֹנֶיךָ	명(남복연) 주인 + 인칭접미(2남단) 당신의
אָהַבְתִּי	동(אהב pa.완1공단) 사랑하다
אֶהְיֶה	동(היה pa.미1공단) ~이다, 되다 be, become
אוֹדֶה	동(ידה hif.미1공단) 찬송하다
אוּלַי	부 혹시
אוֹצִיאָה	동(יצא hif.미1공단-의지표현) 꺼내다

אוֹר 명(남/여단) 빛

אושר(אֲיַשֵּׁר) 동(ישׁר pi.미1공단) 곧게 하다

אוֹת 명(남/여단연) 표시, 증거

אוֹתָהּ 한정목적어 표시어 + 인칭접미(3여단) > 그녀를, 그것을

אוֹתָם 한정목적어 표시어 + 인칭접미(3남복) > 그들을

אֶחָד 수(남단) 하나, 하나의

אַחַד 수(남단연) 하나

אָחַז 동(אחז pa.완3남단) 붙잡다

אֲחֻזַּת 명(여단연) 소유, 소유지 possession

אֹחֶזֶת 동(אחז pa.분여단) 붙잡다

אָחִי 명(남단연) 형제 + 인칭접미(1공단) 나의

אָחִיו 명(남단연) 형제 + 인칭접미(3남단) 그의

אַחֵר 형(남단) 다른

אַחֲרֵי 전 after, behind

אַחֲרֵיהֶן 전 after + 인칭접미(3여복) 그녀들, 그것들

אַחֲרָיו 전 after + 인칭접미(3남단) 그

אַחֲרֶיךָ 전 after + 인칭접미(2남단) 당신, 당신

אֶטְבָּעָה 동(טבע pa.미1공단-의지표현) 빠지다

אֹיְבֶיךָ 명(남복연) 원수 + 인칭접미(2남단) 당신의

אֹיְבַיִךְ 명(남복연) 원수 + 인칭접미(2여단) 당신의

אֵימָה 명(여단) 두려움

אִישׁ 명(남단) 사람

אִישִׁי 명(남단연) 남자, 남편 + 인칭접미(1공단) 나의

אֵל 명(남단) 하나님, 신

אֶל 전 to

אַל 부정부사 not

אֱלֹהַי 명(남복연) 하나님 + 인칭접미(1공단) 나의

אֱלֹהֵיהֶם 명(남복연) 하나님 + 인칭접미(3남복) 그들의

אֱלֹהֶיךָ	명(남복연) 하나님 + 인칭접미(2남단) 당신의
אֱלֹהֵיכֶם	명(남복연) 하나님 + 인칭접미(2남복) 당신들의
אֱלֹהִים	명(남복) 하나님
אֱלֹהֵינוּ	명(남복연) 하나님 + 인칭접미(1공복) 우리의
אֲלֵהֶם	전 to + 인칭접미(3남복) 그들
אֵלִי	명(남단연) 하나님 + 인칭접미(1공단) 나의
אֵלַי	전 to + 인칭접미(1공단) 나
אֵלִיָּהוּ	명(고유) 엘리야후(엘리야)
אֵלָיו	전 to + 인칭접미(3남단) 그
אֵלֶיךָ	전 to + 인칭접미(2남단) 당신
אֲלֵיכֶם	전 to + 인칭접미(2남복) 당신들
אֵלֵךְ	동(**הלך** pa.미1공단) 걸어가다, 걷다
אֵם	명(여단연) 어미, 엄마
אִמּוֹ	명(여단연) 어머니 + 인칭접미(3남단) 그의
אָמוּת	동(**מות** pa.미1공단) 죽다
אֶמְחֶה	동(**מחה** pa.미1공단) 지우다
אִמִּי	명(여단연) 엄마 + 인칭접미(1공단) 나의
אָמֵן	부 아멘, 진실로 verily, truly
אָמֹר	동(**אמר** pa.부정절대) 말하다
אֹמַר	동(**אמר** pa.미1공단) 말하다
אָמַרְתִּי	동(**אמר** pa.완1공단) 말하다
אֲנַחְנוּ	인칭대(1공복) 우리
אֲנִי	인칭대(1공단) 나 I
אָנִי	인칭대(1공단) 나 I
אָנֹכִי	인칭대(1공단) 나 I
אִנָּצְלָה	동(**נצל** nif.미1공단-의지표현) 구원받다
אֲנָשִׁים	명(남복) 남사, 남편
אֶעֶזְבְךָ	동(**עזב** pa.미1공단) 버리다 + 인칭접미(2남단) 당신을

אֶעֱשֶׂה 동(עשׂה pa.미1공단) 하다, 만들다

אַפְּךָ 명(남단연) 코, 화 + 인칭접미(2남단) 당신의

אֵצֵא 동(יצא pa.미1공단) 나가다

אֲצַוֶּה 동(צוה pi.미1공단) 명령하다

אָקוּמָה 동(קום pa.미1공단-의지표현) 일어나다

אֶקְרָא 동(קרא pa.미1공단) 부르다, 선포하다, 읽다

אַרְבֶּה 동(רבה hif.미1공단) 많아지게 하다

אֲרוֹמִמְךָ 동(רום pi.(폴렐)미1공단) 높이다 + 인칭접미(2남단) 당신을

אֲרוֹן 명(남/여단연) 궤

אָרוּר 동(ארר pa.수동분남단) 저주하다

אֲרָזֶיךָ 명(남복연) 백향목 + 인칭접미(2남단) 당신의

אַרְפְּךָ 동(רפה hif.미1공단) 떠나다 + 인칭접미(2남단) 당신을

אַרְצִי 명(여단연) 땅, 나라 + 인칭접미(1공단) 나의

אַרְצְךָ 명(여단연) 땅 + 인칭접미(2남단) 당신의

אֵשׁ 명(남/여단) 불

אֲשַׁבֵּר 동(שׁבר pi.미1공단) 깨트리다, 박살내다

אִשָּׁה 명(여단) 여자, 아내

אשׁוב(אָשִׁיב) 동(שׁוב hif.미1공단) 돌아오게 하다, 돌이키다

אַשּׁוּר 명(고유) 앗수르, 앗시라아

אֶשְׁמֹר 동(שׁמר pa.미1공단) 지키다

אֶשְׁפּוֹט 동(שׁפט pa.미1공단) 심판하다

אֲשֶׁר 관계대 that

אֲשֵׁרָיו 명(여복연) 아세라상 + 인칭접미(3남단) 그의

אִשְׁתּוֹ 명(여단연) 아내, 여자 + 인칭접미(3남단) 그의

אִשְׁתִּי 명(여단연) 아내, 여자 + 인칭접미(1공단) 나의

אֶת 한정목적어 표시어 ~을, 를

אֶת 전 with

אַתְּ 인칭대(2여단) 당신

אַתָּה 인칭대(2남단) 너, 당신 you

אִתּוֹ 전 with + 인칭접미(3남단) 그

אֹתוֹ 한정목적어 표시어 + 인칭접미(3남단) > 그를

אֹתָךְ 한정목적어 표시어 + 인칭접미(2남/여단) > 당신을

אֶתְכֶם 한정목적어 표시어 + 인칭접미(2남복) > 당신들을

אַתֶּם 인칭대(2남복) 당신들

אֹתָם 한정목적어 표시어 + 인칭접미(3남복) > 그들을

אֶתֵּן 동(נתן pa.미1공단) 주다

אֹתָנוּ 한정목적어 표시어 + 인칭접미(1공복) > 우리를

אֶתְּנֶנָּה 동(נתן pa.미1공단) 주다 + energic nun + 인칭접미(3여단) 그녀를, 그것을

ב

בָּא 동(בוא pa.분남단) 오다

בֹּאוּ 동(בוא pa.명령남복) 오다

בָּאוֹת 동(בוא pa.분여복) 오다

בְּאֶרֶץ 전 in + 명(여단연) 땅

בָּאָרֶץ 전 in + 정관사 the + 명(여단) 땅

בָּאֵשׁ 전 in + 정 the + 명(남/여단) 불

בָּאְשָׁם 명(남단연) 썩는 냄새 stench + 인칭접미(3남복) 그들의

בְּאִשְׁתּוֹ 전 in + 명(여단연) 아내, 여자 + 인칭접미(3남단) 그의

בְּבֵית 전 in + 명(남단연) 집

בָּבֶל 명(고유) 바벨론

בְּגַן 전 in + 명(남/여단연) 정원, 동산

בָּהּ 전 in + 인칭접미(3여단) 그녀, 그것

בְּהוֹצִיאֲךָ 전 in + 동(יצא hif.부정연계) 꺼내다 + 인칭접미(2남단) 당신

בִּהְיוֹתוֹ 전 in + 동(היה pa.부정연계) ~이다, 있다 + 인칭접미(3남단) 그

בָּהֶם 전 in + 인칭접미(3남복) 그들

בְּהִמָּצְאוֹ 전 in + 동(מצא nif.부정연계) 발견되다 + 인칭접미(3남단) 그

בְּהַשְׁבִּיעַ 전 in + 동(שׁבע hif.부정연계) 맹세하다

בּוֹ 전 with + 인칭접미(3남단) 그

בּוֹ 전 in + 인칭접미(3남단) 그, 그것

בְּחֻצוֹת 전 in + 명(남복연) 거리

בָּחַר 동(בחר pa.완3남단) 선택하다

בַּחֶרֶב 전 in + 정 the + 명(여단) 칼, 검

בַּחֹשֶׁךְ 전 in + 정 the + 명(남단) 어두움

בִּיבֹשׁ 전 in + 동(יבשׁ pa.부정연계) 마르다 be dry

בְּיַד 전 in + 명(여단연) 손

בְּיָדוֹ 전 in + 명(여단연) 손 + 인칭접미(3남단) 그의

בַּיהוָה 전 in + 명(고유) 여호와

בִּימֵי 전 in + 명(남복연) 날 day

בַּיַּמִּים 전 in + 정 the + 명(남복) 바다

בַּיָּמִים 전 in + 정 the + 명(남복) 날 day

בֵּינִי 전 between + 인칭접미(1공단) 나

בֵּינֵכֶם 전 between + 인칭접미(2남복) 당신들

בֵּית 명(남단연) 집

בַּיִת 명(남단) 집, 거처

בֵּיתִי 명(남단연) 집 + 인칭접미(1공단) 나의

בִּכְבֹדִי 전 by + 명(남단연) 영광 + 인칭접미(1공단) 나의

בְּכוֹרוֹ 명(남단연) 장자 + 인칭접미(3남단) 그의

בְּכֹחַ 전 ~으로 + 명(남단) 힘

בְּכָל 전 in + 명(남단연) 모두all

בִּכְלִי 전 in + 명(남단연) 그릇

בְּכֹרָה 명(여단) 장자권 birthright

בָּם 전 against + 인칭접미(3남복) 그들

בַּמִּדְבָּר 전 in + 정 the + 명(남단) 광야, 사막

בְּמַיִם 전 in + 명(남복) 물

בַּמָּרוֹם 전 in + 정 the + 명(남단) 높은 곳

בֵּן 명(남단) 아들

בֶּן 명(남단연) 아들

בֶּן 명(남단연) (나이) 살, 세

בָּנוֹת 명(여복) 딸, 소녀

בְּנַחֲלָה 전 in, by + 명(여단) 기업

בְּנִי 명(남단연) 아들 + 인칭접미(1공단) 나의

בְּנֵי 명(남복연) 아들, 자녀

בָּנַי 명(남복연) 아들 + 인칭접미(1공단) 나의

בָּנָיו 명(남복연) 아들 + 인칭접미(3남단) 그의

בָּנִים 명(남복) 아들

בְּעֵדֶן 전 in + 명(고유) 에덴

בְּעָוֹנִי 전 at + 명(남/여단연) 원통함, 죄악 + 인칭접미(1공단) 나의

בְּעֵינֶיךָ 전 in + 명(남/여쌍연) 눈 + 인칭접미(2남단) 당신의

בָּעִיר 전 in + 정 the + 명(여단) 성, 도시

בְּעַמְּךָ 전 in + 명(남단연) 백성 + 인칭접미(2남단) 당신의

בַּעֲקֵב 전 in + 정 the + 명(남단) 발꿈치

בְּצֵאתוֹ 전 in + 동(יצא pa.부정연계) 나가다 + 인칭접미(3남단) 그

בְּצֶלֶם 전 ~으로 + 명(남단연) 형상

בְּצַלְמוֹ 전 ~으로 + 명(남단연) 형상 + 인칭접미(3남단) 그의

בְּצַלְמֵנוּ 전 ~으로 + 명(남단연) 형상 + 인칭접미(1공복) 우리의

בַּצָּמָא 전 by + 정 the + 명(남단) 갈증

בֶּצַע 명(남단) 불의의 이득

בֹּצֵעַ 동(בצע pa.분남단) 자르다, 빼앗다

בְּקֹלִי 전 in + 명(남단연) 목소리 + 인칭접미(1공단) 나의

בֹּקֶר 명(남단) 아침

בְּקִרְבְּכֶם 전 in + 명(남단연) 속, 내부 + 인칭접미(2남복) 당신들

בְּרֵאשִׁית 전 in + 명(여단) 시작

בָּרָאתָ 동(ברא pa.완2남단) 창조하다

בָּרָאתִי 동(ברא pa.완1공단) 창조하다

בַּרְזֶל 명(남단) 철

בְּרִיאָה 명(여단) 창조, 창조된 것, 새 일

בְּרִית 명(여단연) 언약

בְּרִיתִי 명(여단연) 언약 + 인칭접미(1공단) 나의

בִּרְקִיעַ 전 in + 명(남단연) 궁창

בֻּשָּׁלָה 동(בשל pu.완3여단) 물에 끓여지다

בְּשְׁמִי 전 in by with + 명(남단연) 이름 + 인칭접미(1공단) 나의

בָּשָׂר 명(남단) 고기

בְּתוֹךְ 전 in + 명(남단연) 속 > 복합전 in the middle of

בְּתוֹכָם 전 in + 명(남단연) 속 + 인칭접미(3남복) 그들

בְּתִתְּךָ 전 in + 동(נתן pa.부정연계) + 인칭접미(2남단) 당신

ג

גְּבוּל 명(남단연) 변경, 국경

גִּבּוֹר 명(남단연) 강자, 영웅

גִּבֹּר 명(남단연) 강자, 영웅

גְּדֹלָה 형(여단) 큰

גּוּר 동(גור pa.명령남단) 살다, 거하다

גַּם 부 또한

גַּן 명(남/여단) 정원

גֻּנַּב 동(גנב pu.완3남단) 훔쳐지다 be stolen away

גֻּנֹּב 동(גנב pu.부정절대) 훔쳐지다 be stolen away

גֻּנַּבְתִּי 동(גנב pu.완1공단) 훔쳐지다 be stolen away

גֵּר 명(남단) 나그네

גֵּרִים 명(남복) 나그네

ד

דִּבֵּר 동(דבר pi.완3남단) 말하다

דִּבֶּר 동(דבר pi.완3남단) 말하다

דְּבָרִי 명(남단연) 말씀 + 인칭접미(1공단) 나의

דְּבָרַי 명(남복연) 말씀 + 인칭접미(1공단) 나의

דּוּדָאֵי 명(남복연) 합환채, 흰독말풀

דָּוִיד 명(고유) 다윗

דַּלְתוֹת 명(여복연) 문

דָּם 명(남단) 피

דַּע 동(ידע pa.명령남단) 알다

דְּעוּ 동(ידע pa.명령남복) 알다

דַּרְכּוֹ 명(남/여단연) 길 + 인칭접미(3남단) 그의

דִּרְשׁוּ 동(דרשׁ pa.명령남복) 찾다

דֶּשֶׁא 명(남단) 풀

ה

הָאֲדָמָה 정 the + 명(여단) 땅, 흙

הָאוֹר 정 the + 명(남/여단) 빛

הָאֶחָד	정 the + 수(남단) 하나
הָאַיִל	정 the + 명(남단) 수양
הָאֵלֶּה	정 the + 지시형(공복) 이 these
הָאֱלֹהִים	정 the + 명(남복) 하나님
הֶאֱמִין	동(אמן hif.완3남단) 믿다
הָאֱמֶת	정 the + 명(여단) 진리
הָאֵשׁ	정 the + 명(남/여단) 불
הָאִשָּׁה	정 the + 명(여단) 여자, 아내
הִבְדִּיל	동(בדל hif.완3남단) 구분하다
הִבְדַּלְתִּי	동(בדל hif.완1공단) 구별하다
הָבָה	감 자!
הַבְּהֵמָה	정 the + 명(여단) 동물
הֶבֶל	명(고유) 아벨
הַבָּרָד	정 the + 명(남단) 우박
הַבְּרִית	정 the + 명(여단) 언약
הַגָּדוֹל	정 the + 형(남단) 큰
הַגְּדוֹלָה	정 the + 형(여단) 큰
הַגָּדֹל	정 the + 형(남단) 큰
הַגְּדֹלִים	정 the + 형(남복) 큰
הַגּוֹיִם	정 the + 명(남복) 민족, 이방인 nation, gentile
הַגְּנֵבָה	정 the + 명(여단) 도적물
הַדָּבָר	정 the + 명(남단) 말, 말씀, 일, 사건
הַדְּבָרִים	정 the + 명(남복) 말, 말씀, 일, 사건
הַהוּא	정 the + 지시형(남단) 그 that
הַהִוא	정 the + 지시형(여단) 그 that
הַהִיא	정 the + 지시형(여단) 그 that
הַהֹלֵךְ	정 the + 동(הלך pa.분남단) 걸어가다, 가다
הָהֵמָּה	정 the + 지시형(남복) 그 those

הוּא 인칭대(3남단) 그

הִוא 인칭대(3여단) 그녀

הוֹי 감 아아! alas, 화 있을찐저! woe to

הוֹיָה 동(היה pa.분여단) ~이다, 되다 be, become

הוֹלֵךְ 동(הלך pa.분남단) 걸어가다, 가다

הוּסַד 동(יסד hof.부정연계) 세워지다 be founded

הוֹצֵא 동(יצא hif.명령남단) 꺼내다

הוֹצֵאתָ 동(יצא hif.완2남단) 꺼내다

הוֹצִיא 동(יצא hif.완3남단) 꺼내다, 나오게 하다

הַזֹּאת 정 the + 지시형(여단) 이 this

הַזֹּבֵחַ 정 the + 동(זבח pa.분남단) 희생을 잡다

הַזֶּה 정 the + 지시형(남단) 이 this

הַזָּהָב 정 the + 명(남단) 금

הַחֲוִילָה 정 the + 명(고유) 하윌라

הַחַיָּה 정 the + 명(여단) 생물

הֵחֵל 동(חלל hif.완3남단) 시작하다

הַחֹמֶשׁ 정 the + 명(남단) 배, 복부

הַחֲסָדִים 정 the + 명(남복) 은총, 은혜

הַחֵצִי 정 the + 명(남단) 화살

הַטְּהוֹרָה 정 the + 형(여단) 정결한

הִיא 인칭대(3여단) 그녀 she, 그것 it

הַיֹּבֵל 정 the + 명(남단) 희년

הָיוּ 동(היה pa. 완3공복) ~이다. 되다 be, become

הַיּוֹם 정 the + 명(남단) 날 day

הָיִיתִי 동(היה pa.완1공단) ~이다, 되다 be, become

הֱיִיתֶם 동(היה pa.완2남복) ~이다, 되다 be, become

הַיָּם 정 the + 명(남단) 바다

הַיָּמִים 정 the + 명(남복) 날 day

הָיְתָה	동(היה pa.완3여단) ~이다, 되다 be, become
הִכָּה	동(נכה hif.완3남단) 치다, 때리다
הַכֹּהֲנִים	정 the + 명(남복) 제사장
הַכִּסֵּא	정 the + 명(남단) 보좌
הַכְּרָעַיִם	정 the + 명(여쌍) 정강이
הַלְוִיִּם	정 the + 명(고유복) 레위사람
הַלֻּחֹת	정 the + 명(남복) 판
הַלַּיְלָה	정 the + 명(남단) 밤
הֵם	인칭대(3남복) 그들
הַמָּאוֹר	정 the + 명(남단) 광명, 등
הַמְּאֹרֹת	정 the + 명(남복) 광명, 등
הֵמָּה	인칭대(3남복) 그들
הַמִּזְבֵּחָה	정 the + 명(남단) 제단 + 방향 표시어 ה > 제단 위에
הַמַּיִם	정 the + 명(남복) 물
הַמְּכֹנוֹת	정 the + 명(여복) 받침
הָמְלֵחַ	동(מלח hof.부정절대) 소금으로 뿌려지다
הָמְלַח	동(מלח hof.완3남단) 소금으로 뿌려지다
הָמְלַחַתְּ	동(מלח hof.완2여단) 소금으로 뿌려지다
הַמֶּלֶךְ	정 the + 명(남단) 왕
הַמַּלְכָּה	정 the + 명(여단) 여왕
הַמְעַט	의문사 whether, if + 형(남단) 적은
הִמָּצֵא	동(מצא nif.부정절대) 발견되다, 있다
הַמִּצְוָה	정 the + 명(여단) 명령, 계명
הַמְקֻדָּשִׁים	정 the + 동(קדשׁ pu.분남복) 거룩하게 되다, 성직에 임명되다
הַמְקַלֵּל	정 the + 동(קלל pi.분남단) 저주하다
הַמֹּרִיָּה	정 the + 명(고유) 모리아
הַמֹּשְׁלִים	정 the + 동(משׁל pa.분남복) 통치하다
הַמַּשְׁקִים	정 the + 명(남복) 술관원

הֵן	인칭대(3여복) 그녀들
הִנָּבֵא	동(נבא nif.명령남단) 예언하다
הַנָּבִיא	정 the + 명(남단) 선지자
הַנִּגָּשִׁים	정 the + 동(נגשׁ nif.분남복) 가까이 가다
הִנֵּה	감 자!, 보라!
הֵנָּה	인칭대(3여복) 그녀들
הַנָּהָר	정 the +명(남단) 강
הַנְּחֹשֶׁת	정 the +명(여단) 놋
הִנְנִי	감 보라, 여기 + 인칭접미(1공단) 나
הַנַּעַר	정 the + 명(남단) 청소년
הַנְּעָרִים	정 the + 명(남복) 청소년
הַנֶּפֶשׁ	정 the + 명(여단) 혼, 사람
הַנִּשְׁאָרִים	정 the + 동(שׁאר nif.분남복) 남다 remain
הַסֹּבֵב	정 the + 동(סבב pa.분남단) 둘러싸다, 둘러가다
הָעֶבֶד	정 the + 명(남단) 종
הָעִבְרִים	정 the + 명(고유복) 히브리 사람
הָעִיר	정 the + 명(여단) 성, 도시
הָעֹלָה	정 the + 명(여단) 번제
הָעָם	정 the + 명(남단) 백성
הָעַמִּים	정 the + 명(남복) 민족
הֶעָרִים	정 the + 명(여복) 도시
הָעֲרֵלִים	정 the + 명(남복) 할례받지 않은 사람
הִפַּלְתִּי	동(נפל hif.완1공단) 넘어뜨리다, 제비뽑아 할당하다
הַפֶּתְחָה	정 the + 명(남단) 입구, 문 + 방향 표시어 ה
הַצֹּאן	정 the + 명(남/여단) 양떼
הַצִּילֵנִי	동(נצל hif.명령남단) 구하다 + 인칭접미(1공단) 나를
הַצֵּלָע	정 the + 명(여단) 갈빗대
הַקֶּרֶב	정 the + 명(남단) 내장, 속

הָרִאשׁוֹן	정 the + 수(남단) 첫째의
הָרִאשֹׁנִים	정 the + 수(남복) 첫째의
הָרַבִּים	정 the + 형(남복) 많은
הֲרֹג	동(הרג pa.명령남단) 죽이다
הֲרֻגִים	동(הרג pa.수동분남복) 죽다
הֲרוֹב	의문사 whether, if + 동(ריב pa.부정절대) 다투다
הָרִים	명(남복) 산
הָרֹמֶשֶׂת	정 the + 동(רמשׂ pa.분여단) 기다, 움직이다
הָרָעָב	정 the + 명(남단) 기근, 흉년
הִשְׁבִּיעַ	동(שׁבע hif.완3남단) 맹세하다
הַשְּׁבִיעִי	정 the + 수(남단) 일곱째의
הַשְׁבֵּעַ	동(שׁבע hif.부정절대) 맹세하다
הַשָּׂבָע	정 the + 명(남단) 풍부함
הַשָּׂדֶה	정 the + 명(남단) 들
הִשְׁכִּים	동(שׁכם hif.완3남단) 일찍 일어나다
הַשְּׁלוֹשָׁה	정 the + 수(남단) 3
הַשְּׁלִישִׁי	정 the + 수(남단) 셋째의
הָשְׁלַכְתָּ	동(שׁלך hof.완2남단) 던져지다
הָשְׁלַכְתִּי	동(שׁלך hof.완1공단) 던져지다
הַשְּׁלֹשָׁה	정 the + 수(남단) 3
הַשָּׁמַיִם	정 the + 명(남복) 하늘
הַשֹּׁמְעִים	정 the + 동(שׁמע pa.분남복) 듣다
הַשֹּׁמְרִים	정 the + 동(שׁמר pa.분남복) 지키다
הִשְׂתָּרֵר	동(שׂרר hitp.완3남단 or 부정절대) 지도자로 다스리다
הִתְהַלֵּךְ	동(הלך hitp.완3남단) 행하다, 걷다
הַתּוֹרָה	정 the + 명(여단) 율법, 토라
הַתַּנִּינִם	정 the + 명(남복) 물고기, 고래, 바다괴물
הִתְקַדְּשׁוּ	동(קדשׁ hitp.명령남복) 자신을 성결케하다

הַתְּרָפִים 정 the + 명(남복) 드라빔

ו

וְאָבִיו 접 and, but + 명(남단연) 아버지 + 인칭접미(3남단) 그의

וַאֲבִימֶלֶךְ 접 and + 명(고유) 아비멜렉

וַאֲבָרְכֶךָ 접 and + 동(ברך pi.미1공단) 축복하다 +인칭접미(2남단) 당신을

וְאַבְרָם 접 and + 명(고유) 아브람

וְאֵד 접 and + 명(남단) 안개

וְאֶהְיֶה 접 and + 동(היה pa.미1공단) ~이다, 되다 be, become

וַאֲהַלְלָה 접 and + 동(הלל pi.미1공단-의지표현) 찬양하다

וַאֲחֻזַּת 접 and + 명(고유) 아훗삿

וְאַחֲרֵי 접 and + 전 after

וְאֵינֶנּוּ 접 and + 부 there is not + 인칭접미(3남단) 그가

וְאָכַלְתָּ 동(אכל pa.연속완2남단) 먹다

וַאֲכַלְתֶּם 동(אכל pa.연속완2남복) 먹다

וְאֶכְתֹּב 접 and + 동(כתב pa.미1공단) 쓰다

וְאֶל 접 and + 전 to

וְאַל 접 and + 부정부사 not

וְאֵלֶּה 접 and + 지시대(남/여복) 이들, 이것들

וְאֵלְכָה 접 and + 동(הלך pa.미1공단-의지표현) 걸어가다, 가다

וְאִם 접 and + 접 ~한다면 if

וְאָמַר 동(אמר pa.연속완3남단) 말하다

וַאֲנִי 접 and + 인칭대(1공단) 나 I

וָאַצִּל 동(נצל hif.연속미1공단) 구하다

וְאֶקְבְּצָה 접 and + 동(קבץ pa.미1공단-의지표현) 모으다

וְאֶקְבְּרָה 접 and + 동(קבר pa.미1공단-의지표현) 묻다

וְאֶשְׁמְרָה 접 and + 동(שׁמר pa.미1공단-의지표현) 지키다

וְאִשְׁתּוֹ 접 and + 명(여단연) 아내, 여자 + 인칭접미(3남단) 그의

וְאַתָּה 접 and + 인칭대(2남단) 당신, 너

וּבָאת 동(בוא pa.연속완2여단) 오다

וּבִגְדֵי 접 and + 명(남복연) 옷

וּבְגָדָיו 접 and + 명(남복연) 옷 + 인칭접미(3남단) 그의

וּבַיּוֹם 접 and + 전 in + 정 the + 명(남단) 날 day

וּבֵינֵיכֶם 접 and + 전 between + 인칭접미(2남복) 당신들

וּבְכֹל 접 and + 전 in + 명(남단연) 모든 것 all

וּבָלְעָה 동(בלע pa.연속완3여단) 삼키다

וּבָנוֹת 접 and + 명(여복) 딸

וּבָנָיו 접 and + 명(남복연) 아들 + 인칭접미(3남단) 그의

וּבָעֵת 접 and + 전 in + 정 the + 명(남/여단) 때

וּבְרִיחֵי 접 and + 명(남복연) 빗장

וּבָשֵׁל 접 and + 형(남단) 삶은

וְגַם 접 and + 부 또한

וְדָבַק 동(דבק pa.연속완3남단) 붙다, 밀착하다

וְדַבֵּר 접 and + 동(דבר pi.명령남단) 말하다

וּדְבָרָיו 접 and + 명(남복연) 말씀 + 인칭접미(3남단) 그의

וְדַרְדַּר 접 and + 명(남단) 엉겅퀴

וְהֶאֱמִן 접 and + 동(אמן hif.완3남단) 믿다

וַהֲדוּרִים 접 and + 명(남복) 높아진 곳, 험한 곳

וְהַדֶּלֶת 접 and + 정 the + 명(여단) 문

וְהָדַרְתָּ 동(הדר pa.연속완2남단) 공경하다

וְהַחֶרֶב 접 and + 정 the + 명(여단) 칼, 검

וְהָחְתֵּל 접 and + 동(חתל hof.부정절대) 강보에 싸지다

וְהִיא 접 and, for + 인칭대(3여단) 그녀 she

וְהָיוּ 동(היה pa.연속완3공복) ~이다, 되다 be, become

וְהִנֵּה 접 and + 감 자!, 보라

וְהָעוֹף 접 and + 정 the + 명(남단) 새

וְהַעֲלֵהוּ 접 and + 동(עלה hif.명령남단) 희생을 바치다 + 인칭접미(3남단)

וְהָעָם 접 and + 정 the + 명(남단) 백성

וְהִפִּילוּ 동(נפל hif.연속완3공복) 넘어뜨리다

וַהֲקִימוֹתִי 동(קום hif.연속완1공단) 일으키다

וַהֲקִמֹתִי 동(קום hif.연속완1공단) 일으키다

וְהַרְבָּה 접 and + 동(רבה hif.부정절대) 많아지게 하다

וְהָרְכֻשׁ 접 and + 정 the + 명(남단) 소유, 물품

וְהֵשִׁיב 동(שׁוב hif.연속완3남단) 되돌려주다

וְהִשְׁקָה 동(שׁקה hif.연속완3남단) 적시다, 물을 주다

וְהִתְקַדִּשְׁתֶּם 동(קדשׁ hitp.연속완2남복) 자신을 성결케하다

וְחַלְלֵיהֶם 접 and + 명(남복연) 살육당한 자 + 인칭접미(3남복) 그들의

וַיֹּאמֶר 동(אמר pa.연속미3남단) 말하다

וַיָּבֹא 동(בוא pa.연속미3남단) 오다

וַיְבִאֶהָ 동(בוא hif.연속미3남단) 데려오다 + 인칭접미(3여단) 그녀를

וַיַּבְדִּילוּ 동(בדל hif.연속미3남복) 구별하다

וַיִּבֶן 동(בנה pa.연속미3남단) 짓다, 건축하다

וַיִּבְרָא 동(ברא pa.연속미3남단) 창조하다

וַיְבָרֶךְ 동(ברך pi.연속미3남단) 축복하다

וְיָדוֹ 접 and + 명(여단연) 손 + 인칭접미(3남단) 그의

וַיֵּדְעוּ 동(ידע pa.연속미3남복) 알다

וִידַעְתֶּם 동(ידע pa.연속완2남복) 알다

וִיהִי 접 and + 동(היה pa.미3남단-간접명령) ~이다, 있다

וַיַּהַרְגוּם 동(הרג pa.연속미3남복) 죽이다 + 인칭접미(3남복) 그들을

וִיוֹנָתָן 접 and + 명(고유) 요나단

וִיחֻנֶּךָּ 섭 and +동(חנן pa.미3남단) 은혜 베풀다 +인칭접미(2남단) 당신

וַיַּחְשְׁבֶהָ 동(חשׁב pa.연속미3남단) 여기다 + 인칭접미(3여단) 그녀/그것을

וַיֵּט 동(נטה hif.연속미3남단) 기울이다, 베풀다

וַיִּטַּע 동(נטע pa.연속미3남단) 심다, 창설하다

וַיַּכֵּהוּ 동(נכה hif.연속미3남단) 치다 + 인칭접미(3남단) 그를

וַיִּלְכֹּד 동(לכד pa. 연속미3남단) 점령하다, 포획하다

וַיַּנִּחֵהוּ 동(נוח hif.연속미3남단) 두다, 쉬게하다 + 인칭접미(3남단) 그를

וְיַעֲקֹב 접 and + 명(고유) 야곱

וַיִּפְגְּעוּ 동(פגע pa.연속미3남복) 만나다

וַיֵּצֵא 동(יצא pa.연속미3남단) 나가다

וַיְצַו 동(צוה pi.연속미3남단) 명령하다

וַיִּקַּח 동(לקח pa.연속미3남단) 취하다

וַיִּקָּחֶהָ 동(לקח pa.연속미3남단) 취하다 + 인칭접미(3여단) 그녀를

וְיִקְחוּ 접 and + 동(לקח pa.미3남복) 취하다

וַיִּקָּחֵנִי 동(לקח pa.연속미3남단) 취하다 + 인칭접미(1공단) 나를

וַיַּקְטֵר 동(קטר hif.연속미3남단) 분향하다

וַיָּקָם 동(קום pa.연속미3남단) 일어나다, 서다

וַיִּקְרָא 동(קרא pa.연속미3남단) 부르다, 외치다

וַיֵּרָא 동(ראה nif.연속미3남단) 보이다

וַיַּרְא 동(ראה pa. 연속미3남단) 보다

וַיִּרְאוּ 동(ראה pa.연속미3남복) 보다

וִירוֹמִמְךָ 접 + 동(רום pi.(폴렐)미3남단) 높이다 + 인칭접미(2남단) 당신을

וַיִּשָּׂא 동(נשׂא pa.연속미3남단) 들다, 옮기다

וַיִּשְׁכַּב 동(שׁכב pa.연속미3남단) 눕다, 자다

וַיִּשְׁכָּחֵהוּ 동(שׁכח pa.연속미3남단) 잊다 + 인칭접미(3남단) 그를

וַיִּשְׁלַח 동(שׁלח pa.연속미3남단) 보내다

וַיָּשֶׂם 동(שׂים pa.연속미3남단) 놓다, 두다

וְיִשְׁמְרוּ 접 and + 동(שׁמר pa.미3남복) 지키다

וַיִּתְהַלֵּךְ 동(הלך hitp.연속미3남단) 행하다, 오가다

וְכִהֲנוּ 동(כהן pi.연속완3공복) 제사장직을 행하다

וְכַחוֹל 접 and + 정 the + 명(남단) 모래

וְכָל 접 and + 명(남단연) 모두all

וּכְלִי 접 and + 명(남단연) 그릇

וְכֵלָיו 접 and + 명(남복연) 도구, 병기 + 인칭접미(3남단) 그의

וְכָרְתוּ 동(כרת pa.연속완3공복) 자르다

וּכְתֹב 접 and + 동(כתב pa.명령남단) 쓰다

וְלֹא 접 and + 부정부사 no, not

וְלָבָן 접 and + 명(고유) 라반

וְלַגֵּר 접 and + 전 for + 정 the + 명(남단) 나그네

וּלְזַרְעֲךָ 접 and + 전 to + 명(남단연) 씨 + 인칭접미(2남단) 당신의

וְלֶךְ 접 and + 동(הלך pa.명령남단) 걸어가다

וָלֵךְ 접 and + 동(הלך pa.명령남단) 걸어가다, 걷다

וְלָמָה 접 and + 의문사 왜 why

וְלָמָּה 접 and + 의문사 왜 why

וְלָקַחְתָּ 동(לקח pa.연속완2남단) 취하다

וְלָקַחַת 접 and + 전 to + 동(לקח pa.부정연계) 취하다

וּלְשָׁמְרָהּ 접 + 전 to + 동(שמר pa.부정연계) 지키다 + 인칭접미(3여단) 그것

וְלַתּוֹשָׁב 접 and + 전 for + 정 the + 명(남단) 거주민

וּמִכָּל 접 and + 전 from + 명(남단연) 모든 것 all

וּמִלְאוּ 접 and + 동(מלא pa.명령남복) 가득하다 be full

וּמִלֵּאתָ 동(מלא pi.연속완2남단) 채우다

וּמִמַּעֲמַקֵּי 접 and + 전 from + 명(남복연) 깊음

וּמַעֲשִׁיר 접 and + 동(עשר hif.분남단) 부유하게 하다

וּמִפְּרִי 접 and + 전 from + 명(남단연) 열매

וּמֹרַק 동(מרק pu.연속완3남단) 닦여지다

וּמָשַׁחְתָּ 동(משח pa.연속완2남단) 기름붓다

וְנָבְלָה 접 and + 동(בלל pa.미1공복-의지표현) 혼합하다

וְנָמַסּוּ 동(מסס nif.연속완3공복) 녹다

וְנוֹעַדְתִּי 동(יעד nif.연속완1공단) 만나다

וְנָפַלְתִּי 동(נפל pa.연속완1공단) 떨어지다, 넘어지다

וְנִקְדַּשׁ 동(קדשׁ nif.연속완3남단) 거룩하게 되다

וְנִרְאֶה 접 and + 동(ראה pa.미1공복) 보다

וְנִשְׁכַּח 동(שׁכח nif.연속완3남단) 잊혀지다

וְנִשְׁמַרְתָּ 동(שׁמר nif.연속완2남단) 주의하다, 지켜지다

וְסָמְכוּ 동(סמך pa.연속완3공복) 놓다, 기대다

וָעֶד 접 and + 명(남단) 영원

וַעֲמָשָׂא 접 and + 명(고유) 아마사

וְעָשׂוּ 동(עשׂה pa.연속완3공복) 하다, 만들다

וְעַתָּה 접 and + 부 이제

וּפִגְרֵיהֶם 접 and + 명(남복연) 사체 + 인칭접미(3남복) 그들의

וּפִיכֹל 접 and + 명(고유) 비골

וּפָצְתָה 동(פצה pa.연속완3여단) 열다

וְצֹאן 접 and + 명(남/여단) 양떼

וְקָדַשׁ 동(קדשׁ pa.연속완3남단) 구별되다

וְקִדַּשְׁתָּ 동(קדשׁ pi.연속완2남단) 거룩하게 하다, 성직에 임명하다

וְקִדַּשְׁתִּי 동(קדשׁ pi.연속완1공단) 거룩하게 하다, (따로) 준비시키다

וְקוֹץ 접 and + 명(남단) 가시, 가시덤불

וְקַיִן 접 and + 명(고유) 가인

וְקָמוּ 동(קום pa.연속완3공복) 일어나다

וְקִצֵּץ 동(קצץ pi.연속완3남단) 끊다

וּרְבוּ 접 and + 동(רבה pa.명령남복) 많다 be many

וּרְשָׁעִים 접 and + 명(남복) 악인

וְשִׁבְעִים 접 and + 수(남/여복) 70

וְשֻׁטַּף 동(שׁטף pu.연속완3남단) 씻어지다

וְשֵׁם 집 and + 명(남단연) 이름

וּשְׁמֹר 접 and + 동(שׁמר pa.명령남단) 지키다

וְשַׂמְתֶּם 동(שׂים pa.연속완2남복) 놓다, 두다

וַתָּבוֹא 동(בוא pa.연속미3여단) 오다

וַתִּגְנֹב 동(גנב pa.연속미3여단) 훔치다

וַתְּדַבֵּר 동(דבר pi.연속미2남단) 말하다

וּתְהִי 접 and + 동(היה pa.미3여단-간접명령) ~이다, 되다

וְתוֹשָׁב 접 and + 명(남단) 거주자

וְתִכּוֹנֵן 접 and + 동(כון hitp.미3여단) 세워지다 (본래 וְתִתְכּוֹנֵן으로 봄)

וַתִּפָּקַחְנָה 동(פקח nif.연속미3여복) 열려지다

וַתִּקְטַן 동(קטן pa.연속미3여단) 작다

וַתִּשָּׁחֵת 동(שׁחת nif.연속미3여단) 타락하다, 부패하다

ז

זֹאת 지시대(여단) 이것 this

זֶה 지시대(남단) this

זֶה 지시대(남단) this

זַיִת 명(남단) 감람, 올리브

זָךְ 형(남단) 순전한

זְכוֹר 동(זכר pa.명령남단) 기억하다

זְכָר 동(זכר pa.명령남단) 기억하다

זָכַר 동(זכר pa.완3남단) 기억하다

זָקֵן 형(남단) 늙은; 명(남단) 노인

זֶרַע 명(남단) 씨

זַרְעֲךָ 명(남단연) 씨, 후손 + 인칭접미(2남단) 당신의

ח

חִדֶּקֶל	명(고유) 힛데겔
חַוָּה	명(고유) 하와
חוּר	명(고유) 후르
חָי	형(남단) 살아있는, (명사적으로) 산자
חַיִּים	형(남복) 살아있는
חָלֶד	명(남단) 일생, 한평생
חֳלִי	명(남단) 질병
חֲלֹמֹתָיו	명(남복연) 꿈 + 인칭접미(3남단) 그의
חֲמוֹר	명(남단) 나귀
חָמָס	명(남단) 강포, 폭력
חֲנוֹךְ	명(고유) 에녹
חֲנִית	명(여단) 창
(חֲסִידָיו) חֲסִידָו	명(남복연) 거룩한 사람, 성인 + 인칭접미(3남단) 그의
חָפְשִׁי	형(남단) 자유로운 > 부사적으로 사용
חֻקֶּיךָ	명(남복연) 법 + 인칭접미(2남단) 당신의
חֻקֹּתַי	명(여복연) 규례 + 인칭접미(1공단) 나의
חֻקֹּתָיו	명(여복연) 규례 + 인칭접미(3남단) 그의
חָרֶב	명(여단) 칼, 검
חָרָה	동(חרה pa.완3남단) 분내다
חֶרֶשׂ	명(남단) 토기
חֶשְׁבּוֹן	명(고유) 헤스본
חֲשֵׁכָה	명(여단) 어두움
חָשְׁכִּי	명(남단연) 흑암 + 인칭접미(1공단) 나의
חֻתָּלְתְּ	동(חתל pu.완2여단) 강보에 싸지다

ט

טוֹבָה 명(여단) 선

י

יֵאָמֵר 동(אמר nif.미3남단) 말해지다

יֹאמְרוּ 동(אמר pa.미3남복) 말하다

יָאֵר 동(אור hif.미3남단-간접명령) 빛을 비추다

יָבֵישׁ 명(고유) 야베스

יִבְרָא 동(ברא pa.미3남단) 창조하다

יִגְאָלֵךְ 동(גאל pa.미3남단) 구속하다 + 인칭접미(2여단) 당신을

יִגְבַּר 동(גבר pa.미3남단) 이기다, 강해지다

יַגִּיהַּ 동(נגה hif.미3남단) 밝히다

יָדוֹ 명(여단연) 손 + 인칭접미(3남단) 그의

יְדֵיהֶם 명(여쌍연) 손 + 인칭접미(3남복) 그들의

יָדָם 명(여단연) 손 + 인칭접미(3남복) 그들의

יִדְּמוּ 동(דמם nif.미3남복) 잠잠해지다

יָדַע 동(ידע pa.완3남단) 알다

יְדָעָהּ 동(ידע pa.완3남단) 알다 + 인칭접미(3여단) 그녀를

יָדְעָה 동(ידע pa.완3여단) 알다

יָדְעוּ 동(ידע pa.완3공복) 알다

יָדַעְתִּי 동(ידע pa.완1공단) 알다

יְהוִה 명(고유) 여호와 (이 경우에는 엘로힘으로 읽는다)

יְהוָה 명(고유) 여호와

יְהוֹנָתָן 명(고유) 요나단

יְהוֹשֻׁעַ 명(고유) 여호수아

יִהְיוּ 동(היה pa.미3공복) ~이다. 되다

יִהְיוּ 동(היה pa.미3남복) ~이다, 되다 be, become

יַהַרְגֵנִי 동(הרג pa.미3남단) 죽이다 + 인칭접미(1공단) 나를

יוֹאָב 명(고유) 요압

יוֹסֵף 명(고유) 요셉

יוֹצֵא 동(יצא pa.분남단) 나오다

יֶחֱרֶה 동(חרה pa.미3남단) 분내다

יֻלְּדוּ 동(ילד 수동pa.완3공복) 태어나다

יָם 명(남단연) 바다

יָמִים 명(남복) 날 day

יָנוּם 동(נום pa.미3남단) 졸다

יִנָּצֵל 동(נצל nif.미3남단) 구원받다

יַעֲזֹב 동(עזב pa.미3남단) 떠나다

יַעֲלֶה 동(עלה pa.미3남단) 오르다

יַעֲקֹב 명(고유) 야곱

יַעֲשֶׂה 동(עשׂה pa.미3남단) 하다, 만들다

יִפְרֹץ 동(פרץ pa.미3남단) 돌격하다

יְצַוֶּה 동(צוה pi.미3남단) 명령하다

יָצַר 동(יצר pa.완3남단) 짓다, 만들다

יַקְדִּישׁ 동(קדשׁ hif.미3남단) 구별하다

יָקוּם 동(קום pa.미3남단) 일어나다

יִקַּח 동(לקח pa.미3남단) 취하다

יִקְרָא 동(קרא pa.미3남단) 부르다, 선포하다, 읽다

יִקְרְבוּ 동(קרב pa.미3남복) 가까이 가다

יִרְאֶה 동(ראה pa.미3남단) 보다

יִרֶב 동(רבה pa.미3남단-간접명령) 많다 be many

יָרָה 동(ירה pa.완3남단) 쏘다

יְרוּשָׁלַם 명(고유) 예루살렘

יֵרַע 동(רעע pa.미3남단-간접명령) 아까워하다, 나쁘다

יְשַׁבֵּר 동(שבר pi.미3남단) 깨트리다, 박살내다

יִשָּׁבֵר 동(שבר nif.미3남단) 부서지다

יֻשְׁלָכוּ 동(שלך hof.미3남복) 던져지다

יְשַׁלֵּם 동(שלם pi.미3남단) 지불하다

יִשְׁמְעוּ 동(שמע pa.미3남복) 듣다

יִשְׁמֹר 동(שמר pa.미3남단) 지키다

יִשְׁמְרוּ 동(שמר pa.미3남복) 지키다

יִשַּׁק 동(נשק pa.미3남단) 입맞추다

יִשְׂרָאֵל 명(고유) 이스라엘

יִשְׁרֵי 형(남복연) 곧은, 정직한

יִשְׂרֹף 동(שרף pa.미3남단) 불사르다

יִשָּׂשכָר 명(고유) 잇사갈

יִתְקַדָּשׁוּ 동(קדש hitp.미3남복) 자신을 성결케하다

יִתֵּן 동(נתן pa.미3남단) 주다, 허락하다

כ

כַּאֲשֶׁר 접 as

כִּדְמוּתֵנוּ 전 ~같이 + 명(여단연) 모양 + 인칭접미(1공복) 우리의

כֹּה 부 이같이

כְּחוֹל 전 ~같이 + 명(남단연) 모래

כַּחֲצֹת 전 at + 명(여단연) 한가운데, 중앙

כִּי 접 that

כִּי אִם 접 that + 접 if > (부사적으로) 그러나

כְּכוֹכְבֵי 전 like + 명(남복연) 별

כְּכַלֹּתוֹ	전 as + 동(כלה pi.부정연계) 끝내다 + 인칭접미(3남단) 그
כָּל	명(남단연) 모두all
כֹּל	명(남단연) 모든 것 all
כָּלַח	명(고유) 갈라, 칼라흐
כֵּן	부 그렇게
כְּנִמְרֹד	전 ~같이 + 명(고유) 니므롯
כְּנַעַן	명(고유) 가나안
כְּנֵצֶר	전 like + 명(남단) 나뭇가지
כְּעֶרְכְּךָ	전 as + 명(남단연) 가치, 값 + 인칭접미(2남단) 당신의
כְּרָעָיו	명(여쌍연) 정강이 + 인칭접미(3남단) 그의
כַּשְׂדִּים	명(고유) 갈대아인들
כְּשָׁמְעָם	전 as, at + 동(שמע pa.부정연계) 듣다 + 인칭접미(3남복) 그들의
כָּתִית	형(남단) 찧은

ל

לֹא	부정부사 no, not
לְאָבִיהָ	전 to + 명(남단연) 아버지 + 인칭접미(3여단) 그녀의
לַאֲחֻזַּת	전 to, for + 명(여단연) 소유
לָאִישׁ	전 to + 정 the + 명(남단) 사람
לְאֵל	전 to + 명(남단) 하나님, 신
לֵאמֹר	전 to + 동(אמר pa.부정연계) 말하다 > 가라사대
לְאִשָּׁה	전 to + 명(여단) 여자
לַאֲשֶׁר	전 to + 관계대 that
לֵבָב	명(남단) 마음
לְבָבְךָ	명(남단연) 마음 + 인칭접미(2남단) 당신의
לָבוּשׁ	동(לבשׁ pa.수동분남단연) 입다

לְבֵין	전 to + 전 between > between
לְבֵיתוֹ	전 to + 명(남단연) 집 + 인칭접미(3남단) 그의
לְבֵיתֵךְ	전 to + 명(남단연) 집 + 인칭접미(2여단) 당신의
לְבִלְעָם	전 to + 명(고유) 발람
לְבֶן	전 to + 명(남단연) 아들
לִבְנוֹת	전 to + 동(בנה pa.부정연계) 짓다, 건축하다
לִבְנִי	전 to + 명(남단연) 아들 + 인칭접미(1공단) 나의
לִבְנֵי	전 for + 명(남복연) 아들, 자녀
לְבָשָׂר	전 to + 명(남단) 육체, 몸
לִגְזֹז	전 to + 동(גזז pa.부정연계) 양털을 깎다
לְדָוִד	전 to, for + 명(고유) 다윗
לְדַרְכּוֹ	전 to + 명(남/여단연) 길 + 인칭접미(3남단) 그의
לָהּ	전 to + 인칭접미(3여단) 그녀
לְהָאִיר	전 to + 동(אור hif.부정연계) 빛을 비추다
לְהַכּוֹת	전 to + 동(נכה hif.부정연계) 치다, 때리다
לָהֶם	전 to + 인칭접미(3남복) 그들 > 그들에 속한
לְהַעֲלוֹת	전 to + 동(עלה hif.부정연계) 희생을 올리다
לְהַקְטִיר	전 to + 동(קטר hif.부정연계) 분향하다
לְהָרְגֵנוּ	전 to + 동(הרג pa.부정연계) 죽이다 + 인칭접미(1공복) 우리를
לְהִתְקַדֵּשׁ	전 to + 동(קדשׁ hitp.부정연계) 자신을 성결케하다
לוֹ	전 for + 인칭접미(3남단) 그
לוֹט	명(고유) 롯
לְזַרְעֲךָ	전 to + 명(남단연) 씨, 후손 + 인칭접미(2남단) 당신의
לִי	전 to + 인칭접미(1공단) 나
לַיהוָה	전 to + 명(고유) 여호와
לַיְלָה	명(남단) 밤
לְיִצְחָק	전 to + 명(고유) 이삭
לְיִשְׂרָאֵל	전 to + 명(고유) 이스라엘

לְיֶתֶר 전 to + 명(고유) 예델

לְךָ 전 for + 인칭접미(2남단) 당신

לֵךְ 동(הלך pa.명령남단) 행하다, 걸어가다

לָךְ 전 to + 인칭접미(2남/여단) 당신

לַכֹּהֵן 전 to + 정 the + 명(남단) 제사장

לַכֹּהֲנִים 전 to, for + 정 the + 명(남복) 제사장

לְכִי 동(הלך pa.명령여단) 걸어가다

לָכֶם 전 to + 인칭접미(2남복) 당신들

לַמָּאוֹר 전 for + 정 the + 명(남단) 광명, 등

לִמְאוֹרֹת 전 for + 명(남복) 광명, 등

לָמָּה 의문사 왜 why

לָמוֹט 전 to + 동(מוט pa.부정연계) 비틀거리다

לָמוּת 전 to + 동(מות pa.부정연계) 죽다

לַמַּחֲנֶה 전 to + 정 the + 명(남/여단) 진, 캠프

לְמָחָר 전 to + 부 내일

לַמָּיִם 전 to + 정 the + 명(남복) 물

לְמִינוֹ 전 to + 명(남단연) 종류 + 인칭접미(3남단) 그의

לְמִקְלָט 전 for + 명(남단) 도피성, 피난처

לְמֵרָחוֹק 전 to + 전 from + 형(남단) 먼 > (부사적으로) 오래전에 미리

לָנוּ 전 to + 인칭접미(1공복) 우리

לַסָּרִיסִים 전 to + 정 the + 명(남복) 고자, 내시

לְעָבְדָהּ 전 to + 동(עבד pa.부정연계) 일하다 + 인칭접미(3여단) 그것을

לְעוֹלָם 전 for + 명(남단) 긴 시간, 오래 됨 > 영원히

לְעֵינֵיהֶם 전 to + 명(남/여쌍연) 눈 + 인칭접미(3남복) 그들의

לְעֹלָה 전 for + 명(여단) 번제

לַעֲשׂוֹת 전 to + 동(עשׂה pa.부정연계) 하다

לְפִי 전 to, for + 명(남단연) 입 > ~에 따라 according to

לִפְנֵי 복 to + 명(남/여복연) 얼굴, 앞 > 복합전 ~ 앞에

לְפָנֶיךָ 전 to + 명(남/여복연) 앞 + 인칭접미(2남단) > 당신 앞에

לְפַרְעֹה 전 to + 명(고유) 바로

לִצְלוֹת 전 to + 동(צלה pa.부정연계) 굽다

לָקַח 동(לקח pa.완3남단) 취하다 take

לֻקַּחְתָּ 동(לקח 기본 수동형 pu.완3남단) 취하다 be taken

לָרֹב 전 to + 동(רבב pa.부정연계) 많아지다

לָרֶשֶׁת 전 to + 동(ירשׁ pa.부정연계) 얻다, 상속하다

לְרִשְׁתָּהּ 전 to + 동(ירשׁ pa.부정연계) 상속하다 + 인칭접미(3여단) 그것을

לְשִׁבְטֵי 전 to + 명(남복연) 지파, 부족, 지팡이

לְשִׁבְטֵיכֶם 전 to + 명(남복연) 지파, 부족 + 인칭접미(2남복) 당신들의

לָשׂוּם 전 to + 동(שׂים pa.부정연계) 놓다, 두다

לָשׁוֹן 명(남/여단) 혀, 언어

לִשְׁמֹעַ 전 to + 동(שׁמע pa.부정연계) 듣다

לְשֹׁנוֹת 명(남/여복연) 혀, 언어

מ

מְאֹד 명(남) 힘; 부 very

מֵאַחֲרֵי 전 from + 전 after > 복합전 from behind

מֵאֹיְבַי 전 from + 명(남복연) 원수 + 인칭접미(1공단) 나의

מְאִירוֹת 동(אור hif.분여복) 빛을 비추다, 태우다

מֵאִישׁ 전 from + 명(남단연) 사람

מֵאֶרֶץ 전 from + 명(여단연) 땅

מַבְדִּלִים 동(בדל hif.분남복) 구별하다

מִבְחַר 명(남단연) 선별된 것

מִבֶּטֶן 전 from + 명(여단연) 배

מֵבִיא 동(בוא hif.분남단) 데려오다

מְבֻשָּׁל 동(בשל pu.분남단) 삶아지다

מַגְדִּיל 동(גדל hif.분남단) 커지게 하다 magnify

מָגְדָּל 동(גדל hof.분남단) 커지게 되다 be magnified

מִגַּן 전 from + 명(남/여단연) 정원, 동산

מְגֻרֶיךָ 명(남복연) 거처 + 인칭접미(2남단) 당신의

מִגְּרָר 전 from + 명(고유) 그랄

מִדָּמָם 전 from + 명(남단연) 피 + 인칭접미(3남복) 그들의

מֶה 의문대 what

מַה 의문대 무엇 what

מָה 감 얼마나!

מֵהַכֹּהֲנִים 전 from + 정 the + 명(남복) 제사장

מוֹלַדְתִּי 명(여단연) 친족 + 인칭접미(1공단) 나의

מוּקְדָּשׁ 동(קדשׁ hof.분남단) 구별되다

מוֹקֵשׁ 명(남단) 올무

מוֹרִישׁ 동(ירשׁ hif.분남단) 가난하게 하다; 상속하게 하다

מִזְבְּחֹתָם 명(남복연) 제단 + 인칭접미(3남복) 그들의

מַזְרִיעַ 동(זרע hif.분남단) 씨를 뿌리다

מִחוּץ 전 from + 명(남단연) 밖

מִחְיָה 명(여단) 소생함

מַחְלְקוֹתָם 명(여복연) 몫 + 인칭접미(3남복) 그들의

מַחֲנֶה 명(남/여단) 캠프, 진영

מָחָר 부 내일

מֵחָרָן 전 from + 명(고유) 하란

מִטִּיט 전 from + 명(남단) 진흙, 수렁

מִטֻּמְאָתָהּ 전 from + 명(여단연) 부정함 + 인칭접미(3여단) 그녀의

מְטֹעֲנֵי 동(טען pu.분남복연) 찔리다

מִיָּדוֹ 전 from + 명(여단연) 손 + 인칭접미(3남단) 그의

מַיִם 명(남복) 물

מִיִּשְׂרָאֵל 전 from + 명(고유) 이스라엘

מִכֹּל 전 from + 명(남단연) 모든 것 all

מִכַּף 전 from + 명(여단연) 손

מַלְאֲכֵי 명(남복연) 천사, 사자

מַלְאָכִים 명(남복) 천사, 사자

מִלְּבַד 전 from + 전 to + 명(남단) 분리 > 복합전 ~외에 besides

מִלְחָמוֹת 명(여복) 전쟁

מַלְכָּה 명(여단) 여왕

מַלְכֵי 명(남복연) 왕

מַלְכַּת 명(여단연) 여왕

מִלְּפָנַי 전 from + 전 to + 명(남/여복연) 앞 + 인칭접미(1공단) 나

מִמְּךָ 전 from + 인칭접미(2남단) 당신

מִמֶּךָּ 전 from + 인칭접미(2남단) 당신

מִמֶּנּוּ 전 from + 인칭접미(3남단) 그, 그것

מִמֶּנִּי 전 from + 인칭접미(1공단) 나

מִמִּצְרַיִם 전 from + 명(고유) 이집트

מִן 전 from

מִנַּחֲלָה 전 from + 명(여단) 기업

מֵעֵדֶן 전 from + 명(고유) 에덴

מֵעַל 전 from + 전 ~위에 > 복합전 ~위로부터

מֵעִם 전 from + 전 with > 복합전 from

מַעֲשֶׂיךָ 명(남복연) 일 + 인칭접미(2남단) 당신의

מַפִּילִים 동(נפל hif.분남복) 넘어뜨리다

מְפַלְטִי 동(פלט pi.분남단연) 구조하다 + 인칭접미(1공단) 나를

מִפְּנֵי 전 from + 명(남/여복연) 얼굴, 앞 > 복합전 ~앞에 before

מָצָא 동(pa.완3남단) 찾다, 발견하다

מַצֵּבֹתָם 명(여복연) 주상, 기둥 + 인칭접미(3남복) 그들의

מִצַּד 전 from + 명(남단) 곁, 측면

מְצֻדַת 명(여단연) 요새

מְצַוָּה 동(צוה pi.분남단) 명령하다

מִצְרָיִם 명(고유) 이집트

מִקִּבְרְךָ 전 from + 명(남단연) 무덤 + 인칭접미(2남단) 당신의

מִקֶּדֶם 전 from + 명(남단) 앞, 동쪽

מְקוֹם 명(남단연) 장소

מָקוֹם 명(남단) 장소

מֵרֶחֶם 전 from + 명(남단) 태, 자궁

מֵרֵעֵהוּ 명(남단연) 친구 + 인칭접미(3남단) 그의

מַרְעִיתוֹ 명(여단연) 목초장 + 인칭접미(3남단) 그의

מַשְׁבִּית 동(שׁבת hif.분남단) 쉬게 하다

מְשֻׁבָּר 동(שׁבר pu.분남단) 박살나다 be shattered

מֹשֶׁה 명(고유) 모세

מַשְׁחִתִים 동(שׁחת hif.분남복) 파멸시키다

מֵשִׁיב 동(שׁוב hif.분남단) 돌려보내다

מָשַׁל 동(משׁל pa.완3남단) 다스리다

מֻשְׁלָכִים 동(שׁלך hof.분남복) 던져지다

מִשֹּׂנְאַי 전 from + 동(שׂנא pa.분남복연) 미워하다 + 인칭접미(1공단) 나

מִשְּׁנַת 전 from + 명(여단연) 해 year

מִשְׁפָּטַי 명(남복연) 법도 + 인칭접미(1공단) 나의

מַשְׁפִּיל 동(שׁפל hif.분남단) 낮아지게 하다

מֵתִי 동(מות pa.분남단연) 죽다 + 인칭접미(1공단) 나의

מִתְקַדֵּשׁ 동(קדשׁ hitp.분남단) 자신을 성결케하다

מִתְקַדֶּשֶׁת 동(קדשׁ hitp.분여단) 자신을 성결케하다

נ

נָא 형(남단) 날것의 raw

נִבְּאִים 동(נבא nif.분남복) 예언하다

נְבִיא 명(남단연) 선지자

נְחוּשָׁה 명(여단) 놋

נְחֹשֶׁת 명(여단) 놋

נִינְוֵה 명(고유) 니느웨

נִלְחָם 동(לחם nif.분남단) 전쟁하다

נִלְחֹם 동(לחם nif.부정절대) 싸우다, 전쟁하다

נִמְצָא 동(מצא nif.완3남단) 발견되다, 있다

נָסַע 동(נסע pa.완3남단) 여행하다, 행하다

נָעֳמִי 명(고유) 나오미

נַעֲשֶׂה 동(עשׂה pa.미1공복) 하다, 만들다

נָפַל 동(נפל pa.완3남단) 떨어지다, 넘어지다

נִפְלָאוֹת 동(פלא nif.분여복) 뛰어나다, 탁월하다

נָפְלוּ 동(נפל pa.완3공복) 떨어지다, 넘어지다

נֹפֶלֶת 동(נפל pa.분여단) 떨어지다, 넘어지다

נֶפֶשׁ 명(남/여단) 혼soul, 생명체

נִצָּבִים 동(נצב nif.분남복) 서다, 자리잡다

נָקִי 형(남단) 깨끗한

נֵרְדָה 동(ירד pa.미1공복-의지표현) 내려가다

נֵרִי 명(남단연) 등, 등불 + 인칭접미(1공단) 나의

נָשִׁים 명(여복) 여자

נֹתֵן 동(נתן pa.분남단) 주다

נִתְעָב 동(תעב nif.분남단) 혐오시되다 be abhorred

ס

סָבַב	동(סבב pa.완3남단) 둘러싸다, 둘러가다
סָגַר	동(סגר pa.완3남단) 닫다
סְדֹם	명(고유) 소돔
סִיחוֹן	명(고유) 시혼
סֻכֹּתָה	명(고유) 숙곳 + 방향 표시어 ה > 숙곳으로
סֵפֶר	명(남단연) 책

ע

עֶבֶד	명(남단연) 종
עֹבֵד	동(עבד pa.분남단연) 일하다
עֲבָדֶיךָ	명(남복연) 종 + 인칭접미(2남단) 당신의
עַבְדְּךָ	명(남단연) 종 + 인칭접미(2남단) 당신의
עֲגָלוֹת	명(여복) 수레
עַד	전 ~까지
עַד-מְאֹד	전 ~까지 + 명(남) 힘; 부 very > 부 아주
עֵדֶן	명(고유) 에덴
עַד-עוֹלָם	전 ~까지 + 명(남단) 긴 시간, 오래 됨 > 부 영원히
עוֹד	부 오히려
עֲוֹנֹתֵיכֶם	명(남/여복연) 죄악 + 인칭접미(2남복) 당신들의
עֻזִּיָּהוּ	명(고유) 웃시야
עֵינֵי	명(남/여쌍연) 눈
עֵינָיו	명(남/여쌍연) 눈 + 인칭접미(3남단) 그의
עֵינְךָ	명(남/여단연) 눈 + 인칭접미(2남단) 당신의

עִיר	명(여단) 성, 도시
עֵירֻמִּם	형(남복) 벗은
עַל	전 ~위에
עַל פְּנֵי	전 ~위에 + 명(남/여복연) 표면, 얼굴, 앞 > ~ 표면 위에
עָלָה	동(עלה pa.완3남단) 올라가다
עָלַי	전 on + 인칭접미(1공단) 나
עֲלֵיהֶם	전 on + 인칭접미(3남복) 그들
עָלָיו	전 ~에 대하여 against, over + 인칭접미(3남단) 그
עָלֶיךָ	전 on + 인칭접미(2남단) 당신
עָלַיִךְ	전 on + 인칭접미(2여단) 당신
עָלֵינוּ	전 on + 인칭접미(1공복) 우리
עַל-כֵּן	전 ~위에 + 부 그렇게 > 그러므로
עִם	전 with
עָמַד	동(עמד pa.완3남단) 서다
עִמְדוּ	동(עמד pa.명령남복) 서다
עִמּוֹ	전 with + 인칭접미(3남단) 그
עַמּוֹ	명(남단연) 백성 + 인칭접미(3남단) 그의
עַמִּי	명(남/여단연) 백성 + 인칭접미(1공단) 나의
עִמְּךָ	전 with + 인칭접미(2남단) 당신
עִמָּךְ	전 with + 인칭접미(2남/여단) 당신
עִמָּכֶם	선 with + 인칭접미(2남복) 당신들
עֲמָלֵק	명(고유) 아말렉
עֱנוֹתוֹ	동(ענה pu.부정연계) 고난받다 + 인칭접미(3남단) 그
עֵץ	명(남단연) 나무
עַצְמוֹת	명(여복연) 뼈
עֲצָרַנִי	동(עצר pa.완3남단) 제지하다, 막다 + 인칭접미(1공단) 나를
עֵרֶב	명(남딘) 섞인 자
עֶרֶב	명(남단) 저녁

עָרִים 명(여복) 도시

עֵשֶׂב 명(남단연) 채소, 풀

עֹשֶׂה 동(עשה pa.분남단연) 하다, 만들다

עֵשָׂו 명(고유) 에서

עָשִׂיתָ 동(עשה pa.완2남단) 하다, 만들다

עָשָׂנוּ 동(עשה pa.완3남단) 하다, 만들다 + 인칭접미(1공복) 우리를

עַתָּה 부 이제

פ

פִּיהָ 명(여단연) 입 + 인칭접미(3여단) 그녀의, 그것의

פִּיךָ 명(남단연) 입 + 인칭접미(2남단) 당신의

פִּישׁוֹן 명(고유) 비손, 피숀

פֶּלֶא 명(남단) 기사, 이적

פֶּן 접 ~하지 않도록 lest

פְּנֵי 명(남/여복연) 표면, 얼굴, 앞

פָּנָיו 명(남/여복연) 얼굴 + 인칭접미(3남단) 그의

פָּנֶיךָ 명(남/여복연) 얼굴 + 인칭접미(2남단) 당신의

פָּקַדְתִּי 동(פקד pa.완1공단) 기억하다, 소집하다, 방문하다, 유념하다

פְּרוּ 동(פרה pa.명령남복) 열매를 맺다 bear fruit

פְּרִי 명(남단) 열매

פָּרַס 명(고유) 바사, 페르시아

צ

צֵא 동(יצא pa.명령남단) 나가다

צֹאן 명(남/여단) 양떼

צֹאנוֹ 명(남/여단연) 양떼 + 인칭접미(3남단) 그의

צְבָאוֹ 명(남/여단연) 군대 + 인칭접미(3남단) 그의

צְבָאוֹת 명(남/여복) 군대

צְדָקָה 명(여단) 의

צִדְקֹתֵינוּ 명(여복연) 의 + 인칭접미(1공복) 우리의

צִוָּה 동(צוה pi.완3남단) 명령하다

צוּרָתוֹ 명(여단연) 법도, 형태 + 인칭접미(3남단) 그의

צַיִד 명(남단) 사냥

צִיּוֹן 명(고유) 시온

צְלִי 명(남단연) 구운 것

צָרַי 명(남복연) 대적 + 인칭접미(1공단) 나의

ק

קֶבֶר 명(남단) 무덤

קָדוֹשׁ 형(남단) 거룩한

קִדְמַת 명(여단연) 앞, 동쪽 > 전치사로서 ~의 앞에

קְדֹשִׁים 형(남복) 거룩한

קַוֵּה 동(קוה pi.명령남단) 바라다

קוּם 동(קום pa.명령남단) 일어나다, 서다

קַח 동(לקח pa.명령남단) 취하다

קַחְתֵּךְ 동(לקח pa.부정연계) 취하다 + 인칭접미(2남단) 당신

קָטֹנְתִּי	동(קטן pa.완1공단) 작다
קָיִן	명(고유) 가인
קִלְלָתוֹ	명(여단연) 저주 + 인칭접미(3남단) 그의
קָם	동(קום pa.완3남단) 일어나다, 서다
קֵם	동(קום pa.명2남단) 일어나다, 서다
קָמַי	동(קום pa.분남복연) 일어나다, 대적하다 + 인칭접미(1공단) 나
קָמִים	동(קום pa.분남복) 일어나다, 서다
קַנָּא	형(남단) 질투하는; (명사적으로) 질투하는 자
קִנּוֹ	명(남단연) 둥지 + 인칭접미(3남단) 그의
קְצֵה	명(남단연) 끝
קְצִירָהּ	명(남단연) 가지 + 인칭접미(3여단) 그녀의, 그것의
קָרָא	동(קרא pa.완3남단) 부르다, 칭하다, 외치다
קְרָאֻהוּ	동(קרא pa.명령남복) 부르다 + 인칭접미(3남단) 그를
קִרְבּוֹ	명(남단연) 내장, 속 + 인칭접미(3남단) 그의
קָרוֹב	형(남단) 가까운
קֶשֶׁת	명(여단) 활

ר

רְאוּ	동(ראה pa.명령남복) 보다
רֹאשׁ	명(남단) 머리
רֹאשׁוֹ	명(남단연) 머리 + 인칭접미(3남단) 그의
רֵאשִׁית	명(여단) 시작
רָב	동(ריב pa.완3남단) 다투다
רַבָּה	형(여단) 많은
רַבּוּ	동(רבב pa.완3공복) 많다
רַבִּים	형(남복) 많은

רִבְקָה 명(고유) 리브가

רַגְלַי 명(여쌍연) 발

רַגְלֶךָ 명(여단연) 발 + 인칭접미(2남단) 너의

רוּחַ 명(남/여단) 영

רְחֹבֹת עִיר 명(고유) 르호보딜, 르호봇 이르

רָחֵל 명(고유) 라헬

רַחֲמֶיךָ 명(남복연) 긍휼 + 인칭접미(2남단) 당신의

רָחַץ 동(**רחץ** pa.완3남단) 씻다

רָע 형(남단) 나쁜

רָעָב 명(남단) 기근, 흉년

רֹעֶה 동(**רעה** pa.분남단연) 풀을 뜯기다

רֵעֵהוּ 명(남단연) 동료 + 인칭접미(3남단) 그의

רָעַת 명(여단연) 악

רַק 부 단지 only

רָקִיעַ 명(남단) 궁창

רָשָׁע 형(남단) 악한; (보통 명사적으로 사용) 악인

ש

שְׁאָר 명(남단) 남은 자, 나머지

שְׁאֵרִית 명(여단) 남은 자, 나머지

שִׁבְּרָה 동(**שבר** pi.완3여단) 박살내다

שִׁבְּרוּ 동(**שבר** pi.완3공복) 깨트리다, 박살내다

שִׁבַּרְתָּ 동(**שבר** pi.완2남단) 깨트리다, 박살내다

שַׁבְּתוֹתַי 명(남/여복연) 안식일 + 인칭접미(1공단) 나의

שָׂדֵהוּ 명(남단연) 밭 + 인칭접미(3남단) 그의

שֶׂה 명(남단) 양

שָׁוְא 명(남단) 허무

שֹׁחַד 명(남단) 뇌물

שֵׂיבָה 명(여단) 백발

שָׁלוֹשׁ 수(여단연) 셋, 세개의

שָׁלַח 동(שלח pa.완3남단) 보내다

שְׁלֹמֹה 명(고유) 솔로몬

שֵׁם 명(남단연) 이름

שָׁם 부 거기서

שָׂם 동(שים pa.완3남단) 놓다, 두다

שְׁמָהּ 명(남단) 이름 + 인칭접미(3여단) 그녀의

שָׁמָּה 부 그곳에서

שְׁמוֹ 명(남단연) 이름 + 인칭접미(3남단) 그의

שְׁמוּאֵל 명(고유) 사무엘

שָׁמַיִם 명(남복) 하늘

שִׁמְךָ 명(남단연) 이름 + 인칭접미(2남단) 당신의

שֶׁמֶן 명(남단연) 기름

שְׁמַע 동(שמע pa.명령남단) 듣다

שָׁמַר 동(שמר pa.완3남단) 지키다

שֹׁמֵר 동(שמר pa.분남단) 지키다 (명사적으로 지키는 자)

שִׁמֵּר 동(שמר pi.완3남단) 보존하다

שָׁמְרוּ 동(שמר pa.완3공복) 지키다

שִׁמְרוּ 동(שמר pa.명령남복) 지키다

שֹׁמְרֶךָ 동(שמר pa.분남단연) 지키다 + 인칭접미(2남단) 너의

שְׁמַרְתֶּם 동(שמר pa.완2남복) 지키다

שְׁנֵי 명(여복연) 해 year

שְׁנֵיהֶם 수(남쌍연) 둘 + 인칭접미(3남복) 그들

שָׁנִים 명(여복) 해 year

שְׂפַת 명(여단연) 언어

שְׂפָתָם 명(여단연) 언어 + 인칭접미(3남복) 그들의

שַׂר 명(남단연) 장군, 관원

שֵׁשֶׁת 수(남단연) 여섯, 여섯의

שְׁתֵּי 수(여쌍연) 둘

ת

תָּאִיר 동(אור hif.미2남단) 빛을 비추다

תֹּאמַר 동(אמר pa.미2남단) 말하다

תַּבְדִּיל 동(בדל hif.미2남단) 구별하다

תִּבָּנֶה 동(בנה nif.미3여단) 건축되다

תְּבֻשַּׁל 동(בשל pu.미3여단) 물에 끓여지다

תִּגְּעוּ 동(נגע pa.미2남복) 만지다, 건드리다

תַּדְשֵׁא 동(דשא hif.미3여단-간접명령) 싹이 나게하다

תֹהוּ 명(남단) 혼돈

תְהוֹם 명(남/여단) 깊음, 지하 깊은 물

תִּהְיֶה 동(היה pa.미2남단) ~이다, 되다 be, become

תִּהְיֶינָה 동(היה pa.미3여복) ~이다, 되다 be, become

תּוֹרוֹתַי 명(여복연) 율법, 토라 + 인칭접미(1공단) 나의

תּוֹרָתִי 명(여단연) 율법, 토라 + 인칭접미(1공단) 나의

תוֹרָתְךָ 명(여단연) 율법, 토라 + 인칭접미(2남단) 당신의

תַּחֲנוּנֵינוּ 명(남복연) 간구 + 인칭접미(1공복) 우리의

תָּחֹס 동(חוס pa.미3여단-간접명령) 긍휼히 여기다

תַּחַת 전 ~대신에, ~아래에

תִּכְרֹתוּן 동(כרת pa.미2남복-고대형어미n) 자르다, 파괴하다

תָּמֻתוּ 동(מות pa.미2남복) 죽다

תָּמִיד 부 항상, 늘

תִּמָּצֵא 동(מצא nif.미3여단) 발견되다

תְּמֻתוּן 동(מות pa.미2남복-고대형어미n) 죽다

תֵּן 동(נתן pa.명령남단) 주다

תְּנָה 동(נתן pa.명령남단-어미음h) 주다

תְּנוּ 동(נתן pa.명령남복) 주다

תִּנָּצְלִי 동(נצל nif.미2여단) 구원받다

תַּסְגִּיר 동(סגר hif.미2남단) 넘기다

תַּעֲבֹד 동(עבד pa.미2남단) 섬기다, 일하다

תַּעַבְדוּן 동(עבד pa.미2남복-고대형어미n) 섬기다, 일하다

תַּעַזְבֵנִי 동(עזב pa.미2남단) 떠나다 + 인칭접미(1공단) 나를

תַּעֲשֶׂה 동(עשׂה pa.미2남단) 하다, 만들다

תַּעֲשׂוּ 동(עשׂה pa.미2남복) 하다, 만들다

תַּפִּילוּ 동(נפל hif.미2남복) 넘어뜨리다, 제비뽑아 할당하다

תִּפְּלוּ 동(נפל pa.미2남복) 떨어지다, 넘어지다

תֵּצֵא 동(יצא pa.미2남단) 나가다

תְּצַוֶּה 동(צוה pi.미2남단) 명령하다

תַּצִּילֵנִי 동(נצל hif.미2남단) 건지다 + 인칭접미(1공단) 나를

תַּצְמִיחַ 동(צמח hif.미3여단) 자라게 하다

תָּקוּם 동(קום pa.미2남단) 일어나다

תִּקַּח 동(לקח pa.미2남단) 취하다

תִּקְרֶאנָה 동(קרא pa.미2/3여복) 부르다, 선포하다, 읽다

תִּרְאֶה 동(ראה pa.미2남단) 보다

תְּרוֹמְמֵנִי 동(רום pi.(폴렐)미2남단) 높이다 + 인칭접미(1공단) 나를

תִּרְצָח 동(רצח pa.미2남단) 살인하다

תְּשַׁבֵּרוּן 동(שׁבר pi.미2남복-고대형어미n) 깨트리다, 박살내다

תִּשָּׁבַרְנָה 동(שׁבר nif.미3여복) 꺾다, 부수다

תִּשְׁבֹּת 동(שׁבת pa.미2남단) 안식하다, 쉬다

תִּשְׁמֹר 동(שׁמר pa.미2남단) 지키다

תִּשְׁמְרוּ	동(שמר pa.미2남복) 지키다
תִּשָּׁמֵרוּ	동(שמר nif.미2남복) 주의하다, 지켜지다
תִּשְׁתַּחֲוֶה	동(חוה 히쉬타프엘 미2남단) 경배하다
תִּשְׂתָּרֵר	동(שׂרר hitp.미2남단) 지도자로 다스리다
תִּתֵּן	동(נתן pa.미2남단) 주다
תִּתֹּצוּן	동(נתץ pa.미2남복-고대형어미n) 헐다

색인

주제색인

ㅁ

ㅂ

ㅅ

ㅇ

ㅈ

ㅊ

ㅋ

ㅌ

ㅍ

ㅎ

원문색인

창세기

출애굽기

레위기

민수기

신명기

여호수아

사사기

사무엘 상

사무엘 하

열왕기 상

이사야

예레미야

역대기 상

역대기 하

참고문헌

〈마소라 본문〉

BHS *Biblia Hebraica Stuttgartensia.*
www. mechon-mamre.org.

〈사전〉

BDB F. Brown, S.R. Driver and C.A. Briggs, *A Hebrew and English Lexicon of the Old Testament,* Oxford, 1907.

HALOT L. Koehler and W. Baumgartner et al. (eds.), *The Hebrew and Aramaic Lexicon of the Old Testament,* M.J.E. Richardson et al. (trs.), Leiden, 1994-2000.

〈콘코던스〉

A. Even-Shoshan, *A New Concordance of the Bible*, Jerusalem, 1982.

〈문법〉

E. Kautzsch (ed.), *Gesenius' Hebrew Grammar,* A.E. Cowley (tr.), Oxford, 1910.

P. Joüon and T. Muraoka, *A Grammar of Biblical Hebrew*, 2 Vols., Rome, 1991.

J. Weingreen, *A Practical Grammar for Classical Hebrew*, Oxford, 1959.

B.K. Waltke and M. O'connor, *An Introduction to Biblical Hebrew Syntax*, Winona Lake, 1990.

S. Barkaly, *Luach Hap`alim Hashalem, Jerusalem*, 1972 [in Hebrew].

〈히브리어 역사〉

W. Chomsky, *Hebrew: The Eternal Language*, Philadelphia, 1969.

E.Y. Kutscher, *A History of the Hebrew Language*, Jerusalem; Leiden. 1982.

A. Sáenz-Badillos, *A History of the Hebrew Language*, J. Elwolde (tr.), Cambridge. 1993.

원문읽기

성서 히브리어

초판 1쇄 발행 2017년 8월 28일
초판 2쇄 발행 2020년 9월 4일

지은이 신성윤
발행인 김인철
총괄 · 기획 윤성우 Director, University Knowledge Press
편집장 신선호 Executive Knowledge Contents Creator
전자책 · 사전 장혜린 Contents Creator
도서편집 이근영 Contents Creator
디자인 우승민 Designer
재무관리 하누리 Managing Creator
발행처 한국외국어대학교 지식출판콘텐츠원
02450 서울특별시 동대문구 이문로 107
전화 02)2173-2493~7
팩스 02)2173-3363
홈페이지 http://press.hufs.ac.kr
전자우편 press@hufs.ac.kr
출판등록 제6-6호(1969. 4. 30)
디자인 · 편집 (주)이환디앤비 02)2254-4301
인쇄 · 제본 (주)케이프린텍 053)313-3673

ISBN 979-11-5901-209-9 13790 정가 28,000원

*잘못된 책은 교환하여 드립니다.

HUiNE은 한국외국어대학교 지식출판콘텐츠원의 어학도서, 사회과학도서, 지역학 도서 Sub Brand이다. 한국외대의 영문명인 HUFS, 현명한 국제전문가 양성(International +Intelligent)의 의미를 담고 있으며, 휴인(携引)의 뜻인 '이끌다, 끌고 나가다'라는 의미처럼 출판계를 이끄는 리더로서, 혁신의 이미지를 담고 있다.

원문읽기

성서 히브리어

עִבְרִית מִקְרָאִית